语言测试中的
计量学原理

席仲恩 ／著

Language Testing：
Some Metrological Considerations

社会科学文献出版社
SOCIAL SCIENCES ACADEMIC PRESS (CHINA)

重庆市教育科学"十二五"规划 2011 年度
教育考试研究专项课题项目

重庆邮电大学科研基金项目

前　言

　　本书主要是面向四类读者而写的——大规模教育考试试卷的开发者、语言测试研究者、语言教学定量研究者、语言测量结果的使用者。本书的目的是，用测量学的话语体系来分析语言测试或标准化大规模语言考试的过程。具体而言就是，把传统的语言测试或标准化语言考试过程分成三个阶段来看，第一阶段是测量工具的研发，第二阶段是测量工具的使用和测量结果的取得，第三阶段是测量结果的解读和使用。本书讨论的核心是三个阶段都涉及的量化问题以及量的测得结果的表述问题。

　　本书是我研究语言测试问题二十年的心得，是《语言测试分数的导出、报道和解释》（2006 年）一书的继续。那本书中，我只是尝试从计量学的角度看语言测试问题，而本书中，我把语言测试中的问题系统地翻译成计量学语言。那本书的核心是"难度"和"分数"，本书的核心是"量"、"测量"和"测量不确定度"。本书中，我努力传递三个重要信息：（1）量化问题是经验性问题，需要用经验或实验证据来回答；（2）包括语言测量在内的教育和心理测量包含了很大的不确定性，在结果的表述和解读中必须充分考虑；（3）教育测量和心理测验需要用一套定义明确的术语和词汇来重新讲述自己的故事。

在本书的撰写过程中，我无时不感觉到自己汉语表述能力的不足。为了确切和明白，我尽量使用意义明确的简单词汇，尽量避免使用修辞手段，特别是拟人和比喻。例如，在本书中，我没有用"笔者"来指代我自己，也尽量不用"国家"一词，而改用其他意义更加明确的词语或表述方式。在学术著述中，"我"和"我们"也许是最难使用的两个词语。在本书中，"我"指的是"本书作者席仲恩"，"我们"指的是"本部分的作者席仲恩和本部分的读者"。在需要承担责任之时，我选择了使用"我"作主语；在邀请读者一起参与或分享之时，我选择了使用"我们"作主语。

本书是"重庆市教育科学'十二五'规划 2011 年度教育考试研究专项课题项目"〔2011-KS-027〕和"重庆邮电大学科研基金项目"〔K-29〕的部分成果。重庆邮电大学外语学院的雷雪梅老师承担了这两个项目的秘书工作，从而使我专心致力于本书的撰写。社会科学文献出版社的仇扬等编辑对于本书的文字提了很多建设性意见。对于他们的贡献，我非常感谢。

限于我自己的知识和视角，本书中难免有不少缺点和错误，敬请各位读者批评指正。欢迎任何形式的批评，可以把批评意见直接发到我的邮箱（zhongenxi@126. com），也可以通过其他公开的方式。

席仲恩

二〇一八年春于重庆邮电大学紫竹园

目　录

第一章

绪　论

　　测试、测量、评估、评价，这是语言测试中经常被混淆的四个概念。作为全书的开篇，我们就先讨论这四个基本概念，然后再在此基础上讨论语言测量与语言有关决策之间的关系，最后讨论语言测量与语言研究之间的关系。

第一节　测试、测量、评估、评价

　　测试、测量、评估、评价，这是四个既有联系又有区别的基本概念，是必须分清楚的概念。

一　测试

　　本小节先尝试着定义"测试"，然后再讨论语言测试的名称与实质。

1. 测试的定义

先举几个例子。在注射某些药物（如青霉素）之前，先要给病人（通常是手臂内侧）皮下注射一定量的药物，看病人是否对拟用药物有敏感反应。过一定时间后，如果注射部位有皮疹，就做出接受测试的对象（受测）对该药物过敏的推断，因此不能使用试验药物。如果注射部位没有皮疹反应，就做出受测对该药物不过敏的推断，因此可以使用试验药物。要检验一个人是否尿糖过高，可能患有糖尿病，可以把特制试纸的一端浸入接受测试的对象（受测）的尿液里一段时间，然后根据试纸的颜色变化情况来判断受试尿糖浓度的高低。同样，要检验特定水源水的酸碱度（pH 值），也可以取少量的水样，把特制试纸的一端浸入水中一定时间，然后根据试纸颜色的变化来断定该水源水的酸碱度。一个供水系统或供气系统安装好之后，要进行加压测试。同样，高速铁路在投入正式运营之前，也要进行测试，而且测试的速度通常比正式运营时的速度要快很多。

分析一下这些例子就不难发现，所有的测试都涉及一个或几个标准，一旦达到或超过这个标准，就可以得出相应的结论。第二个发现是，同一种测试的条件都是标准化的，要么用同样的药剂、相同的时间，要么用同样的试纸，要么施加相同的压力，等等。第三个发现是，测试时的条件可能和常态时的条件相同，也可能不同。例如，测水的酸碱度时，就取正常的水；药物过敏试验的用药量就远小于正常用药时的量；测试供水供气系统时，气压或水压要明显高于正常供气供水时的压力。第四个发现是，下结论所根据的标准可能是定量的（如水压、气压、火车速度），也可能是定性的（如变色，出现皮疹）。

不难看出，在以上的四个发现中，第一个发现是最基本的，是测试的定义性特征。

作为测试的一个种类，语言测试也需要根据特定的标准，而且该标准既可以是定性的，也可以是定量的。到底使用何种标准，这要由决策的内容或性质决定。如果是判断受测是否能听懂或读懂一点某种语言的材料，定性的标准就可以了；如果要判断受测在多大程度上能听懂或读懂某种语言的材料，一般需要定量标准。尽管如此，在语言测试中，通常用的都是定量标准。而且，由于语言测试的对象通常是具有一定心理的人，所用的刺激材料也几乎不是自然的语言材料，测试的环境也很难是自然的真实语言使用情景，所以测试结果的不确定性难免会很高。

根据以上的讨论，我们可以试着给测试先下个定义：测试就是给接受测试的对象（受测）在规定的条件下施加一定的刺激，然后根据受测对于特定刺激所做出的反应，参照事先设定好的标准，做出受测是否达到这个标准的结论。如果受测达到了标准，就说该受测具有某种（些）属性；如果达不到标准，就说受测不具有某种（些）属性。

2. 语言测试的名与实

语言测试是英语 language testing 的翻译。这里的语言通常指第二语言或母语之外的语言，也包括外语；这里的测试通常指一个学科门类，也可以指一项活动、一组行动或一个过程，但不指一个项目。在语言学领域，语言测试是应用语言学的一个分支。同时，语言测试还是心理测验或教育测量的应用部门（参见 Chalhoub-Deville & Deville，2006）。

心理测验的英语名称是 psychological testing，汉语中也有人用心理测量或心理测量学（如郑日昌、蔡永红、周益群，1999；漆书青、戴海崎、丁树良，1998）。教育测量（学）的英语名称是 educational measurement，也有用 educational testing 的，例如，1985 年版、1999 年版和 2014 年版的美国《教育和心理测验标准》（*Standards for Educational and Psychological Testing*）都用了 testing 一词，之前的标准用的是 test 一词。这里的 measurement 用词并不准确，实际上是 testing（测试）之义。只不过，在汉语的心理学语境中，一般用"测验"，而不用"测试"。测验的意思是，根据测量结果进行检验。

严格地说，"测验"比"测试"更准确。为什么呢？这就涉及汉语中的检验和英语中的 test 一词。

先说汉语中的"检验"。这里的检验指的是统计检验，最常用的是其中的 t 检验（t-test）和 z 检验（z-test）。在包括语言测试在内的心理测验或教育测试中，根据分数对受测做出是否达标的推断，或者两个受测的分数是否显著不同的推断，或者受测甲的分数是否显著高于受测乙的分数的推断，这些都是明确的统计检验。

从统计检验的角度看，根据分数进行决策不仅必要，而且非常重要。其原因是，这样不仅有助于我们理解测试的本质，也有助于我们发现分数使用中的错误和问题。例如，在根据定量标准进行推断时，应该用 t 检验，但实践中通常用了 z 检验。至于为什么要用 t 检验而不应该用 z 检验，我们在第四章的"分数解释"部分再讨论。

现在再谈谈 test 一词。在英语中，test 不仅有统计检验中的检验之义，还有两个用法与我们的讨论有关。一个用法是指考试或测试项目，另一个用法是指一组考试或测试用的刺激，即构成一套试卷的所有题目和说明文字的总称，如美国的托福考试、中国的大学英语（关于大学英语四、六级第一代考试的试卷构成和题型，参见杨惠中，Weir，1998）和英语专业考试（关于英语专业四、八级第一代考试的试卷构成和题型，参见邹申，1998）都是测试项目。前者的英语全称是 Test of English as a Foreign Language［英语作为外语的考试］，后两者的英语全称分别是 College English Test［大学英语考试］和 Test for English Majors［英语专业考试］。作为试卷意义上的 test 一词，在测试学中还有两个同义词：scale［量表］和 inventory［清单］。

需要指出的是，无论是 test、scale，还是 inventory，严格说只是一组刺激，而不是测量工具或测量系统的全部，有时甚至都不是测量工具或系统的核心或关键。例如论述型题目、自由作文或语篇翻译，其中的评分标准、评分人或评分软件，在测量工具或测量系统中，都明显具有比题目更核心、更关键的作用。关于测量，本章第二节有专门讨论。在结束本小节前，我们需要对语言测试下一个更加完善的定义。

语言测试就是给受测在规定的条件下施加一定的刺激，然后根据受测对这些刺激所做出的反应，参照事先设定好的标准，做出受测是否达到这个标准的结论。如果受测达到了标准，就说该受测具有某种（些）语言属性；如果达不到标准，就说受测不具有某种（些）语言属性。或者对不同受测个体或团体进行比较。如果所定的标准是量，或者所做的是量的比较，那么，就要对受测对于刺激的反应结果加以量化，再使用量化结果以及结果的不确定性信息，对受测做出是否达到标准，或者是否有显著差异或显著强弱的统计推断。

可见，如果所用的标准是量，或者所做的是量的比较，那么，测试就包括了测量。作为一门学科，语言测试不仅包括语言测量工具的开发和使用，还包括根据测量结果进行的统计决策以及关于决策后果的研究。但要进行统计决策，或者要控制决策的错误率，那不仅需要测量结果，还需要与测量结果相伴随的不确定度，即语言测试传统上所谓的误差或标准误。如果用 t 检验的语言讲就是，只知道分子上的信息而不知道分母上的信息，t 值是求不出来的。

二 测量

汉语中的"测量"和英语中的 measurement 并不完全对应。前者只指一种过程，而后者不仅可以指过程，也可以指学科和结果。作为术语，在讨论计量问题时，测量最好只用过程这个意思。但不幸的是，在包括语言测试在内的心理和教育测量学的英语文献中，measurement 在这三个意思上都用，经常使读者混淆。

1. 测量的两个不同定义

根据国际标准化组织指南 99：2007《国际计量学词汇——基础通用的概念和相关术语》[ISO/IEO Guide 99：2007 *International Vocabulary of Metrology-Basic and General Concepts and Associated Terms*（VIM）] 2.1 的定义，

测量是一个通过试验获得一个或多个量值的过程，该所获量值很可能就是一个量的值（Process of experimentally obtaining one or more quantity values that can reasonably be attributed to a quantity）。

但是，在社会测量文献中，一般都采用斯蒂文斯（Stevens，1946，p. 677）对测量的定义，即

从最广泛的意义上讲，测量就是根据规则给物体或事件赋数（Measurement, in the broadest sense, is defined as assignment of numerals to objects or events according to rules）。

这个原本引自英国物理学家兼科学哲学家坎贝尔（Norman Robert Campbell）的定义，把社会测量远远隔离在计量学之外，而且，使得社会测量至今也未能满足基本测量的必要条件（Resse，2017）。

2. 两个不同定义的解读与比较

ISO/IEO Guide 99：2007 的定义看似简单，实际上并不简单。在 VIM 2.1 中，测量是在定义了量值（也叫量的值或量）之后才定义的，而且后面还附了三条注解。

第 1 条注解就指出，测量不适用称名属性（Measurement does not apply to nominal properties）。这一条，就已经把社会测量（包括心理和教育测量）区分出来。因为，根据斯蒂文斯（实为坎贝尔）的定义，测量是适用于称名属性的。对比坎贝尔对测量的定义和 VIM 2.1 的定义不难发现两者之间的两个差别：VIM 2.1 定义所测量的是"量"，坎贝尔定义所测量的是"事物"或

"事件"；VIM 定义测量的结果是"量"，坎贝尔定义测量的结果是"数"。"量"包含了数，是数和单位或参照系的组合。但单纯的"数"并不能构成量。量化不是数化，量化的核心和基础不是数，而是单位或参照系。

VIM 2.1 对测量定义的第 2 条注解的意思：测量隐含了对多个量的比较，测量包括了对实物的计数（Measurement implies comparison of quantities and includes counting of entities）。换句话说，数一类实物的个数或同一个实物出现的次数也是测量的一种形式。不难看出，这条注解也有明显的局限。既然数实物是测量，那么数现象或者抽象的概念算不算测量呢？当然也应该算。打了几次雷，出现几次闪电，某个念头在脑海里闪现过几次，等等，这些都是测量的例子。

VIM 2.1 对测量定义的第 3 条注解的意思：测量预设了对所测的量的描述，该描述与对测量结果所拟定的使用相匹配；测量还预设了一套测量规程和一个校准过的测量系统（即测量工具），这个系统要按照特定的测量规程操作，包括特定的测量条件（Measurement presupposes a description of the quantity commensurate with the intended use of a measurement result, a measurement procedure, and a calibrated measuring system operating according to the specified measurement procedure, including the measurement conditions）。

这条注解的内容非常丰富。第一层意思是，它要求测量结果与结果的使用相匹配。换句话说，目的或用途决定了特定测量的恰当性或合适性。例如，如果结果的使用是一个人分几个苹果，那么，清点用来分配苹果的个数和参加分配的人数就是与结果使用相匹配的测量；如果是按照重量和人头平均分配，那么，清点人头与使用相匹配，清点苹果个数就与使用不相匹配，而称供分配苹果的重量才是与使用匹配的测量；如果不同资质的人分配不同数量的苹果，那么，简单的清点总人数也是与使用不相匹配的测量，而分别清点每类不同资质的人的数量才是与使用相匹配的测量（如 30 年工龄及以上的人有多少，25~29 年工龄的人有多少，15~24 年工龄的人有多少，15 年以下工龄的人有多少）。对于衡量一个人的学术贡献，计算其所用过的科研经费总量和发表文章的总篇数，都不是合适的测量。因为，学术贡献量的单位不是金钱，也不是文章的篇。显而易见，有些文章不仅不能促进学术的发展，还可能妨碍甚至破坏学术的发展；有些经费可能会用在与学术无关的活动上，即使完全用在学术研究上，它也只是投入，并不能代表产出及其影响。

注解 3 的第二层意思是，要实施测量，事先应该有一套准备精当随时可用的测量系统或测量仪器（统称测量工具）。也就是说，测量的实施和测量工具的制造是分开的。测量工作者只管测量工具的使用，不管测量工具的制造。

第三层意思是，测量活动要按照一套事先规定好的程序，在事先规定的条件下开展。这就意味着，测量是一种有计划的活动，测量的规程和条件的制定者不一定就是测量活动的实施人。

以语言测试为例，考试的实施、阅卷计分、分数的报道等更像测量，而试卷的编制、监考程序的制定、评分标准及其制定等则更像是测量工具的研发。至于监考人员（不包括巡考和其他考试实施过程中的管理人员和后勤人员）和主观题的阅卷人员，似乎很难判断他们到底属于测量的工具，还是测量的实施人员。建议把他们看作测量的工具部分。

需要特别指出的是，把测量的工具和使用工具实施测量分开来对待是自然科学和工程技术界的普遍做法。这样明确分工，有利于测量实施者集中注意力把工作做好。通常，测量实施者的责任是按照规定程序在规定条件下取得观察值，然后再通过观察值获得待测量的估计值，并对估计结果予以报告。一般既要报告估计的方法，也要报告估计结果的不确定度信息。如果是间接测量，还要报告测量函数或方程。

但是在语言测试中，似乎通常把焦点放到测量工具方面，导致测量的实施过程、测量的结果、结果的得出方法、结果的报告、结果的意义等未能受到应有的重视。其后果是，要么测量结果无法使用，要么测量结果被误用甚至滥用。

例如，把 425 分定为大学英语考试的及格分就是典型的误用。如果按照《全国大学英语四、六级考试大纲》（2016 年修订版）第 13 页提供的信息进行推断，这个 425 分的意思：在称作常模的参考组中，大约有不到 14.23% 的考生的总分低于 425分，或者，常模集团中有大约 85.77% 的考生的总分等于或高于425 分。根据全国大学英语四、六级考试官网上"CET 分数解释"栏提供的信息，对于四级考试，410 分对应的是等于或高于11% 的常模考生，430 分对应的是等于或高于 17% 的常模考生。更令人无所适从的是，官网的"CET 分数解释"栏明确指出，"大学英语四、六级考试的分数报道采用常模参照方式，不设及格线"；而考试大纲 2016 年修订版的第 13 页却明确说："考生的四级笔试成绩达到 425 分及以上，表明其语言能力已达到

《大学英语教学指南》中'基础目标'所设定的教学要求；考生的六级笔试成绩达到 425 分及以上，表明其语言能力已达到《大学英语教学指南》中'提高目标'所设定的教学要求。"难道，达到要求的意思不是及格？

3. 测量与计量学

在汉语的教育和心理测试话语体系中，习惯上把研究测量的学科叫作测量学。如果要和自然科学、工程技术中的测量接轨，就必须放弃这套话语体系，而采用 ISO/IEO Guide 99：2007（俗称 VIM 3，即 VIM 第 3 版，以下在不引起混淆的条件下简称 VIM）的话语体系，即严格按照 ISO/IEO Guide 99：2007 所定义的基本词汇来讨论测量问题。

根据 VIM 2.2 的定义，关于测量及其应用的学科是计量学，英文是 metrology，法文是 métrologi。在竞技体育中就有运动计量学（sports metrology）。但是在行为科学中，所谓的"心理计量学"对应的英文是 psychometrics。尽管英语文献中也有把 psychometrics 用作心理测量学或计量学的，例如 Nunnally（1978）、Nunnally 和 Bernstein（1994）就把自己的著作定名为 *Psychometric Theory*（《心理计量理论》）。根据英文学刊 *Psychometrika* 所发表文章的情况以及 econometrics 和 biometrics 在经济学和生物学中的使用情况，后缀-metric 或-metrics 的意思是数学方法，尤其是统计方法，而不是严格意义上的测量学或计量学。鉴于此，可以借鉴数学物理方法的称谓，把 psychometrics 翻译成"数学心理方法"，把 econometrics 和 biometrics 分别翻译成"数学经济方法"和"数学生物方法"。

为了便于讨论，便于学科之间的交流或经验分享，我们应该废止"教育测量学"或"心理测量学"这两个称谓，可以把教育学中研究测量及其应用的部门改叫"教育计量学"，英语用 educational metrology 甚至 edumetrology；把心理学中研究测量及其应用的部门改叫"心理计量学"，英语用 psychological metrology 甚至 psychometrology；把语言学中研究测量及其应用的部门改叫"语言计量学"，英语用 language metrology。

三　评估

在包括语言测试在内的教育测试界，评估是一个几乎可以和测试或测量互换的概念。近几年来，评估一词在语言测试界用得越来越频繁。例如，在语言测试界，不仅有一本叫 *Language Testing*（《语言测试》）的学刊，从 2004 年起，还出现了一本叫 *Language Assessment Quarterly*（《语言评估季刊》）的学刊。剑桥大学出版社还推出了一套 THE CAMBRIDGE LANGUAGE ASSESSMENT SERIES［剑桥语言评估丛书］，包括 Douglas（2000）的 *Assessing Language for Specific Purposes*（《具体用途语言评估》），Read（2000）的 *Assessing Vocabulary*（《词汇评估》），Alderson（2000）的 *Assessing Reading*（《阅读评估》），Buck（2001）的 *Assessing Listening*（《阅读评估》），Weigle（2002）的 *Assessing Writing*（《写作评估》）。但从内容看，是看不出评估一词的具体含义的，似乎完全可以和测试或测量互换。为了避免对实践界的误导，很有必要澄清"评估"这个概念。本部分首先讨论"评估"一词的基本含义，然后对学界和实践界提出一些建议。

1. 评估的基本含义

在汉语话语体系中，由于近年来教育行政相关部门对高等教育总体情况的关注，把原本学界称作"评价"的活动定名为"评估"，这使得原本意思就不明确的"评估"一词，用法更加复杂。根据《现代汉语词典》（2002 年增补版）的解释，"评估"一词有两个意思：评议估价，评价。也就是说，在日常的汉语话语体系中，既可以把"评估"用作评议估价之义，也可以把它用作评价之义。例如，在日常汉语中说"教育合格评估"或"审核教育评估"是可以的，只是要求读者或听者把"评估"理解为"评价"。但是在学术话语体系中，评价对应的英语是 evaluation（名词）或 evaluate（动词），而"评估"一词是对英语中 assessment 或 assessing 的翻译，所以，我们还得从这两个英文词语说起。至于 evaluation 或 evaluate 这两个词，我们在讨论"评价"这个概念时再具体分析。

首先，assessment 是一个抽象名词，既指一个过程，也指通过这个过程所得到的结果；assessing 是一个动名词，是动词表述过程时的形态，并不构成一个独立的词语，所以它的意思就是动词 assess 的意思。在教育管理话语体系中，姑且把这个英文概念翻译成汉语的"评估"。

其次，根据 *The American Heritage Dictionary*（第二大学版）上的定义，动词"评估"（assess）是一个财经或税收上的概念，是对财产价值的估计或根据估计结果确定的应纳税数额。这个所谓的"评估"，其通常使用的意思是"估价"或"估值"，其核心有二：一是结果粗略，二是结果的单位是货币单位。可见，在英语中，assessment 一词的一般用法并不包含教育活动中的

assessment 的内容。换个角度讲就是，教育活动中的 assessment 既不包含金额之义，也不包括粗略之义。

根据 Salvia 和 Ysseldyke（1995，p.5），"评估"（assessment）是教育活动中为了对学生进行决策而采集数据的一个过程，其范围比"测试"要广泛得多，不仅表现在内容上，也表现在所用的方法上。就内容而言，评估就等同于对教育各个方面的诊断：有学生智力方面的（Salvia & Ysseldyke，1995，第 16~18 章）和成绩方面的（第 20~24 章），也有学生心理和生理方面的（第 19 章，第 25~27 章）；有老师和师生互动方面的（第 13 章），也有教学环境方面的（第 13 章）。就方法而言，既有定量的，也有定性的。这个意义上的评估，就等同于根据对学生教育情况的综合考量而进行决策，包括是否达标、是否满足进行特殊教育的标准等。根据 Cohen 和 Swerdlk（2005，p.3），评估的方法包括使用测试（tests）、案例研究、行为观察等。这两位作者引用 Maloney 和 Ward 的观点，特别强调测验（testing）与评估的重要区别之一是，评估必须对学生一个一个地进行，其目标远非只获得一个数字结果。事实上，Salvia 和 Ysseldyke（1995）以及 Cohen 和 Swerdlk（2005）都把 testing 等同于"测量"，而把 assessment 等同于"评价"（evaluation）。

2. 对学界和实践界的几点建议

为了便于交流经验和分享知识，建议学界和教育实践界在使用"评估"一词时，要尽量与其他领域接轨或一致，至少也要有明显的交集。为此我提出如下建议。

可以在"粗略评定标的物或人的属性的经济价值"这个意义上使用"评估"，突出其经济价值以及所得价值的粗略性。

可以在"大体、粗略性"这个意义上使用"评估"一词，突出其评定结果的粗略性，结果的表述也要模糊，而不能太确切。

避免在"综合"意义上使用"评估"一词，若确有必要强调综合性，可以用"综合评估"来显性表述。

避免在"测量"意义上使用"评估"一词，若确有必要，可以使用"测量"；若要突出测量结果的粗糙性，可以用"估量"。

不要把测量的那套理论搬到评估活动之中，特别是有关测量工具制造的理论（如项目难度、区分度、干扰性等）和测量结果质量评定的理论（如标准误、信度等）。

"评估"与评估结果的使用要匹配。不可以将评估结果做高风险决策或有严重后果的决策，特别是不能单纯用评估结果做高风险决策。

四　评价

人是一种评价性动物。生活中，我们习惯对事物给出一个价值判断。这里的价值判断是广泛意义上的，包括好与坏、值得与不值得、要与不要、达标与未达标判断，等等。本节首先讨论"评价"与 evaluate/evaluation 的基本含义，然后讨论"评价"的分类，最后对学界和实践界提出一些用词建议。

1. 评价与 evaluate/evaluation

在日常汉语话语体系中，"评价"既是名词，也是动词，其意思是，得出带有倾向性的评语或结论。例如，"群众对此评价很高""上级领导对你有很高的评价""他的历史评价不高""他在历史上没有得到应有的评价"，等等。以上意义上的评价主要是指主观评判或根据主观评判下的结论或评语。

但是，在教育学话语体系中，评价指的是一种专业性很强的综合评判活动，已经形成一个学科部门——教育评价（学），不仅有专门的著作（如黄光扬编写的《教育评价与测量》，邱均平的《教育评价学》），还有专门的学术刊物（如由湖南省教育厅主管湖南省教育考试院 2008 年开始主办的学刊《教育测量与评价》）。这种专业性的综合评判活动不仅要有一定的客观标准，而且标准的制定也要建立在一定的理论基础之上，评价的工作人员还要受过严格的训练。

以上专业意义上的"评价"是从英语翻译过来的，因此，我们需要对英语中与评价对应的词语 evaluate/evaluation 加以剖析。

在英语中，evaluate/evaluation 的用法和汉语中"评价"一词的用法很不相同。汉语中"高度评价"以及"评价不高"意义上的"评价"，翻译成英语根本与 evaluate/evaluation 无关，而与动词 speak［赞美、赞扬］和 appriaciate［赏识、喜欢］有关。美国的 *The American Heritage Dictionary*（第二大学版）对 evaluate 析出了三条意思：（1）确定或固定……价值；（2）仔细且小心地检查和判断；（3）计算或算出……的数值，或用数值表示。由于 evaluation 就是从动词 evaluate 派生而出的，其意思是一致的。不难看出，教育评价中的"评价"一词，用的是第二个义项，而测量文献中却经常用第三个义项，即算出或求出数值。① 需要

---

① 国内有些计量学文献中把 evaluation 错误地翻译成"评定"，正确的翻译应该是"计算"。例如，不确定度的 A 类计算或 B 类计算，而不是 A 类评定或 B 类评定。

特别指出的是，Messick（1989）明确指出，Validity is an integrated［综合性的］evaluative［评价性的］judgement［判断］of the degree to which empirical［经验性的］evidence［证据］and theoretical［理论性的］rationales［依据，缘由］support the *adequacy* and *appropriateness* of *inferences* and *actions* based on test scores or other modes of assessment（p. 13）。这句话不仅定义了效验的内容，而且揭示了效验活动的本质：就经验证据和理论依据对结果使用的支持程度进行综合评价。显然，证据可能是数量型的，也可能是性质型的，理论更明显是概念性的，既可能是哲学层面的，也可能是操作层面的。

2. 评价的类别

按照不同的分类标准，可以把评价分成不同的种类。按照评价结果是数值型结果还是非数值型结果，可以把评价分为定量评价和定性评价。按照评价内容是单方面还是多方面，可以把评价分为单项评价和多项评价。按照评价的对象是人还是产品或项目，可以把评价分为人品评价、产品评价和项目评价。按照评价的内容是最终结果还是中间结果，可以把评价分为形成性评价和总结性评价。按照评价开展的时间，可以把评价分为前期、中期或后期评价。当然，还可能有更多的分类方式。

定量评价与定性评价。定量评价就是对接受评价对象在所评价方面的状况或所取得的成绩给出一个数值或分数。这个数值或分数就是按照一定标准所评价属性的赏识值/分。所根据的标准就是客观的评价标准，而不是主观的随意标准。有时，评价标准是以函数或表格形式出现的，有时是以指标体系及其分值范围和分数权重形式出现的。例如，运动计量学中的评价就采用函数形式（扎齐奥尔斯基，1988，第5章），国际田联的项目得分表就采用表格形式（国际田联官网：iaaf. org/about-iaaf/documents/technical）。和定量评价一样，定性评价也是按照一定的标准对受评属性的判断，所不同的是，判断结果的表述是定性的，而不是数量的。但定性不一定模糊。定性结果表述可以是模糊的，也可以是确切的。例如，某个指标没有达到标准要求（确切表述），某个指标较弱（模糊表述）等。但无论如何，指标必须是客观的，是评价之前就制定好了的。评价只是对指标的使用，而不是对指标的制定。甚至，指标的制定方不一定就是评价的主体。如果标准制定方不是评价的主体，这种评价叫第三方评价。特别需要注意的是，定性和定量评价的区分在于评价结果，而不在于评价的方法和评价的证据种类。

单项评价与多项评价。如果所评价的是受评的单一属性，无论是采用定量的方式还是定性的方式，这种评价都是单项评价；如果所评价的是受评的多方面属性，无论是采用定量的方式还是定性的方式，这种评价都是多项评价。多项评价也可以叫多侧面评价。有时候，单项评价和多项评价是相对于结果使用而言的，而不是绝对的。也就是说，同样的评价内容，对于甲使用目的可能是单项评价，对于乙使用目的却可能是多项评价。例如，想要了解个体学生的总体词汇成绩，就要对其词汇做单项评价（如词汇的总数量是否足够或平均质量是否达标）；想要了解个体的词汇成绩分布情况，就要对其词汇做多项评价（不同类别词汇的量是否足够和质是否达标）。一般情况下，多项评价是由相应的多个单项评价构成的。例如，对学生词汇掌握状况的多项评价就包括对学生常用名词、动词、形容词、副词以及各种功能词掌握状况的评价，而对名词或动词或任何一个词类掌握状况的评价都可以看作单项评价。当然，对于名词的评价也可以细分为对具体名词/抽象名词、普通名词/专有名词、个体名词/集合名词、可数名词/不可数名词等。可见，和测量一样，评价也应该和评价的目的或结果使用相匹配，不然就是对评价的误用或滥用。

人品评价、产品评价、项目评价。如果接受评价（简称"受评"）的是人，则评价为人品评价；如果受评是产品，则评价为产品评价；如果受评是项目，则评价为项目评价。人品评价又可分为个体人品评价和团体/集体人品评价。由于团体是由相应的个体组成的，因此，可以用关于个体的材料来评价团体，但不可以反过来用关于团体的结论来评价个体。需要注意的是，受评是人，但所评价的内容是人的属性或品性。这里的人品就是人的属性或品性，而不是人的品行。如果把受评换成产品，包括硬产品和软产品，那么，评价就成了产品评价。产品和人品是相对的，而不是绝对的。例如，对于学校，它所培养出的学生就是产品；对于雇主，受聘的毕业生就是人品。此外，把摸得着的产品叫硬产品（如学生、印刷版的文章或其他作品），把摸不着的产品叫软产品（如软件、服务）。如果受评是项目，包括教育教学项目、教改项目、科研开发项目等，那么，评价就是项目评价。项目评价有的比较简单，有的非常复杂。例如某个小型教改项目的评价就比较简单，对某个学校新设专业的评价就较复杂一些，对于全国某个层次办学情况的评价就非常复杂。需要特别指出的是，对于人品和产品评价合适的证据或材料，对于项目评价未必合适；对于不同的项目，同样的证据也未必合适。例如，对于评价某个单位的新办英语专业，学生的四、八级成绩或合格率是合适的，但对于评价《高等学校英语专业教学大纲》，学生的四、八级成绩或合格率就不合适。假定每道题都是大纲规定的内容，学生总体在每道题上的得分率，对于评价大纲才是合适的。

形成性评价与总结性评价。形成性评价是对过程进行中不同阶段状况或非成品的评价；总结性评价是对过程结束时状况或成品的评价。关键是，形成性评价所评价的内容要么是"阶段性状况"，要么是"非成品"；而总结性评价所评价的内容要么是"结束时状况"，要么是"成品"。和评价的时间相比，评价的内容更重要。换句话说，即使在中间阶段，如果评价的内容是结束时的期望状况或成品，这样的评价很难说就是形成性评价。例如，对于形成性评价而言，more better 和 wented 都可以看作正确形式，但对于总结性评价而言，better（或 much better）和 went 才是正确形式。不难看出，就外语学习而言，形成性评价对于评价人的要求更高，要求评价人不仅要了解所评价属性的最终状态，还要了解所评价属性在不同发展阶段的不同状态。换句话说，与总结性评价相比，形成性评价对评价人提出了更高的要求。形成性评价重在诊断问题，调整方法，及时采取必要的措施，以促成或保障最终目标的实现。从另一个角度看，形成性评价提供的是动态的不同发展阶段的信息，而总结性评价提供的则是静态的整个阶段结束时的信息。形成性评价和总结性评价一般是针对产品而言的，而不是针对人品或项目而言的。

前期评价、中期评价、后期评价。与形成性评价和总结性评价相反，前期、中期或后期评价一般是对于项目评价而言的，而不是针对人品或产品的。前期评价一般指对个体或团体项目准备情况或是否具备承担或开展某项目的条件的评价，评价的内容主要是项目或项目方案的可行性包括项目候选承担人的资质，重要目标之一是寻找项目承担人；中期评价一般指对个体或团体项目开展一段时间后的执行情况或项目是否如期进行、是否需要调整等情况的评价，评价的内容是项目执行一段时间后所产生的结果（但不一定是成果），重点是检查项目的进展情况，看是否需要调整进度、预期甚至投入；后期评价一般指对个体或团体项目后期或最终执行情况的评价，评价的内容主要是最终结果，包括最终所取得的预期成果、半成果、意外成果或未取得预期成果的原因等。一般情况下，前期评价是最严格的，中期和后期评价要宽松很多，有时甚至是形式重于内容。对于投入巨大的重大项目，各个阶段的评价都很重要。有时，项目承担人可以主动请求出资方进行中期评价，以便追加投入，保障项目任务的完成。有时，项目委托方要求对项目的中期或最终开展情况进行评价，以调整对项目的资助策略，保障预期成果的取得，或者决定是否进行后续投入。有时，项目承担方会对项目进行的各个阶段甚至最终情况加以评价，以及时调整项目的人力分配或资金分配，优化项目过程管理，总结项目中的经验，包括成功的经验和失败的经验，以提高自身执行项目的能力，提高自身承接项目的可能性。

第二节　语言测量与语言决策

通过第一节的讨论可以看出，平常我们所谓的测试、评估、形成性或总结性评价，也就是教学活动中的考试，如果结果是一个分数值，那么，这些活动实质上就已经被当成了测量，尽管结果没有满足测量结果的基本条件要求。这些基本条件是什么？怎样才算满足这些条件？我们在第二章中将进行讨论。这一节，我们就假定语言测量的结果已经满足了测量结果的基本条件，进而探索一下语言测量与教育教学活动中语言决策之间的关系。

一　语言测量与语言教学无因果联系

语言测量和语言教学或教育没有因果关系。也就是说，既不是因为有了语言教学或教育才有了语言测量，也不是因为有了语言测量才有了语言教学或教育。直至今天，我们也只有所谓语言测试，还没有严格意义上的语言测量。即使把既不能满足测试条件，也不能满足测量条件的所谓语言测试算作语言测量，也只是在较发达国或地区才有。在中国大陆，语言测试这个概念也只是20世纪80年代才引入的。即使把传统的学校考试也算作语言测量，并假定有学校教育时就有了语言考试，也不能得出有语言教学或教育就必然有语言测量的结论。因为，远在有学校之前，人类就有了语言教学或教育，只不过这种活动发生在家庭或部落之中。

强调没有因果关系的目的是，不能把开展语言教学或教育作为进行语言考试或测试的原因或理由，这在逻辑上不通，因此应该找其他的原因或理由。但是，也不是说现代语言测试与学校语言教育没有关系或不可以有关系。不过这种关系到底是什么样的关系，尚无文献记载，还有待研究揭示或建立。也许是正相关，即学校语言教育开展得越多越好，语言测试的种类也越多，规模也越大；或者是负相关，即学校语言教育开展得越多越好，语言测试的种类反而越少，规模也越小。若有必要，完全可以建立语言测量与学校语言教学和教育之间的关系，而且是良性关系。

但是，诚如 Shohamy（2001）所揭示的那样，和其他教育测量一样，语言测量可以成为一种威力很强的权力工具，使用不当，是会严重伤害语言教学的。所以，需要严加监管，谨防考试权力的滥用。例如在美国，要在义务教育阶段推行统考，是需要立法的。*No Child Left Behind*（《不要落下一个孩子》）其实就是美国现行的全国义务教育统考大法，是经过十几年的国会辩论才通过并于 2002 年经时任美国总统小布什签署后实施的，2015 年，时任总统奥巴马又提出改进意见。

二 语言测量服务于语言教学的方面

教育教学中的语言测量，如果使用得当，是可以为外语教学做贡献的，是可以在多方面为教学提供服务的。

第一，数量型的语言信息可以提供更纯洁的决策证据。在其他情况等同的条件下，数量型信息能帮助我们更深入地了解有关的语言能力或性能，包括词汇能力、阅读能力、语法能力等。多个单项语言性能的量值可以从多方面刻画受测的语言性能情况。例如甲生的专业外语词汇性能是 200X，通用词汇性能是 120X，而乙生的同一专业外语词汇性能是 120X，通用词汇性能是 200X。如果有这样的结果，教师就可以建议乙生加强外语学习。因为一般语言教学人员知道，决定一个人语言性能的是通用词汇，而不是专业词汇。此外，有经验的教师也知道，提高一个学生的专业词汇能力较容易，而要提高一个人的通用词汇能力则要难很多。因此，如果是要推荐人才从事涉外专业工作，举荐乙生就更合适一些。

第二，关于语言能力或性能的测量结果，还可以帮助老师诊断学生的语言薄弱侧面，从而及时补救，以免影响学生其他侧面语言能力的发展，因为在一定的发展阶段，多侧面的语言能力发展可能会相互制约，如语法中的句法能力与阅读或写作能力。

第三，充分的测量结果及其伴随信息，有助于教育决策者推断，是否有足够大的把握得出结论说，个体学生是否达到了预先设定的教学目标。

当然，既可以根据对老师语言能力或性能的测量结果来挑选或评价老师，也可以根据对学生语言能力或性能的测量结果来评价老师的努力程度或向老师问责。此外，还能根据大量学生对某些语言点的掌握程度来直接评价语言教学大纲或标准的执行情况，也可以用来评价大纲或标准的恰当性。例如，如果到了大学第一学期结束时，还有 30% 甚至更高比例的学生不认识高中英语标准中的某个词，那么，几乎可以肯定地说，高中英语标准中不应该包括这个词。如果发现有相当多的语言点即使到了大学还有不少学生掌握不了，这就表明课程标准有问题，即标准定得太高，太不切实际。可见，用于评价学生或老师的测量，明显不同于用于评价大纲或课程标准的测量。虽然后者比前者明显容易做到，但用上述方法研究大纲或标准的，尚未见到。

第三节 语言测量与语言研究

和其他科学部门的研究一样，关于语言能力或性能的研究，既可以是质的研究，也可以是量的研究。关于质的研究可以和关于量的研究相辅相成、相得益彰。而且，语言测量可以使我们使用更多的数学方法来研究语言现象。

一 语言测量有助于了解语言品质

美国教育和学习心理学家、教育和心理测量学鼻祖 Edward Lee Thorndike［桑戴克］在 1918 年说，Whatever exists at all exists in some amount. To know it thoroughly involves knowing its quantity as well as its quality［凡存在者皆有一定的量。要透彻地了解它，不仅要了解它的质，还要了解它的量］。这句话道出了社会测量与社会研究之间的关系。如果语言测量满足测量的要求，其结果也应该能够帮助我们透彻地了解所存在的语言能力或性能现象。

桑戴克这句话中的"质"，指的是事物的性质，了解事物的"质"，就是对事物进行定性研究，了解事物的量，就是对事物进行定量研究。人类对于世界的认识，一般说来，是由近及远、由表及里、由质及量的。对于语言学习（包括本国语和外国语）

的认识，也是人类认识世界的一个不可缺少的部分，其认识过程也不例外。起初比较肤浅，后来逐渐深入；起初主要是定性的认识，后来逐渐发展到定量的把握。定量把握是定性认识的继续和深入，是定性认识的精确化和升华。这是因为，数量型结果容易消除含糊不清，即使不能很精细，但至少能做到很明确，即使不确定，也能明确告知不确定的程度或变化的区间。

换句话说，测量结果即使不能就我们所关心的现象或事物提供一张分辨率很高的照片，但也能提供一幅清楚的工笔画，虽然可能有些粗糙。这样的结果有助于同行交流经验和积累经验，有利于学科的发展。

二　语言测量有助于在语言研究中使用传统的数学工具

虽然把数学工具的使用情况看作是学科成熟的一个重要标志有些简单化，但是，数学工具的成功使用的确使很多问题变得更加简单，使研究成果更便于验证或应用。要评价某种教学新方法的成效，定性的评价就比定量的评价难得多。如果有不同水平学生的词汇知识或能力函数，我们就很容易选择某个频率分布段的词汇，轻而易举地间接测量或推断学生的词汇知识或能力，而不用在很多个频率段同时抽取大量的样本。但是，要建立这样的函数关系，必须有一定量的学生的词汇知识或性能或能力的测量和结果。如果我们事先建立起了完形填空与多项选择型阅读理解题之间的关系，就可以用完形填空型题来间接测量阅读理解能力或性能。这样当然很好，因为，多项选择型的阅读理解题几乎是最难出的，而标准完形填空型题几乎是最容易出的。但是，这种函数关系的建立，需要满足一定条件的测量结果。

在外语教学过程中如何评价两种不同教学方法的效果，从而选出更高效的方法？如果我们有了使用两种不同方法教学的班级的测量结果，其他条件也满足比较的要求，用统计中的参数检验方法就很容易。但是，大量的统计方法都要求测量结果达到一定的等级（关于量值的等级，请参见第二章）；而要建立起变量之间的函数式关系，对测量结果的要求更严格。

非常不幸的是，大量的语言教学研究人员，在测量结果不满足条件的情况下，大量使用统计方法。这种做法实际上既是对资源的浪费，也是对统计方法或数学方法的误用或滥用，是不值得提倡的。例如，甲认识 15 个单词，乙认识 25 个单词，但由于乙并不是认识甲所认识的 15 个单词的全部，所以就不能求甲乙的平均单词数。如果硬要平均，那只能说是误用或滥用数学。

如果我们真的喜欢或重视数学或统计方法在语言教学和研究中的使用，那就得首先把测量工作做好、做合格。怎样才算合格的测量？要回答这个问题，我们需要很多量的知识。下一章，我们就讨论量的问题。

第二章

量的概念

测量是对量的值的确定，但一个简单的数字并不一定构成量。量不仅有各种种类，还有不同的等级。这一章，我们首先定义量，然后再探讨量的种类和级别。

第一节　量的定义

这一节我们首先讨论量的定义，然后讨论与量的定义密切关联的另一个概念：单位或类似单位。

一　量

根据 VIM 1.1 的定义，量是现象、形体或物质的一种属性，这种属性具有大小，而这种大小可以用一个数字和一个参照来表述（property of a phenomenon, body, or substance, where the property has a magnitude that can be expressed as a number and a reference）。可见，一个单纯的数字并不能表示量的大小，还必须加上一个参照的东西。这里的大小也包含了日常语言中的多少之义。抽象的类属概念量可以分为不同的级别或水平，每个水平都有很多具体的量。例如，长度就是一个抽象概念，圆 A 的半径就是一个具体的例子，用符号 r_A 或 r（A）表示。

参照是一种共同约定，它既可以是测量单位，也可以是规程，是参照材料或它们的组合。上述定义所定义的量只是标量，矢量和张量也是量，只不过它们的分量是由多个量组成的。例如 5 个苹果、12 级风、7.5 级地震、6 次地震等都是量的表述，其中的 5、12、7.5、6 是数字，个、级（风）、级（地震）、次是参照但并不是单位，苹果是形体，风、地震是现象。但是不是特定量的正确表述，这还要取决于属性的具体情况和使用。对于衡量苹果的数量，而且苹果是准备按人头及个数发的，这里的 5 个苹果是合适的；但对于衡量苹果这种物质的材料多少，这样的表述就不一定合适，1 公斤可能更合适；对于衡量苹果占用的空间大小，两者都不合适。尽管衡量风力强度和地震烈度的单位在字面上都是"级"，但这是两个不同的"级"，两者的意义也大不相同。风力的级一般指的是蒲福（Beaufort）风力级标上的"级"，而地震的级一般是指李氏地震烈度级标上的"级"。最后要说明的是，对于衡量地震的烈度，7.5 级是合适的，但对于衡量地震发生的频繁程度，6 次才是合适的。

根据一定的标准，可以把量分成不同的类。在同一个量制里，同类量的量纲相同，但量纲相同的量不一定就是同类量。

地震烈度的"级"和风力强度的"级"用的是同一个字，但完全是两个不同的参照。而且，两个级都不是单位，根本无量纲可言，更谈不上说是不是相同的量纲，所以不是同类量。

1. 量制

什么是量制呢？量制就是一组量和把这些量联系起来的方程的总称（VIM 1.2），其英文名称是 system of quantities。同一量制中的诸量之间的关系是融洽的，没有矛盾的。并不是所有的量都可以通过方程联系起来。例如，像风力的"级"和地震烈度的"级"这种等级量就不能和其他量通过方程联系起来。国际量制（International System of Quantities，ISQ）是大家最熟悉的量制。

2. 基本量与导出量

量还可以分成基本量（base quantity）和导出量（derived quantity）。导出量就是能够用基本量表示或定义的量，而基本量只能是一种约定，是不能用其他量表示或定义的。例如，在一个有时间和长度的量制中，速度就是一个导出量，而时间和距离都是基本量。基本量和导出量的区分并不是自然科学和工程技术的专利，在语言测量中也可以设计出符合自己需要的基本量和导出量。例如，如果单词数（或汉字数）和时间是基本量，那么，单位时间所成功或有效阅读过的单词（或汉字）个数（如"字/分"）就是一个导出量。

3. 量纲

为了保障导出量的正确性，人们就发明了量纲的概念。量纲（quantity dimension/dimension）就是导出量与基本量之间的关系，其简写式为 dim。更具体些说就是，把导出量用基本量的成绩形式表示出来。例如，在国际量制中，力的量纲为 dim F = LMT^{-2}，其中 F 代表力，L 代表长度，M 代表质量，T 代表时间。不难看出，基本量的量纲符号是一个大写的英文字母。通过不同方式或过程或关系得出的同一个量，其量纲必须是一样的。据此，通过量纲推导，就可以检查通过不同关系所确定出的所谓同一个量到底是不是同一个量。值得注意的是，量纲"1"也是量纲。所以，很多系数或比值并不是没有量纲，而是量纲为"1"。不同量纲的量之间是不能比较大小多少的。例如，两个人的个子之比是不能和这两个人的体重之比比较的，因为个子比和体重比分属两个不同的量纲，尽管形式都是"1"。由于历史的原因，有些文献也把量纲为"1"的量叫无量纲量，但这是不准确的称谓。

二 量的单位

量的单位又称测量单位（measurement/unit of measurement），即测量一个量时所用的单位，简称"单位"（unit）。单位是表述具有大小多少属性时所采用的参照之一，也是最常用的参照。单位就是一个由定义确定且被采纳了的约定好的标量（scalar quantity）。通常，其他量就是通过和这个称作标量的单位进行比较，以确定自身的值是该单位的多少倍。可见，要真正了解一个量的大小多少，必须了解表述该量所用的单位。例如，1公里和1厘米，同是1，但前者的长度是后者的10万倍。可见，一个单纯的数是不足以表述量的大小的，非加上一个参照不可。物理量需要单位或其他参照以表示其大小多少强弱，包括语言量在内的心理量也同样需要。不仅是测量结果的表述需要单位或其他参照，定量评价的结果也同样需要。

和其他的参照一样，单位的名与实也都是约定，不能望文生义。约定是为了便于交流关于量的值的信息。由于一般语言测量中的"分"没有约定的单位或参照，因此很难进行不同测量间的比较。成熟的大规模考试的分数之所以可以在不同次考试之间比较，就是因为它约定了自己的参照，如美国的托福和 GRE 考试。常模集团就是心理测验或教育测量中常用的参照。

单位不仅有类别之义，还有大小多少强弱之义。因此在应用中，不仅要注意单位的名称，更要注意单位的数值信息，如弧度和分贝。特别是，很多量纲为 1 的量的单位都是数值。例如，每摩尔毫摩尔的单位是 10^{-3}，每千克微克的单位是 10^{-9}。不是语言量不能有单位，包括量纲为 1 的语言量的单位，例如，每百词读错多少词这个量的量纲就是 1，单位就是 10^{-2}。如果某生朗读了 1000 个英语单词的一定难度的文本，其中有 6 处读错，而且每处错误的难易程度或重要性完全一样，那么这个考生朗读难度英语文本的词汇认读障碍水平估计值就可能是 0.6 "什么"。当然，不好用"什么"做英语词汇认读障碍程度的单位，也不便用 10^{-2} 做该量的单位。因为"什么"太通用，10^{-2} 又不便于区分数值与单位。假定约定用"词障度"，那么以上测量结果就可以表述为 0.6 词障度；如果再进一步约定该单位的符号是 W，那么以上测量结果就可以表述为 0.6W。

单位可分基本单位和导出单位；单位有制度内单位和制度外单位；单位有其倍数单位和倍数的倒数单位。

1. 基本单位与导出单位

基本单位就是基本量的约定单位，而导出单位则是导出量的单位。根据 VIM 1.10 的注解，在每一种融洽的单位制中，一个基本量只有一个基本单位，而且，同一个基本单位也可以作为相同量纲的导出量的单位。例如降雨量的基本单位也是"米"，不过通常用毫米或 mm。此外，对于客体个数的基本单位"个"或"只"等，应该理解为单位是 1，在任何单位制中都是 1。换句话说，在计量学里，汉语中的量词不作为基本单位使用。导出单位有融洽导出单位，也有非融洽导出单位。融洽导出单位就是在一定的单位制中由基本单位及其整数幂次简单乘积构成的单位，其中不包括任何的非 1 系数或乘数；而非融洽导出单位就是在一定的单位制中不能由基本单位及其整数幂次简单乘积构成的单位，其中要包括非 1 系数或乘数。例如，在米秒摩尔制中，速度的单位"米/秒"就是融洽导出单位，而"尺/秒"就是非融洽导出单位。

根据 VIM 1.12 的注解，单位的融洽与否是相对于一定的量制和量制中的基本单位而言的。也就是说，在甲量制中某导出单位是融洽的，但在乙量制中该导出单位就可能是非融洽的。例如，在厘米克秒制中"厘米/秒"是融洽单位，但在国际单位制中就不是。特别值得指出的是，在给定单位制中，任何一个量纲为"1"的导出量的融洽单位都是"1"，只不过这类量的测量单位的名称和符号，一般情况下并不表示出来。但不能因此就形成错觉，认为这类量没有单位。

2. 制度内单位与制度外单位

属于某个单位制的单位是制度内单位，不属于特定单位制的单位就是制度外单位 (off-system measurement unit 或 off-system unit)。根据 VIM 1.13 的定义，单位制就是对于给定的量制而设定的基本单位以及按照一定规则所定义的这些基本单位的倍数及其倒倍数。基本单位的倍数就是基本单位乘以一个大于 1 的整数，倍数的倒数或倒倍数就是基本单位除以一个大于 1 的整数。在自然科学和工程技术中，最常用的单位制就是国际单位制 (International System of Units，简称"SI")，这是一个建立在包括长度、质量、时间等七个基本量及其基本单位（包括米、千克、秒等）之上的单位制度。

制度内单位和制度外单位仅仅是一种单位的分类，并不带任何的价值评判。两者的主要区别之一是，制度内单位在国际范围内容易理解，而制度外单位由于保留了地方传统或习惯，所以在一定的区域内的民间使用会更容易理解。例如，尺、丈、亩在中国民间就容易理解，而英尺、码、英亩在美国民间则容易理解。主要区别之二是，制度内单位便于单位或量纲推导，而制度外单位由于进位制的不统一无法进行量纲推导。最后需要指出的是，制度外单位和制度内单位是相对于特定的单位制而言的；相对于国际单位制，很多日常生活中的单位都是制度外单位，如世纪、季、年、月、日、小时、刻、分。这些单位意思明确，在生活中使用频繁。尽管如此，为了便于跨国跨文化交流，在学术活动中交流学术内容时，最好使用制度内的单位。

第二节　量的"等级"

根据量所允许的运算，可以把量分为定序、定距、定比三个等级。由于名称没有大小多少强弱之类的量的属性，所以不是量，更没有必要专设一个称名或定名量级。在英语文献中，要注意区分称名属性值与额定量值，前者的英文是 nominal property value，后者的英文是 nominal quantity value。

一　定序量

如果实验或经验表明一个量只能用来排顺序，而不能用来独立表述大小多少强弱，那这个量就是定序量。换句话说，定序量是一个没有绝对大小多少强弱而只有相对大小多少强弱的量，是专门用来排列顺序的量。在同一个参照标尺上，按照一定的约定，可能有 1>2>3>4 或 4>3>2>1 两种不同的顺序关系，其中前者包含了 1>3、2>4、1>4，后者包含了 4>2、4>1、3>1，但没有 1-2=2-3=3-4 或 4-3=3-2=2-1 这样的关系。如等第或秩次（第一名、第二名、第三名），1B、2B（铅笔铅芯的硬度），地震的烈度李氏级，风力的强度蒲福级，噪声强度分贝。定序量只有参照，并无严格意义上的单位。定序量并不是等级最低的量，而是专门为了描述现象或属性秩序的量。而且，很多定序量都是由定比量转换而成的，如噪声量分贝、酸碱度量 pH 值、风力的"蒲福级"和地震烈度"里氏级"。之所以把定比级的物理或化学量转换为定序级的心理量，为的是让测量结果相对于人类的知觉敏感性更有意义。换句话说，把一个量设定为定序，通常并不是因为无法把它设定为定比量，而是因为把它设定为定比量没有使用价值。如果硬要定出一个等级，定序量的级别更高，是定比量的进一步开发利用，定比量更加基础，级别也更低。

那么，如何把定比的物理或化学量转换为定序的心理量呢？转换的理论依据又是什么呢？转换的做法是，对物理量取对数后再乘以特定系数。而揭示这种对数关系的心理物理定律就是阈限定律，又称韦伯定律或韦伯-费希纳定律。该定律揭示，人类的感觉量与所受的物理刺激量的对数成正比。换句话说，人类对物理量的刺激随着刺激的加大而钝化，随着物理刺激量按几何级数的增加，人类的感觉则以算术级数增加。

心理物理学中的韦伯-费希纳定律，对于涉及人工评分的测量非常重要。例如，语言测量中的作文评分、译文评分、口译评分、口语评分等，这些都涉及人类感知与物理刺激之间的转换问题。对于既包括多项选择题又包括作文、翻译之类做答题的语言考试，这个问题非常突出。因为，择答题的成绩是物理量，而人工评定的做答题成绩是心理量，所以两者是不能直接简单相加的。

韦伯-费希纳定律对于研发机器自动评分也很重要，因为机器所获得的通常是物理量，而人类所感知出的却是心理量。如果要使机器评分结果和人类的感觉一致，在通过实验确定两者之间的转换关系时，应该考虑韦伯-费希纳定律。即使是多项选择型的客观题，如果要使其结果在实践中有使用价值，也值得考虑对成绩进行适当的对数转换。例如，把 CET 的 290~710 分通过取对数乘系数降为 0~9 级或 0~6 级。到底能做成几个等级，这是一个经验问题，需要通过实验来解决，而不是通过概念所能解决得了的。在语言测量中，目前尚未见到根据韦伯-费希纳定律建立的语言能力量标。目前正在中国建立的语言能力 9 级全国通用级尺和雅思考试的 1~9 分分尺，还只是概念上的，并没有经验或试验基础。

当然，也可以根据韦伯-费希纳定律对人工评定结果进行逆运算，即对人工评分结果进行对数逆运算或指数运算。如果测量的目的是衡量受测对象的相关工作能力，那么，通过指数运算对评定结果加以放大就是必要的；如果测量的目的是人类对所测量指标的感觉或感觉变化，那么对观察结果取对数以缩小数值则是必要的。但是要注意的是，两种不同变换的内容是不同的：取对数是对多选题或机器评分结果取对数；取指数是对人工评定的结果取指数。

还需要指出的是，定序量的清楚表述也许是最复杂最困难的，也是最难理解的。甲是第一、乙是第二意味着，甲和乙按照特定的标准和程序就同样的属性进行比较时甲胜出。甲班的第一和乙班的第一通常是没有可比性的。例如用同一组题目考，甲班的第一可能得了 150 分，最后一名得了 100 分，而乙班的第一名考了 90 分，最后一名考了 30 分。这种情况下，乙班的第一名还要排在甲班最后一名之后。因此，所谓的定序，一定是在同一组人群之中的排序或相对位置。

最后需要指出的是，根据同一程序得出的定序量之间有互包或互含的性质，即要么排在前面的量包含了排在其后的量，要么排在之后的量包含了排在其前的量。这就是"定"的意思之一，无论如何都不可忽视。"定"还有第二个意思，那就是，

"序"是相对于一定的参照体或标准体而言的。可是，在一般的表述中，这个特定的参照体往往被省略，并经常因此而引起误解。例如，张三得了第 X 名的意思是，对于特定的群体而言，张三得了第 X 名。

二　定距量

如果实验或经验表明一个量既能用来排顺序，还能用来独立表述大小多少强弱，那这个量就是定距量。换句话说，定距量是一个有绝对大小多少强弱的量，既可以用来排序，也可以用来定点定位。有绝对大小多少强弱是因为定距量有大小标准意义上的单位。在同一个参照标尺上，按照一定的约定，可能有 1>2>3>4 或 4>3>2>1 两种不同的顺序关系，其中前者包含了 1>3、2>4、1>4，后者包含了 4>2、4>1、3>1，也可以有 1−2 = 2−3 = 3−4 或 4−3 = 3−2 = 2−1 这样的关系。把上面的不等式关系叫定序关系，把上面的等式关系叫定距关系。定序关系和定距关系都需要通过实验来建立，而不是通过概念就能建立起来的。

日常生活中的定距量很多，如日期、钟表上的时间点、摄氏温度（如 34℃）、华氏温度（如 108℉）等。尽管语言测量中经常用分数，但那里的 89 分、68 分等很难说就是定距量，还必须经过实验的检验。如果是定距分，那么对于特定的分数使用而言，100 分和 99 分之间的 1 分之差就应该与 1 分和 0 分之间的 1 分之差相等。由于定距量的零点是相对的，所以 0 并不是没有的意思。例如，0 摄氏度只是常压下的冰点，但并不是没有温度。

　　零值没有"无"或"没有"之义是定距量的一个优点，而不是缺点，但同时又是容易误用之点。这个优点是，除了能表示量的大小多少强弱之外，它能够表示位置信息（这对于几何测量或土木工程测量或图纸设计都非常重要），如时钟上的时间点、坐标系中的方位。在同一个约定的参照系中，相对零点就等于对绝对零点加一个任意常数，这个常数可取正值，也可以取负值。例如，摄氏温度加上一个-273℃就成了绝对温度。

　　解释定距量时，一定要注意它的点位意义，而不是它的大小多少强弱意义。就点位意义而言，定距量和定序量很相似，但使用起来比定序量更为灵活方便，这是因为定距量一般有自己的单位，所以用一个数字加单位就可以表示相对位置，而定序量就不行。使用定序量表述位置信息时，必须要说明其具体参照。例如，CET 的 500 分，其意义是此分的得主，正好排在特定常模（参照）集团的中间，即当年的参照考生集团中有 50% 的考生得分低于这个考生。

　　正是因为定距量的零值并不是"无"或"没有"的意思，所以几个定距量不能简单相加求和。设 x_1、x_2 为两个定比量，那么，$c+x_1$、$c+x_2$ 就是与它们分别对应的单位相同的定距量。因为 $(c+x_1) + (c+x_2) = 2c+ (x_1+x_2)$，所以，等号右边的量和等号左边的两个量不是同一类尺子量出来的量，即不可能求和（意思是，不能在两个加数的意义上解释和）；又因为 $[(c+x_1) + (c+x_2)] \div 2 = c+ (x_1+x_2) \div 2$，所以三个量是同一类尺子量出的量，即有可能求平均值。具体能否求平均值，如何求平均值，这是一个经验性问题，而不是一个统计问题，所以需要通过实验来回答。

定距量还有一个优良特性，那就是两个定距量之差是同单位（意为"大小"）的定比量。因为 $(c+x_1) - (c+x_2) = (x_1-x_2)$，而 (x_1-x_2) 就是一个有绝对零点的量，即与 $c+x_1$ 和 $c+x_2$ 具有相同单位的定距量。定距量的定位功能以及与定比量之间的互相转换关系，使得它同时具有定序量和定比量的功能，这也许是定距量在几何测量、地形测量、土木工程测绘中经常甚至普遍使用的原因。

和定序量一样，同样单位的定距量之间也有互包或互含的关系。

三　定比量

如果实验或经验表明一个量既能用来排顺序，也能用来独立表述大小多少强弱，还能独立表述两个量之间的比率或倍数关系，那这个量就是定比量。换句话说，和定距量相比定比量既具有大小标准意义上的单位，其零值也具有"没有"这个意义。定比量才是最适合做基础的量，是日常生活中使用最广泛的量。除了一些还没有办法建立在定比量基础上的量（如硬度），要尽量把所关心的量建立在已知的定比量的基础之上。这样，就可以通过取对数乘常数的方式获得所需要的定序量，也可以通过加常数的方式获得所需要的定距量。

因为可以使用同一个单位，定比量和定距量很容易混淆，使用时必须注意。例如，甲乙两个人都站在同一个桌子上，甲头顶距地面 2.8 米，乙头顶距地面 1.4 米，桌子的高度是 1 米。对于衡量甲乙二人头顶所分别能够触及的高度而言，如果以地面的高度为绝对零点，那么，2.8 米和 1.4 米都是定比量；但对于衡量甲乙二人的身高而言，2.8米和1.4米都是定距量，而不是定比量。事实上，对于衡量甲乙二人的身高而言，真正的定比量是1.8米和0.4米，这时的绝对零点也变成了桌子的高度1米。怎么知道的呢？试验，即实际比较。

　　与定序量及定距量一样，同样单位的定比量之间也有互包或互含的关系。关于互包或互含关系，怎么强调都不为过，因为在包括语言测量在内的教育测量或考试中，大家经常忽略这一关系。根据互包或互含关系的要求，做对题目的个数或拼对单词的个数在一般情况下是不能作为量的，既不能作为定序量，也不能作为定距量或定比量。就以单词拼写为例，拼对5个单词的人，并不一定就把拼对4个单词的人所拼对的单词都拼写对。也就是说，互包或互含关系要求：拼对2个单词的人一定要拼对只拼对1个单词的人所拼对的那个单词；拼对3个单词的人一定要拼对拼对2个单词的人所拼对的那2个单词；拼对4个单词的人一定要拼对拼对3个单词的人所拼对的那3个单词……拼对10个单词的人一定要拼对拼对9个单词的人所拼对的那9个单词。严格地说，如果不满足这些条件，简单的拼对单词的总数是不能作为定序量来使用的，更不能当定距或定比量使用了。

四　小结

　　定序量、定距量、定比量都是人类为了特定目的而设计发明的量，它们之间只有类别之义，没有等第高低之分。只有通过实验，才能判断一个量到底是定序、定距还是定比。数不一定总是量。数要成为量，不仅要满足要么序要么距要么比的条件，还要满足"定"的条件。

第三节　量的有关方程

与量有关的方程包括量的数值的方程、量的方程、量的单位的方程，以及量的推演。

一　量的数值的方程

根据 VIM 1.25，量的数值的方程（numerical quantity value equation）也叫数值方程（numerical value equation），它是量的诸数值之间的数学关系，建立在给定的量的方程以及所指定的测量单位基础之上。例如，粒子的动能方程为 $T = (1/2) mv^2$，如果 $m = 2\text{kg}$，$v = 3\text{m/s}$，那么，$(T) = (1/2) 2 \times 3^2$ 就是一个数值方程，其结果为 9 焦耳。可见，数值方程就是计算量的值的数值算式，是检查量的数值结果是否存在问题的依据。

二　量的方程

根据 VIM 1.22，量的方程（quantity equation）是给定量制中几个量之间的数学关系，它与测量单位无关。例如，设 Q_1、Q_2、Q_3 分别是三个不同的量，ζ 是一个数值因子，则 $Q_1 = \zeta Q_2 Q_3$ 就是一个量的方程；如果 Q_1、Q_2、Q_3 分别取 T、m、v，ζ 取 $(1/2)$，那么 $T = (1/2) mv^2$ 就是动能这个量的方程，其中 T 是动能，m 是粒子的质量，v 是特定粒子的运动速度。不难看出，量的方程就是量的计算通式，即一般计算式。量的方程很可能就是间接测量量时的测量方程。

三　量的单位方程

量的单位方程一般叫单位方程（unit equation）。根据 VIM 1.23，单位方程是几个测量单位之间的数学关系，这些单位可能是基本单位，是融洽的导出单位或者其他测量单位。例如，对于量方程 $Q_1 = \zeta Q_2 Q_3$，就有 $[Q_1] = [Q_2][Q_3]$ 这样的单位方程，其中，$[Q_1]$、$[Q_2]$、$[Q_3]$ 分别表示量 Q_1、Q_2、Q_3 的单位，且满足这三个单位都是一个融洽单位制中的单位这个条件。单位方程的功能是帮助测量人员推演出导出量的测量单位，它也是量纲推导的基础或依据。

第四节　量标

量标不是量表，尽管"标"和"表"都与英文单词 scale 相对应，但"表"还与 questionaire/inventory/assessment/test 等对应。量标是一种既定的量化制度或程序，是一种思路、思想、理念，是方法层面上的，它对应的英文是 quantity-value scale 或 measurement scale；量表只是一件或一种具体的测量器具，是制造或制作层面上的，通常有一定的制造商或品牌型号。量标比较抽象，其内涵原理一般使用者并不去了解；而量表则比较具体，其制造商和品牌型号一般人在购买时基本都要了解。量表一般是要购买的，但量标是不用购买的，而是要学的。

量标和量表的另一个重大差别是，量标通常没有量程，即所能测量的量值的区间（最小值和最大值），而很多量表都有特定的量程。

在实践中，"表"有时用"表"（如钟表、水表、电表），有时用"计"（如温度计、体重计）、"秤"（如磅秤、杆秤）、"尺"（如米尺）。不难发现，量表种类或数量要远远超过量标的数量或种类，因为一个量标通常可以有多种量表。例如，用千克计量的体重，既可以用体重计称，也可以用一般的磅秤或杆秤来称。

尽管量标的数量远少于量表的数量，但由于一种量可以用多个量标来衡量，例如温度通常就可以用华氏温标、摄氏温标以及绝对温标来衡量，所以以量标的数量还是太多，有时不方便讨论问题。为了解决这个问题，计量学家根据量标所度量的结果是定序量、定距量还是定比量，把量标分成了定序、定距、定比三个大类。

一　定序量标

如果一个量标所度量的结果是只能用来排序的定序量，是一个没有绝对大小多少强弱而只有相对大小多少强弱的量，那么，这个量标就是一个专用的定序量标。专用型定序量标没有单位，它的参照通常是某种材料、团体或程序。常见的专门的定序量标很多，如各种比赛和评比所用的名/位次量标、各种等级量标、酸碱度量标、衡量噪声用的分贝量标、软硬度量标、日历、时钟，等等。由于任何的定距量和定比量都可以用来排序，所以所有量标都是定序量标，更确切地说是所有的量标都可以用作定序量标。由于一般把专用定序量标称作定序量标，为了有所区别，本书中把其他量标叫兼用定序量标。

从第二节关于各种量的讨论中不难得出，与兼用定序量标相比，对于很多应用，专用定序量标的意思更加明确，更便于理解和使用。如表示铅笔芯硬度和表示酸碱度的两个量标，表示风力强度和地震烈度的量标，表示态度的里克特氏和瑟斯顿氏量标。

有时候，单独的定距或定比量标并不能揭示测量结果的意义，还需要配上一定的定序量标。例如，甲乙两个人的速度比赛成绩分别是 15 秒和 20 秒，人们很难理解这两个结果的意义。如果再加上第一名、第二名……这样的定序量标，并给出甲是第一名或第五名，测量结果的意义就明确了。显然，如果甲是第一名，这个速度比赛是比快，越快成绩越好；如果甲是第五名，这个速度比赛是比慢，越慢成绩越好。其实，大学英语四、六级考试量标（290~710 分）和美国的大学入学考试 SAT（参见 https：//collegereadiness.collegeboard.org/sat/scores 网站）的分部分分标（200~800 分）或总分标（400~1600 分）都是定序量标，需要在顺序意义上来理解，而不能在绝对数值意义上解读。在以升学或其他排序为目的的教育测量中，为了方便解读分标的意义，一般在看似有绝对意义的分标之外，都配置了意义明显的百分位分标。这是一个教育测量中最常用的定序量标，其取值范围为 1%~99%。在百分位分标中，百分号"%"往往省略。这样，它的取值范围就简化成了 1~99。其中，99 的意思是，在特定的团体中，得该分数的人属于最好的 1%；1 的意思是，在特定的团体中，得该分数的人属于最差的 1%；其余数值的意思类推。由于教育测量中常用"分"作为单位，在不引起混淆的情况下，本书中会把教育测量中的量标称作"分标"。

二 定距量标

如果一个量标所度量的结果除了能用来排序之外，还能用来度量大小多少强弱以及时间长短等，却没有绝对零点，那么，这个量标就是一个专用的定距量标。之所以要区分出专门的定距量标和兼用型定距量标，是因为定比量标都可以作为定距量标来用。定距量标通常都定义了自己的单位。常用的定距量标很多，如摄氏温标、华氏温标、时钟、日历或年历或年代。

没有绝对零点是定距量标的优点和强处，而不是它的缺点和弱处。没有了绝对零点，就可以用定距量标很方便地表示位置（包括时间位置和其他非地理位置）或状态，就可以根据需要把测量结果标注在坐标系中。也许，坐标系是功能最强大的定距量标。与其说定距量标没有绝对零点，还不如说定距量标扬弃了绝对零点，而采用了相对零点。摄氏温标因为采用了相对零点，才能够让人们把常压下水的冰点设定为 $0℃$，沸点设为 $100℃$。仔细想一想就不难发现，相对零点就等价于允许我们对直角坐标系进行平移变换，而绝对零点就相当于不允许我们对直角坐标系进行平移变换。

对于有些量的使用，相对零点的好处是显而易见的。例如，可以以零点为界，把大于零的值设为正值，通常用符号"+"表示，把小于零的设为负值，通常用符号"–"表示；或者把位于零点之前的值设为负值，把位于零之后的设为正值；或者把好的有益的效应值定为正值，把不好的有害的效应值定为负值。可见，定距量标绝不是比定比量标低一个级别的量标。

定距量标所能度量的量既包括定序量也包括定距量和定比

量，这是因为，定距量标上的两点之差就是定比量标。但需要特别注意的是，定距量标揭示了待测量相对于任意一点的点位信息，而定比量标只能揭示待测量相对于绝对零点的点位信息。有时似乎用的是同一个单位，却表示完全不同的意思。例如，在定距量标上，3 米的确切意思是终点达到 3 米这个位置（而不是 3 米长），至于到底是多长，还要看起点是什么位置。如果起点是 2 米处，那么待测物的长度是 1 米；如果起点是 1 米处，那么待测物的长度就是 2 米。可见，一个皮卷尺即使 0 点一端断了一段照样可以作为定距量尺来用，并能测量定比量（物体的长度），却不能作为定比量尺用了，因为它失去了绝对零点。

三　定比量标

如果一个量标所度量的结果除了能用来排序和度量大小多少强弱以及时间长短等之外，还具有绝对零点，那么，这个量标就是一个定比量标。有些定比量只能用定比量表来测量，有些定比量既可以用定比量表测量，也可以用定距量表测量。例如，可以用时钟测量时间段，可以用摄氏或华氏温标的温度计来测量温度的变化。由于定比量标有绝对零点，所以就可以直接用它度量待测量的值；由于定距量标没有绝对零点，就只能通过量标上两个点位之差来度量（严格说是计算）待测量的值。例如，从晚上 8 点钟睡到第二天早上 6 点钟，就是睡了 10 个小时。

和定距量标一样，定比量标通常都定义了自己的单位。需要特别注意的是，定比量标和定距量标似乎在用同样的单位，但严格说并不是。再回到上面的例子，定距量标上的 8 和 6 分别表示晚 8 点和早 6 点这两个时间点，而不是 8 小时和 6 小时。又如，里程碑上的 200 公里指的是此处的位置离某个参照点有 200 公里的路程，而并不一定是开车行驶了 200 公里的路，除非汽车正好从参照点出发。

绝对零点使得定比量标上的测量结果既容易理解也容易解释，所以，定比量标最适合做基础。因此，在设计量标时，要尽可能先设计一个定比量标作为中介，然后再建立目标量标和中间量标的关系。如噪声的分贝量标、酸碱度量标、风力级标、里氏地震级标。常用的定比量标很多，如开氏温标、时间量标、重量量标等。

还需要指出的是，不能在定比量标上度量的量，也几乎不可能在定距量标上度量。这是由定比量标和定距量标之间的关系决定的：定距量标上任意两个点位值之差就是一个定比量。一个量标是不是定比量标或定距量标或定序量标，只有通过实验才能确定。国内日常教育考试中的分标，包括大规模语言考试的分标，并未有公开发表的实验证据表明它们是定比或定距量标，连是否满足定序量标的条件也不知道。对于这种分标上的分数，使用时应加倍小心。

最后需要指出的是，量标是根据需要而发明创造的，而不是自然就存在的。通常，在创立了量标之后，才可能根据该量标制造出多种多样的具体品牌的测量工具。这些具体的测量工具就构成所谓的量表。下一章，我们将讨论量标的建立问题。

第三章

量标的建立

　　要确定一个量的值，通常要根据一定的标准化的量化制度或程序。这种量化制度或程序就是量标，是一种对量的大小多少强弱程度进行标定的操作思路或思想。量标不是自然存在的，而是人为了特定的目的而建立的。有些量标意义显而易见，似乎不用建立，拿来使用即可，如一般的排序或名次、日期等。其实，这样的量标也是由人建立的。和其他制度或程序的建立一样，量标的建立也要遵循一定的原则，包括所有量标建立都必须遵循的基本原则以及定比、定距、定序量标建立所应该遵循的特别原则。这一章，我们分四节分别讨论这些量标建立所应该遵循的大原则。

第一节 量标建立的一般原则

要建立一个量标必须满足一些一般性的原则，其中包括匹配性原则、适用对象的明确原则、经验性原则、部分整体同参照原则、同量同参照原则。此外，量标要尽量具有继承性与共享便利性和无界性。这些原则或要求有的可能是隐含的，有的似乎是显而易见的，所以在其他计量学文献中很少有系统讨论。

一 匹配性原则

匹配性原则包括两层含义：其一，量标要和测量结果使用相一致；其二，量标要适合拟测量的性质。也就是说，在建立或者选择一个量标前，我们要考虑：为什么要测量一个量？我们要用测量结果做什么？或根据测量结果做什么决策？我们要测量的量的性质怎样？例如，如果测量的目的是选拔，而且选拔的人数一定或有限，那么，量标上的量值或"量值+解释"最好能反映出受测人员的相对序位信息（第几名或位于百分之几的位置）。即使量标上的量值不能直接反映出其自身的相对序位信息，经过简单的推导也应该能得出必要的序位信息。例如，CET 四级分标上的 500 分，其意思就是得此分数的考生在特定的参考集团中位于 50% 的位置。

如果测量的目的是衡量受测的工作效率，那么，量标最好是定比性的。如果要用测量结果反映出包括正反两个方面的效应或效果，或者点位或区位信息，那么，就应该建立或选择定距量标。

如果测量的量是关于人类的感知觉属性，或者要使测量的结果和人类的感知觉结果一致，那么，就应该建立或选择定序量标。由于人的感知的相对性，即人类感知的是差异，很难使人的感知结果具有定距性或定比性。这正是阈限定律所揭示的人类感知特点。在语言测量中对口语或写作或翻译表现的人工评分设计量标时，这一点必须考虑。但这并不是说主观性的人工评分结果不可以转换成为定距或定比量，而是说主观人工评分的直接结果只具有定序性。如果所需要的是定距或定比量，那必须再进一步对人工评分结果通过试验进行转换。

同一个量标，对于甲种使用是合适的，但对于乙种使用就可能不合适。而且，即使合适，对于甲乙两种不同的使用也可能属于不同种类的量标（定序/定距/定比）。例如，同是答对一道题的概率，对于衡量大纲的执行情况或者大纲内容的合适性而言是恰当的，但对于衡量学生的学术能力就很可能不恰当；即使恰当，对于前者，该概率量标也是定比性的，而对于衡量学生的学术能力，它充其量是个定序量标。

二 适用对象明确原则

适用对象明确这个一般性原则是防止量标和测量结果误用和滥用的重要原则。

适用对象明确的意思有两层。第一层是指量标的测量对象要明确，即测量的内容要明确。这是关于测量什么的问题。例如，风力级标和里氏地震烈度级标测量的都是常人分别对风力和地震强烈程度的感觉，而不是这两种自然现象的破坏程度；噪声的分贝级标和物质的酸碱度 pH 值标都是测量人的感觉的。

换句话说，它们测量的都是人的感觉，既不是仪表的"感觉"，也不是其他动物的感觉。又如，托福有针对大学入学水平国际人群的 TOEFL iBT 考试（考的是在美国大学学术活动中使用的英语：听说、阅读、写作），有针对大学层次学生的 TOEFL IPT 考试（考的是在美国大学学术活动中使用的英语：听力、阅读、语法修辞），还有针对 11 岁以上国际人群的 TOEFL Junior 考试，和针对小学生的 TOEFL Primary 考试。

第二层意思是，量标的用途要明确。这是关于为谁而测量的问题，也涉及测量的结果报告给谁以及测量费用应该由谁承担的问题。明确量标的用途有助于收集有效性证据，有助于发现和监督测量的滥用。例如，TOEFL iBT 考试是用来做升学决策的，是为进入北美大学学习的学生服务的；TOEFL IPT 考试是用来做分班和诊断决策的，是为大学的英语院系服务的。如果一项考试是直接为某行政主管部门提供信息的，那么测量的费用就应该由该主管部门承担，考生不仅不应该承担考试费用，还应该获得适当的参加考试补贴。如果一项考试是为某个研究团队采集信息服务的，那么，该研究团队就应该承担有关费用。

对于包括语言测量的教育测量而言，量标的用途明确还包括说明量标是用来测量个体的、测量团体的，还是用来测量标准的（如课标或大纲）。这直接涉及量标（包括量标个数）的确定、量表内容的选择、接受测量对象（受测）的确定等。检查课标或大纲的执行情况和诊断课标或大纲是否合理通常是两种截然不同的用途，需要完全不同的两类量标和甚至非常不同的受测团体和测量内容。如果受测是个体，可能的决策之一是证书颁发；如果受测是团体，可能的决策之一是问责或检查课标的合理性；如果是问责，测量内容可以是精选也可以是抽样；如果是检查课标的合理性，测量内容应该是课标规定的全部内容。

三 经验性原则

测量本身就是一种经验性（empirical）的活动，因此，任何量标都必须符合经验性原则，即必须经得起经验的检验。说一个量标是定距或定比量标的经验意义是，量标上任何量值之间的相同差异具有同样大小的真实效应。例如，100 和 95 之差所引起的我们所关心的效应大小，与 90 和 85 之差或 20 和 15 之差所引起的我们所关心的效应大小应该是同样的。而且，是否真的就是一样的，是需要通过实验才能检验的。

教育活动中日常使用的定距量标都没有经验证据，即未经过实验的检验。例如，课堂考试中常用的百分量标和级点（grade point）量标。严格说，对这类量标上的分数是不能求平均值的，包括计算一组人的平均分，计算一个人多次或多门考试的平均分或加权平均分，计算一个人的平均级点（grade point average）等。这么做对于一般的教育管理还问题不大，但对于科学研究而言就会成为很大的问题。

对于包括语言测量在内的教育和心理测量，经验性原则还意味着量表需要不断地更新或修订，从而使量标能反映所测量量的当下情况。因为，随着文明的发展进步，会不时出现一些新的知识或能力。这对于测量结果的常模参照解释尤为重要。

经验性原则要求，测量同一个量的不同的量表，只有通过实验，才能把各自的单位统一到同一个量标上，从而使它们的测量结果在量值的大小上具有可比性。这个把不同量表测量结果统一到同一个量标上的经验过程，在教育和心理测量学中叫等值（equating）。对等值实验设计感兴趣的读者，可参见 Kolen 和 Brennan（1995，2004）。

经验性原则还要求，除评价性量标之外，同一个量标上反映出的不同属性，其相对大小强弱要和其他的经验结果一致。例如，如果其他经验表明，人们在学术语言能力或表现上的差异要远大于人们在日常语言方面的差异，在读写方面的差异要大于在听说方面的差异，那么，这种差异就应该在相应的语言量标上如实地反映出来。如果不能反映，那该量标的有效性就值得怀疑。这就和人们在腿上的重量差异远远大于在胳臂上的差异，但某个重力量标却抹杀了这种本来就存在的差异一样。另外，如果有理论支持或有经验表明人们在某个语言能力侧面或表现侧面上没有多大的差异，这种情况也应该在相应的语言量标上反映出来。例如，生成语法理论支持正常人在语言能力（即传统意义的"语法"能力）上的差异很小。不幸的是，在包括语言测量在内的教育和心理测量，经常忽略了这一点。

四 部分整体同参照原则

对于总量是非负量、分量也是非负量的组合量，分量和总量应该使用同一个参照（包括单位）。这样，测量结果的总量就会大于或等于分量（若分量等于零）。这样的测量结果因与人们的日常经验相吻合而更容易理解。从相反的角度讲，如果分量和总量不使用同一个参照，那么，测量结果即使可以理解也很难理解。这就和一盒装了 10 个苹果，称每个苹果的重量时实际用的单位是克，计算 10 个苹果重量时实际用的单位是公斤，但在说明中却使用了同一个重量单位一样。

不幸的是，大学英语四、六级考试就曾经设置了这样的分标，让分项成绩（分别为听力理解和阅读理解）在 410~700 分取值，让总分在 0~100 分取值（杨惠中，金艳，2001）。这样的分标就等于说"两个苹果的重量之和小于一个苹果的重量"。这样的分标设计，其测量结果自然令人费解。试想，一个考生在同一次考试中听力得了 500 分，阅读得了 540 分，但总得分是 62 分，这让普通人如何理解？

不过，对于评价性的量，即使部分和整体采用同样的分数单位，也会出现总分小于某个部分分数的情况。原因是，某些部分的评价分可能是负值。因此，最好把评价和测量区别对待：测量是对特定量的值的获取；评价是对特定量的特定值的价值评判或价值解释。

对于定比量标和定距量标，写出量的方程后，量的部分与整体是否采用了同一个单位就会一目了然。

五　同量同参照原则

同量同参照原则说的是，对于同一个量的不同次测量的结果要放在同一个量标上，或采用同样的参照（包括单位）。对于包括语言测量在内的教育和心理测量，这条原则的具体意思是，项目难度、项目得分以及考生的考试得分要使用同一个单位。这样，用统计学语言讲就是，如果一次考试的题目是全部所关心题目的无偏样本的话，考生的得分就应该与考题的多少无关，也与考题的难易无关。用计量学语言讲就是，如果每个项目的成绩都是同一个能力的作用结果的话，那么就可以从考生的项目成绩中求得考生的能力值或能力的效应值。

这是现代项目反应理论的根基，也是席仲恩（2006：159～177）在成绩（能力的效应）维度实现特定客观性的关键，同时也是经典理论失败的原因所在。现代项目反应理论的核心思想是，单个项目等价于多个项目等价于全部项目，它们之间是代表的关系，因此，对单个项目的反应和对一组项目的反应以及全部项目的反应一样，是同一个量的作用结果。而经典理论的思想是，单个项目不等价于多个项目不等价于全部项目，它们之间是部分与整体之间的关系，而不是代表关系，所以，对单个项目的反应和对一组项目的反应以及全部项目的反应不一样，不是同一个量的作用结果，而是不同量的作用结果。关于经典测量理论和现代项目反应理论，将在第五章中进一步讨论。

同量同参照原则还要求，关于同一个量的同一个量标上的不同量表，在投入使用前，应该进行必要的校准，即所谓的等值或链接。这样，测量的结果才具有可比性。因为，同一个量标不仅单位（大小）相同，约定的参照点（如零点）或参照物也相同。对于一般的物理测量工具而言，校准主要是统一零点，并不涉及单位，但对于语言测量而言，等值或链接不仅是统一参照零（一般不是零点），还是统一单位（大小）。

六 继承性与共享便利性

测量是人类的一种智慧活动。为了使这种智慧活动的结果便于后世借鉴，量标应该具有必要的继承性。这里强调的是"必要"二字。意思是，建立量标时不能刻意标新立异，使历史数据不便于后世使用。当然，建立量标时，还要考虑测量结果对于现世的共享便利性。那么，如何平衡继承性和共享便利性呢？对于日常实践来说，在单种族单元文化地区，继承性要压倒共享便利性；但是在多种族和多元文化地区，共享便利性应该压倒继承性，特别是对于学术活动。例如，在中国香港地区实行英制单位和过去的中国计量单位，这对于把货物卖给年轻的内地顾客就不方便。因为，当今的内地年轻人，大多数既不熟悉英制单位，也不熟悉十六进制的传统中国重量量标。

对于一个量标，最好是继承性和共享便利性兼备。对于一个大家普遍熟悉的量标，不可以随意更改。因为，对这类量标的改变，会对实践界带来不便，甚至会引起实践界的混乱。例如，最近十几年间 ETS 托福量标的频繁改变，就不便于实践界理解托福的分数意义。同是托福考试，传统的纸笔考试用了一个总分分标（310～677 分），后来的机考用了一个总分分标（40～300 分），最新的网考又用了一个新的总分分标（0～120 分）。关于托福分标的详细情况，请参见普林斯顿教育考试服务中心的官方网站（即 http：//www.ets.org/toefl）。

之所以要坚持继承性原则，是因为一个量标的意义是在实践中逐渐建立起来的，而且一旦建立，不用辅助性的解释，使用者也知道量标上数值的意义。一旦改变，不仅要给使用者提供解释量标值的辅助性说明，而且还容易跟之前的量标混淆。例如，对于一般的没有受过严格教育和心理计量学训练的实践工作者，是很难分清楚到底是传统纸笔考试中的 500 分成绩好呢，还是现在网考中的 100 分好呢。对于训练有素的计量工作者，如果不熟悉托福分标的演化历史，也只能求助于各个分标的解释性材料才能判断，现在网考的 100 分比传统纸笔考的 500 分成绩要好，而且好得多。

七　无界性

由于待测量的大小、强弱的上下限很难确定，因此在建立量标时，如果有可能，就最好不设上下界限。具体地说，对于定比量标，尽量只设下限（即绝对零点）而不设上限，即尽量把定比量标的取值范围定为 0 ~ +∞；对于定距量标，要尽量上下限都不设，即把定距量标的取值范围定为 - ∞ ~ +∞；但对于定序量标，则通常既设下限也设上限，即定序量标的取值范围是 a ~ b。对于定序量标，由于参照的特定性，我们不得不设置界限。但即便如此，如果有可能也最好不设界限或者暂时只设一个界限。

这样做的目的是维护量标的稳定性，便于测量结果的继承和共享，因为，开放性的量标便于沿端点拓展或延伸。这也许就是教育测量中一般不用百分位量标而把百分位作为量标解释手段的重要原因之一。试想，百分位量标的起点是 0，终点是 100。对于排序而言，这种两端定死的量标显然是无法拓展的。

第二节　定比量标的建立原则

由于定比量是最容易理解的量，因此首先讨论定比量标建立时应该遵循的原则，即绝对零点原则和倍数原则。

一 绝对零点原则

定比量标是衡量定比量的标尺。由于定比量具有绝对零点，所以定比量标也应该具有绝对零点。这里，绝对零点的意思是，定比量标的起点必须是零，而且零的意思必须是所测量的量没有表现出任何"踪迹"。例如，要建立一个定比词汇成绩或能力量标，那么零词汇成绩或零词汇能力的意思就是，对于所关注的词汇一个也不认识或不会拼写等。

绝对零点原则要求，在建立定比量标时，必须对拟测量目标的界限有一个明确的定义。对界限之内的标的属性或现象要看作"有"，对界限之外的非标的属性或现象要看作"无"。如果不满足这样的条件，那么，该属性或现象就不能在定比量标上描述。

一个量标是否具有绝对零点，有时显而易见，有时却非要通过实践检验才能确认。

二 倍数原则

这个原则的意思是，定比量标上的数值必须是某个基础量的倍数，这个基础量就是测量的单位。换句话说，定比量标就是根据倍数关系建立起来的标尺。正因为这样，在同一个定比量标上的几个量才可以进行倍数比较，以得出谁是谁的多少倍的结论。例如，张三认识所规定的 10 个单词，李四除认识张三认识的那 10 个单词外，还认识所规定的其他 5 个单词，于是就可以说李四的有关词汇量是张三的 1.5 倍。注意，在计量学上，这里的倍数关系是很严格的，要求较大的值必须包含较小的值，即李四必须认识张三所认识的全部 10 个单词。不然，倍数关系就不成立，因此对两个量就不可以作倍数比较。

反过来讲，如果在同一个量标上的几个量值不能做倍数解读，那么，这个量标就不是定比量标。还是用上面的例子。张三认识所规定的 10 个单词，李四除认识张三认识的那 10 个单词外，还认识所规定的其他 5 个单词，但一般却不能说李四的有关词汇能力是张三的 1.5 倍。即使张三认识所规定的 10 个单词，李四认识所规定的 15 个单词，但李四只认识张三所认识的那 10 个单词中的 8 个，那同样不可以说，李四的有关词汇量是张三的 1.5 倍。可见，单词的个数并不是一个关于词汇量或词汇能力的好单位。

同样，一个量标是否符合倍数原则的要求有时显见，有时非通过实践的确认不可。

第三节　定距量标的建立原则

定距量也许是最难理解的量，因此在定比量标之后再来讨论定距量标建立时所应该遵循的原则。和定比量标一样，也从零点和倍数两个方面讨论。不过，这里的零点不是绝对零点，而是相对零点；这里的倍数也不是数值间的简单倍数，而是相对于任意参照点之差的倍数。

一　相对零点原则

与定比量标显著的不同是，定距量标的零点是相对的，而不是绝对的。但相对零点并不是任意零点，而是以大家普遍熟悉的某个现象作为参照的零点。例如，摄氏温标就以常压下水的三相点作为零度，钟表以午夜和正午作为零点，公立纪年法以耶稣基督出生之年为零点，在直角坐标系上，我们更是用任何所熟悉的点位作为坐标原点（即零点），等等。

定距量标具有相对零点的意思是，定距量标的起点可以是任何点位，但这个起始点位必须大家熟悉，必须能给使用者带来特定意义上的方便。如康熙十年、乾隆八年、上午 9 点、下午 4 点、离目的地 10 公里、初二、高二、大二等。这些例子表明，一个总定距量标可以"当作"几个分定距以及定比量标使用。

定距量标又叫区间量标（interval scale）。这里的"区间"有两层意思。其一，建立量标时，可以先选定一个闭区间，区间的两个端点都是常人熟悉的现象或点位（如摄氏温标上水的冰点和沸点），然后再把该区间等分。对于有些情况，区间的起点和始点重合（如时钟上的零点和 12 点）。对于两个端点不重合的情况，根据需要，还可以把区间向两端扩展。其二，量标上任何相等区间的量值意义相同（这既是对特定大区间进行等分的因也是等分的果），因此，定距量标又叫等距量标。这第二层意思是倍数原则的基础。

检验定距量标成败的重要一点是，看它的零点是不是广为人知，是不是能为特定的使用带来方便。

二 倍数原则

定距量标倍数原则的意思，是定距量标上任意两个点位之间的差值必须是某个叫作单位的基本量的倍数。这样，如果一个定距量标上有几个广为熟悉的点位，那么，这个定距量标就可以作为几个子定距量标和独立的定比量标来使用。这一点正是定距量标与定比量标的联系所在，也是人们为何在有可能的条件下尽量使用定距量标的根本原因。

在一个定距量标上可以建立与零点位之间的关系，而且是与多个零点位之间的关系（如上午9点，下午4点）；不是不可以在定距量标上建立比率关系，而是可以更方便地建立比率关系（如上午8点等于距午夜8小时，下午4点等于距中午4小时）。如果甲从午夜开始一直工作到上午8点，乙从中午开始一直工作到下午4点，那么，甲的工作时间就是乙的2倍（8÷4 = 2）。不难看出，定距量标是定比量标的发展和升华，而不是它的退化。或者说，建立一个定距量标至少等价于建立一个定比量标，而且往往等价于建立多个定比量标。

检验一个量标/表是不是定距量标/表的又一点是，看它的点位差值之间能不能建立起比率关系，或者看它的点位差值之间的比率关系有没有实践意义或价值，而且是任意两个点位之间的差值。

第四节　定序量标的建立原则

定序量最容易理解，但定序量标的建立有时却最复杂。这从前面关于定序量的讨论中不难看出。这是因为，有些定序量标是通过直接比较建立的，有些则是在已有定比量标的基础上建立的。对于第一种情况，建立量标时必须进行实际的比较；对于第二种情况，不仅包括定比量标的建立，还包括实际的比较验证。为了保证定序量容易理解或便于解读，建立定序量标时，比较对象的范围要明确，要有现实意义，量标的适用对象要明确。

一　比较范围明确原则

量标是为了使用而建立的，而很多定序量标更是为了日常使用而建立的，所以就特别要求，比较对象的范围或界限要明确，不然就失去了它存在的意义。例如，比赛的名次是对于特定的参赛者而言的，洛氏硬度是针对金属材料而言的，铅笔硬度是针对铅笔芯而言的，CET 分标是针对一定时期的某个大学生集团而言的。

显然，如果比较范围不够明确或者界限不够分明，那么，定序量标上的测量结果就无法理解或解读。例如，第三名可能是某次词汇竞赛第三名，也可能是某次 100 米竞赛第三名等。即使是词汇竞赛第三名也不够明确，因为不同次竞赛参赛的人员不同，他们的词汇水平也不相同。

二　比较范围现实性原则

这条原则既是量标实用性要求的结果，也是量标更新升级或继续存在的依据。"现实"的具体意思是，量标所比较的对象范围要么是现世存在的，要么是近期曾经存在过且对现世仍有参考价值的，而不是在遥远的过去曾经存在过但对现世已经失去参考价值的。该原则要求，既不能沿用意义已经不大的老量标，也不能为了标新立异而随意建立新量标。因为，不负责任的沿用和随意的频繁改变量标都会引起混乱。

需要指出的是，常模的改变就是比较范围的改变，也是定序量标的实质的改变。这时，如果还继续沿用老的数量标尺，有时很容易引起误解。因此，为了保障测量结果的有效使用，在更新常模时如果还沿用老的数量标尺，相应的解读辅助性说明就必须跟上。不然，更新的意义不仅荡然无存，而且结果比不更新还要更差。例如，如果把大学英语考试 CET 的常模从前 10 名重点高校改为前 100 名重点高校再改为前 500 名普通高校，这就是常模集团的明显改变，考试主办方就应该要么使用新的分标加辅助性说明，要么沿用老分标而及时更新对分标的辅助说明，并对潜在的使用者提供必要的考试结果使用培训或等价服务。

同样，对于测量对象（内容）的改变也是对量标实质的改变。不过，这种改变是对量标的适用对象的改变。其实，对常模的改变和对测量内容的改变都是对量标的改变。不过，改变常模只是对定序量标而言的，改变内容是对所有量标而言的。

三　适用对象明确原则

尽管适用对象明确是一个一般性原则，但由于定序量标的顺序性特征，解读时较容易忽视适用的对象，以及对其他量标的错误定序解读会带来严重伤害或使有些人从中不公正地受益，因此这里特别加以强调，以防止对测量结果的误用和滥用，维护和捍卫测量的社会公正性，减少不必要的伤害。

明确具体测量什么非常重要。例如，托福考试系列有四个不同的考试及量标，说明各不同考试的内容，对于到底选择 TOEFL iBT 考试、TOEFL IPT 考试、TOEFL Junior 考试，还是选择 TOEFL Primary 考试就非常重要。明确具体测量什么能让使用者知道测量结果是关于具体什么的排序，而不是笼统的排序。不知道关于什么具体内容的排序是无法使用的。

明确了量标的用途后就容易让大众知道该不该用特定的测量结果给自己或自己的单位或所监护之人排序，以维护自己或自己单位或自己所监护之人的正当权利，以监督或抵制根据测量结果乱排序的现象。甚至，还可以在与自己有关的人受到不合理、不公正排序的伤害时提供必要的心理安慰。

第四章

通用教育测量量标探析

在教育和教学实践中，常用的量标很多，根据本书的目的和篇幅，很难也不需要对每个量标都加以分析。为了突出重点，节约篇幅，本章对百分量标、分界分量标以及通用的标准分量标加以剖析。

第一节　百分量标

百分量标也叫百分分标。这是一种以 0 为最低值，以 100 为最高值的分数标尺。常见的百分量标有百分比量标和百分位量标。

一　百分比量标

百分比量标可以有多种变体，其中常用的一种是以所教授或所学会的知识或技能为所测（量的量），另一种以学会某知识或掌握某技能的学习者为所测。其他变体通过和这两种变体进行类比可以很容易被建立和使用。

1. 知识/技能百分比量标

这是课堂考试中常用的分标，也是被误用和滥用最严重的分标。

量标概述。知识/技能百分比量标是以全部应掌握的知识/技能为参照点，以所掌握知识/技能在全部应掌握知识/技能中的占比为分数的标尺。它的最低分为 0，最高分为 100，分数单位是"1"。通常的"分"只是习惯上的表述形式，它并不是百分比量的测量单位。

量标的模型。设 P 为一个百分比分数，X 为这个分数所对应的已掌握知识或技能量，T_t 为全部应该掌握的知识/技能的总量，则掌握 X 知识或技能量的受考的百分比分数为

$$P = \frac{100X}{T_t} \tag{4.1}$$

例如，某考生在一次英语考试中做对了 40 题，全卷 50 道题，每个题的难度都一样，有关重要性也一样，那么，该生百分比分数为

$$P = \frac{100X}{T_t} = \frac{100 \times 40}{50} = 80$$

分数的解释。知识/技能百分比量标分数的意思之一是：正确完成所测任务的百分比，0 分为正确完成了所测任务的 0%，1

分为正确完成了所测任务的 1%，2 分为正确完成了所测任务的 2%，以此类推，100 分为正确完成了所测任务的 100%。作为约定，通常把百分号（%）省略。知识/技能百分比量标分数第二个意思是，正确完成所测任务的百分比估计。到底是哪种意思，这取决于所测内容和全部拟测内容之间的关系。如果所测就是拟测的全部，那结果就是百分比；如果所测不是拟测的全部，而是拟测的部分代表，那结果就是百分比估计。

量标探析。

知识/技能百分比量标的要求是很严格的。从公式（4.1）中可以清楚地看出，知识或技能量必须是定比量，而且，所掌握量和应掌握的总量还必须用同样的单位，不然，定义就会失效或失去意义。这是因为，只有定比量才可以做乘除法运算，而且只有除数和被除数单位相同时，其商的单位才能是"1"。任何不满足这些条件的使用就是误用，明知有问题还广泛使用就是滥用。

百分比量标经常被误用和滥用，但这是有原因的。其中误用的重要原因是，在日常的考试中，对所测量的任务并没有赋予测量单位。正如第二章第一节中指出的那样，一个没有参照（包括单位）的数字并不是量的值。被误用的另一个原因可能是，大多数老师只是因为传统上大家都在用而用，而并没有思考这种流行使用方法的合理性。滥用的原因可能是百分比量标上的分数既容易解释也容易理解。至于所解释的量（即分数）是不是真的满足百分比量标的要求则少有人去关心。

根据第三章第一节量标建立的一般原则之"部分整体同参照原则"（即单个题目的分数单位和试卷全部题目的单位要统

一），常用的百分比分标很难说满足了量标的这个基本条件，也没有经过经验原则的检验，所以不能构成量标。这种百分比量标充其量只能算作主观量标，也只能这样解读：某某老师认为该考生掌握了所学知识或技能的百分之多少。

2. 掌握者百分比量标

这种百分比量标未见在课堂考试中使用，也未见在项目评价中使用，却是一种值得推荐的定比量标。而且很容易检验，该量标能满足除无界性之外的所有条件。不难发现，用它得到的测量结果很适合评价标准或大纲是否合理，或者资源配置是否充分。

量标概述。见名知义，掌握者百分比量标就是衡量特定人群中掌握某个知识点或技能的人数所占该人群比率的分标。显见，只要确定出某个知识项或技能项，让有关的人群去做，然后分别统计出全部掌握该知识项或技能项的人数以及全部参加做题或表现技能的人数，然后再求出掌握人数与参加人数的比值，按照这个过程得出测量结果的程序，就定义了掌握者百分比量标。如果参加的是有关人员的全部，那么所得结果就是有关人员对该知识项或技能项的掌握程度；如果不是有关人员的全部，而是他们的部分随机代表，那么所得结果就是有关人员对该知识项或技能项的掌握程度的估计值。既然是估计值，那就会包含一定的不确定性。掌握者百分比量标的测量单位是"1"。掌握者百分比量标的测量对象不是学生的知识或技能，而是知识或技能项被掌握的程度。

量标的模型。设 P_m 为一个掌握者百分比分数，X_m 为掌握

了某个知识或技能项的人数，T_m 为应该掌握该知识/技能项的总人数，则该知识或技能项的掌握者百分比分数为

$$P_m = \frac{100X_m}{T_m}\% \qquad\qquad (4.2)$$

例如，100 个人掌握了某个英语知识或技能项，参加考试的总人数是 200 人，有关学生总数未知，那么，该知识或技能项的掌握者百分比分数为

$$P_m = \frac{100X_m}{T_m}\% = \frac{100 \times 100}{200}\% = 50\%$$

分数的解释。掌握者百分比量标很容易建立，其上的测量结果也很容易使用或很难被误用和滥用，但根据它要建立量表却并不容易。这可能是该量标很少使用的原因。在该量标上得了 50%，其基本意思是：有或估计有 50% 的有关人员掌握或获得了该知识项或技能项，或者，有或估计有 50% 的有关人员未掌握或未获得该知识项或技能项。这样意思十分明确，很容易理解。对于掌握率很低的知识或技能项，可能的解释是：要么该项太难，不适合作为课标或大纲要求；要么教学资源投入有问题（包括教师水平不够、课时不够、学生投入的有效时间不够、教学设施落后、教学材料不合适等）。可能采取的措施是：要么修改课标或大纲，把该项目剔除出去；要么改善教学资源。改善教学资源，在很大程度上就是使用考试对教学有关方面进行问责。

量标探析。

掌握者百分比量标的条件很好满足，因为公式（4.2）中分

子分母都是人数，显然都是定比量，单位也都是"人"，所以，结果的单位是"1"，满足定义要求。因此，掌握者百分比量标很容易"制造"。

那么为什么该量标在国内很少有人使用呢？原因至少有两个。一个是使用该量标前，必须对有关课标或大纲规定的内容或目标进行彻底的可操作化转换，从而使课标或大纲中所有的内容凝结在某个独立的知识或技能项中。到目前为止，未见文献报道过对国内有关外语课标或大纲的可操作转换工作。而且，这项转换工作所需要的投入，可能要远远超过课标或大纲制定所需要的投入。而且，做这项工作就等于否定课标或大纲制定者的工作。但是没有这项基础工作，很多重要问题都无法通过实证的方法检验，包括课标或大纲是否合适，教学结果是否达到了课标或大纲的要求，教学资源的配置是否充分或公平，等等。所谓"全国通用外语量标"也只能和掌握者百分比量标一样，无法发挥其应有的作用。即使硬投入使用，也是名义上的使用，即有名无实的使用。

掌握者百分比量标在国内未见使用的另一个原因可能是，即使完成了可操作转换工作，要测量每一个关键知识或技能项，也需要一个强大的测量团队和大量的资金支持。

二 百分位量标

前面说过，一般很少用百分位分标作为独立的量标，而是用它作为其他量标的辅助量标或解释。用百分位分标做辅助分标或辅助解释的原因是它的意思明确易懂，不用它做主分标也同样是因为它的意思太容易懂，无法为受考的成绩保密，容易使受考的自尊受到没有必要的伤害。

量标概述。百分位分标是以标准样本或常模集团分数的中位数为参照点，以百分等级为单位的分数标尺。它的最低分为 0，最高分为 100。百分位量标没有测量单位，只有参照团体。一般用标准样本或常模集团做参照团体。没有或不知道参照团体的信息，百分位量标就失去了意义。

量标的模型。通俗些讲，量标的模型就是该量标上分数的计算公式。设 PR 为一个分数的百分位分数，R 为这个分数在标准样本或常模集团分数中的秩次（即第几名），N 为标准样本或常模集团的人数，则这个分数相对于该标准样本或常模集团的百分位分数为

$$PR = 100 - \frac{100R - 50}{N} \tag{4.3}$$

例如，某考生在一次英语考试中得了 78 分，这个分数在某标准样本中的排名是第 500 名，标准样本的总人数为 2000 人，则这位受考相对于该常模集团的百分位分数为

$$PR = 100 - \frac{100R - 50}{N} = 100 - \frac{100 \times 500 - 50}{2000} = 70.025$$

分数的解释。如果一个受考的百分位分数是 n，其具体含义是，标准样本或常模集团中的受考有百分之 n 的人的分数低于这位受考，或者，标准样本或常模集团中有百分之 1-n% 的人的分数等于或高于这位受考。以上面的受考为例，他的百分位分数是 70.025，这说明常模集团中有 70.025% 的人的分数低于他，

或者，常模集团中有 29.975% 的人的分数等于或高于这位受考的分数。百分位分数一般都要取整。这样，这位受考的百分位分数就成了 70，即常模集团中有 70% 的人的分数低于该生，有30% 的人高于该生。

量标探析。

百分位分数是一种典型的定序量数，是关于受考在顺序维度上前、后、优、劣的量度。它具有能对同类测试的不同次施测结果进行比较、对不同类测试结果进行顺序比较的特点。例如，对两次不同的大学英语四级考试结果做比较，对阅读考试结果和翻译考试结果做比较等。这里，比较的前提是同一个标准样本或常模集团。

百分位量标没有知识或技能百分比量标那么苛刻的条件，但它的条件明显比掌握者百分比量标难满足。尽管从公式（4.3）中看不出什么要求，但百分位量标已经隐含，所要计算百分位的这个受考的分数参照（包括单位），要和标准样本或常模集团受考的分数参照（包括单位）相同。这就意味着，该考生的分数是和常模集团分数校准或等值过的。校准是对参考点的统一，等值是对单位的统一。

第二节　分界分量标

分界分量标是一种以分界分（cut-off score）为参照点而建立起来的量标。如果用一个分界分作为参照点，那建立的量标就是单分界分量标；如果用两个分界分作为参照点，那建立起来的量标就是双分界分量标，如果用三个分界分作为参照点，那建立起来的量标就是三分界分量标。

一 单分界分量标

单分界分量标就是根据一个分界分所建立的量标，这个分界分通常就是达标分或通过分。这种方法简单易行，适合做检查知识/技能是否达标的系列量标的起始量标。

量标概述。在一个由成绩（通常是纵轴）和分数（通常是横轴）构成的平面直角坐标系中取一点，定这一点上的成绩为达标成绩，这一点的分数为达标分数，过这一点和坐标原点画一条直线，这条直线就定义了单分界分量标。单分界分量标假定，成绩为 0 时分数也为 0。该量标的最低分为 0，最高分不限。

量标的模型。设 X 为量标分，Y 为量标分所对应的成绩，x_c 和 y_c 分别为达标分和达标成绩，则

$$X = \frac{x_c}{y_c} Y \tag{4.4}$$

例如，某市英语会考后经专家组对考题的词汇语法部分分析决定，此次会考的词汇语法部分合格标准为 30 分，合格分和往年一样为 60 分，那么，这次会考的词汇语法部分分标就是 $X = 2Y$。如果某生在这次英语会考中词汇语法部分得了 40 分，那么，该生的量标分就是 $X = 2Y = 2 \times 40 = 80$ 分。

分数的解释。这是一种线性量标。这种量标分数与原始考试成绩的意思基本一致，它保证了通过标准的稳定性，以防有些学生因某次考试的题目简单而侥幸通过；或者相反，让某些

学生因某次考试的题目难而不幸未通过。由于分界分量标关注的主要是分界分上的信息，所以，分数越远离分界分，其提供的信息越无法得到保证，分数越靠近分界分，其提供的信息越多、越有效。因此，研究解读时，对不同分数段的分数要分别对待。

量标探析。

单分界分量标尽管非常粗糙，但相对原始成绩还是有明显改进。首先，它保证了达标分数的稳定，不至于每次达标考试都采用不同的合格分数，有利于考试结果的历史存档和教育教学问题的历时研究。

由于单分界分量标要通过零点，即假定成绩为零时的分数也为零，因此只适合开始阶段的达标决策。到了其他阶段，这个零成绩零分数假定很令人费解，特别是非专业人士。

如果零成绩零分数假定成立，那么，单分界分量标就等价于在零点和分界分点对不同次考试进行了等值处理，或者既做了校准（归零），也在分界分处做了等值。

单分界分量标只关注达标线，因此，对于其他成绩段的信息难免会造成浪费。如果决策方还想了解优秀生的情况，那就只好再建立一个单独的分标。而且两个独立的分标会生成两套不同的分数，很容易造成混乱。

二　双分界分量标

为了在一个量标上同时为两个分界点（如合格和优秀）提供充分的决策信息，且不生成两套不同的分数，双分界分量标就应运而生。

量标概述。在由成绩（通常是纵轴）和分数（通常是横轴）构成的平面直角坐标系中取两点，定其中的一个点上的成绩为第一类达标成绩，这一点的分数为第一类达标分数；定另一个点上的成绩为第二类达标成绩，这一点的分数为第二类达标分数；过这两点画一条直线，这条直线就定义了双分界分量标。双分界分量标并不一定通过坐标原点。也就是说，双分界分量标上的分数 0 并不一定与成绩 0 对应。而且，有时分数为零成绩并不是零，有时则相反，成绩为零分数却不是零。可见，双分界分量标的最低分因具体情况而变，最高分不限。

量标的模型。设 X 为量标分，Y 为量标分所对应的成绩，x_{c1} 和 y_{c1} 分别为达到第一标准的分数和成绩，x_{c2} 和 y_{c2} 分别为达到第二标准的分数和成绩，则

$$X = \frac{x_{c2} - x_{c1}}{y_{c2} - y_{c1}} Y - \frac{x_{c2} - x_{c1}}{y_{c2} - y_{c1}} y_{c1} + x_{c1} \tag{4.5}$$

例如，某市英语会考后经专家组对考题的词汇语法部分分析决定，此次会考的词汇语法部分合格成绩为 30 分，优秀成绩为 50 分，总的合格分和优秀分与往年一样，分别为 60 分和 90 分，那么，这次会考的词汇语法部分分标就是 $X = 1.5Y + 15$。如果甲生在这次英语会考中词汇语法部分得了 40 分，乙生得了 50 分，那么，甲生的量标分是 $X = 1.5Y + 15 = 1.5 \times 40 + 15 = 75$ 分，乙生的量标分是 $X = 1.5Y + 15 = 1.5 \times 50 + 15 = 90$ 分。即使有个考生的成绩是 0 分，该生的量标分也是 15 分。

分数的解释。双分界分量标也是一种线性量标。量标分数也同样与原始考试成绩的意思基本一致，但它同时保证了通过

标准和优秀标准的稳定，以防因某次考试题目难易程度的改变而改变分界分。和单分界分量标一样，双分界分量标关注的也主要是分界分上的信息，解读单分界分量标分数时的注意事项，同样适用于双分界分量标。

量标探析。

与单分界分量标相比，双分界分量标有所改善，但依然粗糙。尽管如此，它保证了分界分数的稳定，不至于每次考试都采用不同的分界分数，避免了考试历史数据的混乱，有利于历时研究。有关双分界分量标的讨论和示例，可参见 Bloom，Madaus 及 Hastings（1981，pp. 108-109）。

双分界分量标相当于在两个分界点上对不同次考试结果进行了等值处理，因此，比分界分量标更能充分地利用成绩信息。如果直线恰好通过坐标原点，那就表明等值以及所建立的分标是多余的。由于分标直线一般并不经过坐标原点，这正好表明等值处理的必要性。

三 多分界分量标

一个分界点可以把受测分成两组，两个分界点可以把受考分成三组。如果像英语专业四、八级考试那样需要把考生分为不及格、通过、良好、优秀四个组，那就得通过三个成绩分界点建立量标。由于两点确定一条直线，而三点所确定的是曲线，所以，三个及以上分界分量标的建立就相当于对非线性等值处理。虽然曲线的种类很多，选择的余地很大，但最好选择一些大家比较熟悉的、研究比较多的曲线。如果认可学术知识和技能是可以增长或发展的，那么，各种 S 形生长曲线（sigmoid growth curve）是很好的选项。建立模型时，一个参照点就可以确定一个参数。因此，如果是三个分界分，那就可以在模型中设计三个参数，以更好地揭示成绩和量标量（通常叫分数）之间的关系。

量标概述。

S形生长曲线通常是一条以成绩为纵轴，以时间为横轴的平面直角坐标系中的曲线。由于看起来像S，因此叫S形曲线。用时间作为所测量的量的量度比较容易理解，因此，智力测验一开始就选择了智龄。对于学校环境中的学业测量，年级、学龄、学时（学习时间）都比生物年龄更容易解释。生长曲线量标可以是定序量标，也可以是定距或定比量标。到底用什么量标，这既要看用途，也要看技术上的可行性和简易性，还要看是否容易引起误解。例如，年级就更适合作为等级，学龄方便衡量定距量，学时方便衡量定比量。

最常用的S形生长曲线是逻辑斯蒂（logistic）曲线。它适合描述的是有发生、发展、成熟三个明显阶段的现象。在发生阶段，变化速率通常比较缓慢，在发展阶段变化速度则较快，进入成熟阶段后速度又越来越慢。由于逻辑斯蒂曲线对应的函数形式多样，对函数特性的研究比较成熟，计算简单且应用的历史悠久，加上现代项目反应理论用的也是它的典型形式，所以这里就只介绍它。对其他生长曲线感兴趣的读者，可参考有关生物数学（如陈兰荪，1985；林振山，2006）、医学统计学（如Hoppensteadt & Peskin，1992）、扩散或生长分析（如Banks，1994）或人口统计学文献（如王学保、蔡果兰，2009）。

量标的模型。

逻辑斯蒂生长曲线的变体很多，可大体分为体量（包括总量）增长模型和概率增长模型。现代项目反应理论的反应函数用的是概率增长模型，这里介绍的则是体量增长模型。

设 Y 为成绩（所增长的量），T 为量标分（增长所用的时间），M 为成绩的最大可能值参数，A 为成绩增长空间参数，r 为成绩增长速度系数参数，则

$$Y = \frac{M}{1 + Ae^{-rT}} \tag{4.6}$$

解出公式（4.6）中的 T 就是量标的模型，即

$$T = \frac{1}{r}\ln\left(\frac{AY}{M-Y}\right) \tag{4.7}$$

例如，如果最高可能成绩是 100，$r=1$，$A=10$，那么，量标模型（4.7）就确定为 $T = 2.303 + \ln Y - \ln(100 - Y)$。某市那两个在英语会考中成绩为 30 分和 50 分的学生的量标成绩分别是 1.46 分和 2.30 分。在这个分标上，原始成绩为 1~99 分的对应分数变成了 -2.29~+6.90 分。这样的量标显然是定距量标，因为它既有正值也有负值。

分数的解释。如果估计模型参数时时间单位用的是进入初中后的学年数，那么，1.46 分的意思就是"一般学生在初中学习了 1.46 个学年"，2.30 分的意思是"一般学生在初中学习了 2.30 个学年"。那负分数又如何解释呢？负分数的解释也一样。例如某生得了 -1 分的意思是：该生当下的程度，距离一般学生

进入初中时的程度还差 1 个学年。换句话说，如果要使该生达到一般学生初中入学时的英语程度，按照现在一般学生的学习效率，还需要 1 学年的时间。如果该生的学习效率比现在一般学生的学习效率高，则用不了 1 学年的时间；相反，如果该生的学习效率低于现在一般学生的学习效率，那 1 学年的时间还不够。

量标探析。

逻辑斯蒂模型仅仅是多种常用生长发育模型中的一种，它适合描述一种有明显起步、有明显加速、有明显减速的发展变化现象。换句话说，如果某项学业知识或技能开始学起来很慢，随后学习速度慢慢变快，到了一定阶段猛然加快速度，不久又开始减速，而且过一段时间后发展速度变得非常慢，但依然向前发展，永远进步，永不退步，那么，这种知识或技能就适合用 logistic 模型描述，时间就是这种知识或技能发展状况的良好量度。或者，如果在某个阶段某项学业知识或技能表现出明显的前慢—中快—后慢特征，就可以通过 logistic 模型（函数）这个桥梁，用时间间接地来测量这项知识或技能。这个由快变慢的转折点叫拐点。Logistic 模型的拐点是最大体量或最高可能成绩的二分之一，即 $M/2$。

如果知识或技能主要处在前慢阶段，指数函数也许是更合适的模型；如果主要处在后慢阶段，对数函数也许更合适；如果主要处在中间的快速发展阶段，直线函数也许更合适。这也表明了 logistic 模型的魅力，即同时兼顾了指数、对数和直线函数的特性。此外，它还便于计算，便于根据需要设计一些有明确学术意义或实践价值的参数。

单分界分量标和双分界分量标都是（直）线性量标，由于建立量标时只参考了一个或两个成绩点，因此比较粗糙，提供的信息也很少。多分界分量标就是非线性量标，或者说是曲线形的量标。如果能充分利用其他学科研究生长、发育、扩散、更替等现象的成果，建立适合具体学业成绩或技能发展实际情况的生长模型，这不仅是对学业测量的贡献，而且也是对学科教育以及教育心理学的贡献。常用的生长发育的模型很多，除 logistic 模型外，还有冈珀茨（Gompertz）模型、贝塔朗菲（Bertalanffy）模型（关于 logistic、Gormpertz、Bertalanffy 模型的比较，请参考 Helidoniotis, Haddon, Tuck, & Tarbath, 2011）、理查兹（Richards）模型（关于该模型的参数估计，请参考乔钰、徐文科，2015）以及雅诺簘柯（Janoschek）模型，其中前三种为非固定模型，后两种为固定模型。关于这两大类生长模型的比较，可参考 Aygün 及 Narinç（2016）。

第三节　标准分量标

标准分量标包括基本标准分量标和由基本量标衍生出的标准分量标。这些量标采用的都是曲线评级原理（grading on the curve，参见 Bloom, Madaus, & Hastings, 1981, pp. 109–112）。具体地讲就是，先根据成绩对全体进行排序，然后根据排序给一定比例的人一定的分数。例如前 1% 的人得 2.33Z 分，前 2% 的人得 2.05Z 分，等等。因为这些分本质上都是以 Z 为单位的，所以统称标准分。标准分及其衍生分量标很多，本节只讨论三个基本标准分量标，即 Z 分数量标、T 分数量标以及标准九分量标。其他常见的衍生的标准分量标，将在以后的章节分别讨论。

一 标准 Z 分数量标

在所有的分布中，正态分布是最广为人知的一种分布，而所谓的标准 Z 分数量标，实际上就是一般正态分布和标准正态分布的桥梁。因此，标准 Z 分数量标是其他标准分数量标的基础。

量标概述。

标准 Z 分数量标是以标准样本或常模集团分数的平均分为参照点，以标准样本或常模集团分数的标准差为单位的分数标尺。

一般情况下，在标准 Z 分数量标上，标准样本或常模集团分数的平均分是 0 分，标准差是 1 分，最低分为 -3 或 -4 分，最高分为 $+3$ 或 $+4$ 分。但这并不是说，一般情况下如果把一个团体的原始分按照标准样本或常模集团分数建立的分数对照表转换成标准 Z 分数，那么这个团体的分数的平均数就是 0 分，标准差就是 1 分，最低分就为 -3 或 -4 分，最高分就为 $+3$ 或 $+4$ 分；这也不是说，原本就不是等距量数的分数，经过这样的转换就可以成为等距分数。标准 Z 分数是一种典型的离差分数。

量标的模型之一。设 Z 为分数 X 所对应的标准 Z 分数，μ 为标准样本或常模集团分数的平均分，σ 为标准样本或常模集团分数的标准差，则分数 X 相对于该标准样本或常模集团的标准 Z 分数为

$$Z = \frac{X - \mu}{\sigma} \tag{4.8}$$

如果标准样本或常模集团的分数连续且呈严格正态分布，这种计算方法是可行的。如果标准样本或常模集团的分数不呈严格正态分布，则应该采用第二种模型求标准 Z 分数。在教育测量实践中，用模型（4.8）求标准分的条件几乎不存在。

量标的模型之二。 第二种模型比较难用数学符号形式化表述，因此改用文字叙述。尽管标准样本或常模集团的分数不呈严格正态分布，但通常假定这是由误差引起的。如果没有误差，而且标准样本或常模集团足够大时，测试结果应该呈严格正态分布。因此，可以先求出标准样本或常模集团中每个具体分数所对应的百分位分数，然后把各个百分位分数除以 100 的商看作标准正态分布曲线下由 $-\infty$ 到一定 Z 值的面积，通过反查标准正态分布表获得每个分数所对应的标准 Z 分数。这样就得到一个关于标准样本或常模集团的原始分数和标准 Z 分数对照表。这个对照表的建立过程，通常叫作对原始分数进行正态化处理（normalization）。通过和这个表对照，就可以得出其他受考相对于标准样本或常模集团的标准 Z 分数。例如，某受考在一次英语考试中得了 75 分，在标准样本或常模集团中，这个分数对应的百分位分数是 50，标准 Z 分数是 0。那么，该受考相对于该标准样本或常模集团的标准 Z 分数就是 0。

分数的解释。

Z 分数之所以叫作标准 Z 分数，简称"标准分"，是因为它和标准正态分布联系在一起。学过概率论的读者一看就知道，公式（4.8）就是把一般正态分布变换成标准正态分布的关系式，显然，"标准 Z 分数"或"标准分"中的"标准"二字得自"标准正态分布"，并不是一般意义上的"标准"。要理解它的意义，必须了解标准正态分布。具体地讲就是，标准 Z 分数值和标准正态分布中的 Z 值的意义是一致的，通过查标准正态分布表，可以确定得该分数的受考在标准样本或常模集团中的相对位置。

从这一点看，标准 Z 分数和百分位分数的意义相同，但没有百分位分数那么意义明显、易懂。可能正是由于这个特点，标准 Z 分数比百分位分数更能为受考考试结果保密。此外，如果原始分数是等距或等比分数，标准 Z 分数就是等距分数，可以进行加减运算，所以它比百分位分数更受测试工作者的青睐。

量标探析。

如果不满足严格正态分布和分数连续这两个条件，[①] 用模型一求出的标准 Z 分数就没有表示出受考在常模集团中的相对位置这一功能。事实上，在测试实践中，这两个条件是不可能满足的，因此，我们通常用模型二求标准 Z 分数，而不是用模型一。另一个值得注意的问题是，求标准 Z 分数，通常指的是求标准样本或常模集团中每一个原始分数所对应的 Z 分数，并把结果制成一个原始分和 Z 分的对照表，这个过程就是建模过程（norming），也是量标的建立过程（scaling）。实际使用时，只要把其他受考的原始分和该表对照，就可以得到他们相对于该标准样本或常模集团的标准 Z 分数。如果使用的试卷和建模时的

---

① 其实严格正态分布已经包括了分数连续，因为正态分布本身就是连续随机变量的分布，我们之所以这样表达，是为了强调分数连续性这个要求，以便没有概率论知识的读者理解。

试卷不是同一份试卷，在查原始分和标准 Z 分对照表之前，还必须做另外一项工作：原始分等值（equating）。有关等值问题，已超出本书的讨论范围，感兴趣的读者请参阅 Petersen，Kolen 及 Hoover（1989），Kolen 和 Brennan（1995），漆书青、戴海崎、丁树良（1998）。

需要指出的是，连续只是一个数学上的概念，现实中的事物和现象都是不连续的。应用中只要总量足够大（即个数足够多），或者单位足够小，那就可以认为该量是连续量。例如，单位是 1，总量是 50 或 100，那就不是连续的，而明显是离散的。如果单位是 1，总量在 1000 以上，那就大体上连续；如果单位是 1，总量在 10000 以上，那就基本上连续；100000 以上就可以说是连续的了。

但是，在语言测量中经常只有几十道题（题目个数的计算，请参见"信度"一章），是远不够连续的。在阅读理解和听力理解测量中，题目的数量更少。对于分项计算和报道分数，更远离连续的要求。在其他教育考试中，同样存在这种情况。这也许是在用百分位解释标准分数时，一般只取整数（即 1%，2%，……，99%）而不保留小数位的原因。具体而言，100 道题，如果每道题的分值相等，最多只能把考生分成 101 组。这只是潜在的可能，现实中如果最低分是 25 道题正确，最高分是 95 道题正确，那就只能把考试分成 95−25+1=71 组。

严格地讲，标准 Z 分量标并不是测量量标，而是一种评价或评级量标。换句话说，标准 Z 分并不是测量结果的表述，而是评价结果的表述，包含了明显的人类价值判断，即顺序、等级、排位等。

采用第二种模型得出的标准分有一个很大的缺陷，那就是把原始测量结果中的不确定度（教育测量中叫"信度"）信息给丢失了。也就是说，辛辛苦苦计算得出的信度信息，到了分数解释阶段却无法使用。这不仅仅是浪费，还会误导实践。因此，我并不推荐使用标准分量标，而建议使用第二节中介绍的生长曲线量标。

以上是针对大规模的标准化考试（测量）而言的。对于一般的小型非标准化考试，Terwilliger（1977）对四个方面提出了批评：（1）教师编制的考试一般并不是用来产生"正态"（实际意思是对称）分布分数的，而是要高分端的人多低分端的人少；（2）典型的班级人数太少，不可能期望学生的分数呈正态分布；（3）如果事先设定多少比例的人得多少分，那会在班上人为地制造一种极端的竞争气氛；（4）根据分布打分会造成对学业成就具体内容及质量的忽视（转引自 Bloom，Madaus，& Hastings，1981，pp. 109-110）。

二 标准 *T* 分数量标

由于标准 *Z* 分数通常在-3 和+3 之间取值，很容易引起常人的误解。对于一般的学业知识/技能测量而言，个体的负值分数总是难解释的。而且，团体的 0 分也不好理解。为了避免标准 *Z* 分数的这种尴尬局面，人们就发明了标准 *T* 分数量标。

量标概述。

标准 *T* 分数量标是一个在标准 *Z* 分数基础上，经过进一步的线性变换所得到的分数标尺。一般情况下，在标准 *T* 分数量标上标准样本或常模集团分数的平均分是 50 分，标准差是 10

分，最低分为 20 分或 10 分，最高分为 80 分或 90 分。

　　和标准 Z 分数量标一样，一般情况下如果把一个团体的原始分按照标准样本或常模集团分数建立的分数对照表转换成标准 T 分数，这个团体的分数的平均数不一定就等于 50 分，标准差就是 10 分，最低分就是 20 分或 10 分，最高分就是 80 分或 90 分；而且原本就不是等距量数的分数，经过这样的转换也不可能成为等距分数。

　　量标的模型。

　　设 Z 为分数 X 所对应的相对于某给定标准样本或常模集团的标准 Z 分数，则分数 X 相对于该标准样本或常模集团的标准 T 分数为

$$T = 10Z + 50 \tag{4.9}$$

　　从公式（4.9）中可以清楚地看出，求一个原始分的标准 T 分数的关键是先求出该原始分所对应的标准 Z 分数，求法一般采用 Z 分数模型二。例如，如果某受考在一次英语考试中得了 70 分，经查表得知他相对于标准样本或常模集团的标准 Z 分数是 1.1 分，那么他的标准 T 分数为 $10 \times 1.1 + 50 = 61$ 分。

　　分数的解释。标准 T 分数的含义和标准 Z 分数的相同。不过解释标准 T 分数时，先得通过公式（4.9）求出它对应的 Z 分数，再通过查标准正态分布表，才能确定该分数在特定标准样本或常模集团中的相对位置。例如，已知某受考在一次升学英语考试中的标准 T 分数为 75 分，根据公式（4.9）求出该分数对应的 Z 分数为（75−50）÷10＝2.5 分，查标准正态分布表知，标准样本或常模集团中有 0.621%（通常用 1%）的人的分数等

于或高于这个分数，有 99.379%（通常用 99%）的人的分数低于这个分数。

量标探析。除了没有负值和平均分为零这两缺点外，标准 T 分数量标具有标准 Z 分数量标的全部其他缺点，因此无须重述。但需要指出，Z 分数量标中的"Z"与标准正态分布有关，但 T 分数量标中的"T"与 T 分布没有任何的关系。

三　标准九分量标

有时需要根据测量结果把受考分成很多组别，有时则需要把不同成绩的学生合并成几个较大的组别，或者测量结果或成绩的质量只允许人们根据结果把受考分成几个大类。标准九分量标就是一种把小类小组合并成大类大组的量标。之所以叫标准九分量标，是因为它是建立在标准 Z 分基础之上的。

量标概述。标准九分（stanine）量标是一个最低分为 1 分、最高分为 9 分、平均分为 5 分、标准差为 2 分的分数标尺，其单位刻度为 1 分。因此，只有整数分，如果导出分含小数，实行四舍五入。标准九分量标上只有 9 个不同的整数分数，没有任何的小数分数。

量标的模型。标准九分量标的形式化表达式是

$$STANINE = 2Z + 5 \qquad (4.10)$$

对于分数呈正态分布的标准样本或常模集团，在标准九分量标上，原始分最低的 4% 得 1 分，最高的 4% 得 9 分，次最低的 7% 得 2 分，次最高的 7% 得 8 分，再次低的 12% 得 3 分，再次高的 12% 得 7 分，再再次低的 17% 得 4 分，再再次高的 17% 得 6 分，

中间的 20%得 5 分。

分数的解释。标准九分量标上最高分 9 分的意思是，高于标准参照或常模集团中95%的人；8 分的意思是，高于标准参照或常模集团中88%的人；7 分的意思是，高于标准参照或常模集团中76%的人；6 分的意思是，高于标准参照或常模集团中59%的人；5 分的意思是，高于标准参照或常模集团中 40%的人；4分的意思是，高于标准参照或常模集团中 23%的人；3 分的意思是，高于标准参照或常模集团中11%的人；2 分的意思是，高于标准参照或常模集团中 4%的人；1 分的意思是，高于标准参照或常模集团中不到1%的人。标准九分、标准 Z 分和百分位分的对照见表 4-1。

表 4-1　标准九分、标准 Z 分和百分位分对照

标准九分	标准 Z 分	百分位分
9	+1.75 以上	96~99
8	+1.25~+1.75	89~95
7	+0.75~+1.25	77~88
6	+0.25~+0.75	60~76
5	-0.25~+0.25	41~59
4	-0.75~-0.25	24~40
3	-1.25~-0.75	12~23
2	-1.75~-1.25	5~11
1	-1.75 以下	1~4

量标探析。

标准九分量标只能把受考根据测量结果或考试成绩分成九个大组。这既是它的优点也是它的劣点。优点是由于不对粗糙测量结果进行过分细分，避免了很多对测量结果的误用和滥用，例如因为在原始分上一个学生比另一学生低 1 分就把他们分成两组/类。劣点是这种对原本细化的分数的反粗糙化，会损失掉原始分数中的很多信息。因此，标准九分只适合在教学管理中使用，不适合在教育研究中使用。

和 T 分数量标一样，除了没有负值和平均分为零这两缺点外，标准九分数量标具有标准 Z 分数量标的全部其他缺点，因此也无须重述。

第五章

常用语言量标解读

在语言教育和教学实践中，常用的语言量标有很多。有日常课堂教学中常用的，有科学研究中使用的，有大型考试机构专用的。本章对几个考试机构的专用量标加以分析解读，包括托福量标、语言能力欧洲共同参考框架和 CET 量标。本章对量标分的解读是非精度解读，即不考虑测量结果不确定度信息的解读。由于精度解读必须用到不确定度或信度信息，所以只能在讨论了不确定度之后再来进行。非精度解读适合日常教学管理中的低风险决策，精度解读适合于科学研究以及高风险决策。

第一节 托福量标

经过几代升级改版和发展，现代托福考试家族已经有了四个成员：托福高考（TOEFL iBT）、托福学院考（TOEFL IPT）、托福中考（TOEFL Junior）、托福小考（TOEFL Primary）。同为英语作为外语的考试，每一种托福考试都有显著不同的目的，都针对明显不同的群体，都有各自的分数标尺。关于托福量标和托福考试的事实型信息，皆来自 ETS 官方网站；关于托福量标的评论是我自己的。

一 托福高考的量标

在托福家族中，托福高考既是年龄最长的，也是影响力最大的。因此，对托福家族量标的解读理应从这位成员开始。

托福高考就是专门为母语非英语学生设计的大学入学"语文"考试，旨在衡量考生是否做好了在大学用英语进行学习和生活的准备。这项考试现在是互联网考，因此也叫托福网考，英语全称是 TOEFL internet-Based Test ［托福基于互联网的考试］。托福高考是一项高风险性的教育考试。

量标概述。

托福高考量标是一个以升学选拔为目的标准分量标。其总分量标是一个 0~120 点的分数标尺（最低分为 0 分，最高分为 120 分），四个分项都是一个 0~30 点的分数标尺（最低分为 0 分，最高分为 30 分），总分是四个分项分之和。

阅读和听力部分是计算机根据考生对 36~56 个题目（阅读）或者 34~51 个题目（听力）的反应情况评的分，分值在 0~30 分。所阅读的材料是学术篇章，所听的材料是讲座、课堂讨论或对话。

说的部分由 6 个任务构成。持证评分人员对考生在每个任务上的表现在 0~4 分打分，然后求出考生在 6 个任务上得分的代数和，最后把该代数和转换成 0~30 分的量标分。

　　写作部分有 2 个任务，一个是材料整合，另一个是独立作文。持证评分人员对考生在每个任务上的表现在 0~5 分打分，求出考生在 2 个任务上得分和，最后把该和转换成 0~30 分的量标分。对于整合任务，评分者是从发展、结构、语法、词汇和完整性这五个方面评价的；对于独立作文，评分者则是根据整体质量评的分，其中包括发展、结构、语法和词汇。

量标的模型。

　　尽管托福官网上说托福高考的分项分数是根据原始分数转换而得到的量标分，但并没有给出具体的转换模型。根据一般的治标原则，即平均分为最高可能分的二分之一，标准差为最高可能分的六分之一，可以推断出托福高考的分项分标为（5.1），总分标为（5.2），式中的 S 为成绩的标准差，S 前面的系数为设定的量标分的标准差，常数为设定的平均量标分。

$$TOEFL_{sub} = 5S + 15 \qquad (5.1)$$

$$TOEFL_{total} = 20S + 60 \qquad (5.2)$$

　　根据 ETS《托福高考 2016 年度数据汇总》的报道（www.ets.org/toefl），2016 年度的全球托福高考分数实际分布如表 5-1。其中，量标栏下的数值为各部分的量标分，总分栏下的数值为总分的量标分，阅读、听、说、写作栏下的数值为各部分不同分值所对应的百分位值，PR 栏下的数值为不同总分所对应的百分位值。

表 5-1　2016 年度全球托福高考分数实际分布

量标	阅读	听	说	写作	总分	PR
30	96	96	99	99	120	100
29	90	91	98	97	116	99
28	84	86	95	93	112	96
27	78	80	92	89	108	92
26	72	75	87	85	104	87
25	66	69	**	77	100	80
24	61	64	80	69	96	72
23	55	58	67	63	92	64
22	50	53	54	53	88	56
21	44	47	**	40	84	48
20	39	42	42	32	80	41
19	34	37	31	27	76	34
18	30	32	22	21	72	28
17	26	28	14	16	68	22
16	22	24	**	14	64	18
15	19	21	8	10	60	14
14	16	17	5	8	56	11
13	13	15	3	6	52	8
12	11	12	**	4	48	6
11	9	10	2	3	44	4
10	7	8	2	2	40	3

续表

量标	阅读	听	说	写作	总分	PR
9	6	6	1	1	36	2
8	5	5	1	1	32	1
7	4	3	**	1	28	1
6	3	2	1		24	
5	2	2			20	
4	1	1			16	
3	1	1			12	
2					8	
1					4	
0					0	
平均	20.5	20.2	20.4	20.9	平均	82
标差	6.6	6.7	4.3	4.7	标差	20

注: ** 表示没有对应的量标分。

分数的解读。

根据美国普林斯顿教育考试服务中心（ETS）官方网站（https://www.ets.org/toefl/ibt/scores/understand/）上的指导，尽管读、听、说、写四个分项的分标都在 0~30 分取值，但各个分项的分标是各自独立的（each section is a separate measure and each measure has its own scale），所以要单独解释。换句话说，不同次考试之间的同一个分项（如阅读）上的分数有可比性，但同一次考试的不同分项（如阅读和听力）上的分数没有可比性，所以跨项比较分数是不合适的（It is not appropriate to compare scores across different sections)。

各分项分数的具体解读如下。

阅读项分高（high）、中（intermediate）、低（low）三个分数段，其中

- 高分段为 22~30 分，
- 中分段为 15~21 分，
- 低分段为 0~14 分。

听力项也分高（high）、中（intermediate）、低（low）三个分数段，其中

- 高分段为 22~30 分，
- 中分段为 14~21 分，
- 低分段为 0~13 分。

说项分好（good）、一般（fair）、吃紧（limited）、弱（weak）四个分数段，其中

- 好为 26~30 分，
- 一般为 18~25 分，
- 吃紧为 10~17 分，
- 弱为 0~9 分。

写作项分好（good）、一般（fair）、吃紧（limited）、零分

（score of zero）四个分数段，其中

- 好为 24~30 分，
- 一般为 17~23 分，
- 吃紧为 1~16 分，
- 零分为 0 分。

量标评析。

托福高考采用的是"固定分标＋动态常模"这种分数形式。固定分数是就各分项分数和总分的分数值而言的，动态常模是针对分数的秩次或排序解释而言的。这样的分数体系是为了使高考成绩既便于在最近一两年内使用也能够长期使用。高考的升学决策者（包括学生和学校）要在近一两年内最长三五年内使用成绩，教育教学研究者希望在较长历史跨度内使用成绩。

由于 ETS 提供的托福高考分数数据是以年度为单位（每个自然年度的 1~12 月）的总结性数据，因此，像表 5-1 中所提供的百分位信息，是不能用来做跨年度比较或解读的。换句话说，同样一个分项分或者总分，在不同的年度中很可能排在不同的百分位。例如，同时阅读的 23 分，放在 2016 年度的全球考生中就排在第 45 百分位，即高于 55% 的考生的阅读成绩；要是放在 2015 年的全球考生中就排在第 43 百分位，即高于 57% 的当年考生的阅读成绩（参见《托福高考 2015 年度数据汇总》）；要是放在 2013 年的全球考生中就排在第 42 百分位，即高于 58% 的当年考生的阅读成绩（参见《托福高考 2013 年

度数据汇总》）。虽然这个成绩所标志的学术英语阅读能力没有变，但该成绩获得者在不同年度考生群体中的排序却发生了变化。

尽管 ETS 给出的托福分数是个具体的整数值，但这并不表明托福分数就是定距量或定比量。目前，尚未见到任何关于托福分数是定距量或定比量的证据。因此，除非取得了经验证据，表明托福分数对于特定的应用是定比量或定距量，最好还是把它用作定序量。

但不幸的是，从表 5-1 中不难看出，ETS 事实上已经把托福分数作为定距或定比量使用了。不然，就不应该也不能计算分数的平均值和标准差。

二　托福学院考的量标

根据 ETS 官网（https：//www.ets.org/toefl_ itp/use）的介绍，托福学院考就是专门为在大学或培训机构设计的特定用途大学英语考试，考生也是母语不是英语的学生。考试现在分 1、2 两个级别，其中 1 级比 2 级高。这是一项以剖析或诊断为目的的外语考试，其建议用途有七个方面：（1）安置或分班（placement），用于大学或研究生阶段学术英语强化培训的分组或编班；（2）跟踪进步（progress monitoring），监视强调学术英语熟巧性的课程或培训项目的进展情况；（3）出炉（exiting），检查是否达到了培训所设定的阅读和听力熟巧水平；（4）入训（admissions to short-term, non-degree programs in English-speaking countries），检查是否达到参加英语国家短期或非学位项目的英语水平；（5）入学（admissions to undergraduate and graduate degree programs in non-English speaking countries），检查是否达到进入非英语国家本科及研究生学习的英语水平；（6）入置（admissions and placement in collaborative international degree programs），检查是否可以进入或安置在国际合作项目中学习；（7）奖学（scholarship programs），检查是否达到进入奖学金资助项目的学术英语熟巧性水平。

托福学院考是一项低风险性教育考试，它的英语全称是TOEFL Institutional Testing Program［托福学院考试项目］。目前，已有50多个国家2500多所学院接受这项考试的成绩（https：//www. ets. org/toefl_ itp/use）。

量标概述。

托福学院考试分1、2两个级别，其中1级又分三个分项尺度：听力理解、结构和书面表达、阅读理解。听力理解分量标的取值区间是 38～68；结构和书面表达分量标的取值区间是32～68；阅读理解分量标的取值区间是31～67。此外，各分项不同分数段又与语言能力欧洲共同参考框架中的分级对应起来。低于最低分就是没有达到最低要求的熟巧水平。

学院考试的2级量标不过是各相应1级量标向低分端的拓展，其听力理解分量标的取值区间是38～50；结构与书面表达分量标的取值区间是32～50；阅读和词汇分量标的取值区间是31～50。与1级一样，2级各分项不同分数段也与语言能力欧洲共同参考框架中的分级建立起了对应关系。所不同的是，在2级量标中，把1级中的"阅读理解"改成了"阅读和词汇"。

量标模型。

由于托福官网上并没有给出托福学院考试的分项分量标模型，而且，正像前面在关于托福高考量标评析中所指出的那样："目前，尚未见到任何关于托福分数是定距量或定比量的证据"，所以，在下面关于托福考试的讨论中，将不再讨论量标的数学模型。

和托福高考一样，ETS 每年也发布一个当年的托福学院考试分数汇总报告。2015 年度的实际分数分布是，听力、结构和表达、阅读三个技能项的最低分都是 31，最高分分别是 68、68、67，总分的最低分是 310，最高分是 677（见表 5-2）。

表 5-2　托福学院考试 2015 年分数的最低值和最高值

技能项	最低分	最高分
听力理解	31	68
语法结构和书面表达	31	68
阅读理解	31	67
总分	310	677

ETS 每年只发布当年的福学院考试总分数的分布情况，并不发布关于分项成绩的分布报告。据报告，2015 年度的中位分是 473，99 分位分是 643，95 分位分是 600，90、85、80……分位分分别是 570、553、537……，20 分位分是 413，15 分位分是 403，10、5、1 分位分分别是 390、373、347（见表 5-3）。虽然设置的最高分是 677，最低分是 310，但该年度无人得此分。

表 5-3　托福学院考试 2015 年分数分布

总分	PR	总分	PR	总分	PR	总分	PR
677	100	580	92	537	80	413	20
643	99	577	91	523	75	390	10
627	98	570	90	513	70	373	5
617	97	567	89	503	65	347	1
607	96	563	88	493	60	310	0
600	95	560	87	473	50		
593	94	557	86	457	40		
587	93	553	85	437	30		

注：为了节约篇幅，60~5 百分位间只列出整 10 分位对应的成绩。

分数的解释。

为了方便解读量标不同分段的分数，ETS 以表格形式展示了各个分项分数段的对应欧框等级和能力描述。为了把三个分项分标集中在一个表格中，在表 5-2 和表 5-3 中并没有提供各分数段所对应的能力描述。从两个表中可以看出，对实践决策而言，对语言分数的细分是没有多大意义的，要适可而止。例如，即使分数单位很小，学院考试也只能把成年考生的英语能力分成五个等级。

表 5-4　托福学院考试 1 级分数标尺

听力理解	欧框等级	结构和书面表达	欧框等级	阅读理解	欧框等级
64~68	C1	64~68	C1	63~67	C1
54~63	B2	53~63	B2	56~62	B2
47~53	B1	43~52	B1	48~55	B1

续表

听力理解	欧框等级	结构和书面表达	欧框等级	阅读理解	欧框等级
38~46	A2	32~42	A2	31~47	A2
-37	未达 A2	-31	未达 A2	-30	未达 A_2

注：欧框等级指"语言能力欧洲共同参考框架"中的能力等级。

表 5-5　托福学院考试 2 级分数标尺

听力理解	欧框等级	结构和书面表达	欧框等级	阅读理解	欧框等级
47~50	B1	43~50	B1	48~50	B1
38~46	A2	32~42	A2	31~47	A2
-37	未达 A2	-31	未达 A2	-30	未达 A2

学院考试的每个分量标，实质上就是一个独立的英语技能量标。也就是说，托福学院考试实际上可以看作三个独立的成人英语技能考试，即英语听力理解考试、英语语法结构和书面表达考试以及英语阅读理解考试。

根据 ETS 介绍（https：//www.ets.org/s/toefl _ itp/pdf/38781-TOEFL-itp-flyer_ Level1_ HR.pdf），在听力量标上，得了 64~68 分的受考通常能够：

- 理解大意或目的，即关于短小学术讲座或拓展对话的大意或目的，该对话需要对信息进行整合或综合；
- 回忆起重要细节，即出现在关于学术材料讨论中的重要细节；
- 理解复杂时间参照和时间关系，即短小对话、短小学术讲座或拓展会话中的时间参照和时间关系；

- 理解一些难词和抽象词；
- 跟从拓展会话或学术讲座的基本思想，即使还不能完全听懂有些信息。

得了54~63分的受考，在听短小对话时，通常能够

- 整合两句话的信息，以理解隐含意思；
- 理解各种习语和俗语（如"It's probably for the best," "All I can say is..."）。

在听短小学术讲座或拓展会话时，通常能够

- 理解大意或目的，即明确陈述或强调的大意或目的；
- 理解细节，即明确陈述或强调或标记为重要的细节。

得了47~53分的受考，在听短小对话时，通常能够

- 理解高频词，且推断出一些低频词的意思；
- 理解一些常用习语和通俗表达法（如"I don't feel up to it," "Maybe some other time"）；
- 理解隐含意思（如以陈述形式出现的隐含问题，间接性的建议），即清楚强调了的含义；
- 理解常用语言功能（如邀请、致歉、建议）；
- 认识各种代名词的所指所代（如"their," "these," "one"）。

得了 38~46 分的受考，在听日常生活短小对话时，有时能够

- 理解会话的大意；
- 理解基本词汇；
- 理解明确陈述观点，即所强调或重复的观点；
- 理解基本代名词的所指所代（如"it,"　"they,"　"yours"）。

ETS 官方对语法结构和书面表达量标各分数段的描述是，得了 64~68 分的受考，通常能够

- understand less familiar verb tenses, subjunctive mood and reduced clauses, such as "while eating" and "how to go,"
- monitor interactions among various elements in a complex sentence for completeness of sentence structure, singular/plural agreement, etc.
- deal with idioms and multiple usages of words, such as "so" and "as,"
- recognize different levels of abstraction or formality in choices, such as "in an agreement" / "in agreement" and "The star was just discovered recently" / "Only recently was the star discovered".

得了 53~63 分的受考，通常能够

- use suffixes and other morphemes in crafting appropriate word forms,
- modify nouns by adding participles, relative clauses, appositives, etc.
- deal with multiple and less frequent uses of common words,
- understand limitations imposed by the use of specific vocabulary, as with phrasal verbs such as "refer to" in which only a particular preposition may follow a particular verb,
- recognize acceptable variations in basic grammatical rules, as well as exceptions to those rules.

得了 43~52 分的受考，通常能够

- use common tenses of verbs correctly, including passive forms,
- use linking verbs with ease and use an expletive, such as "there is" in the absence of another main verb,
- recognize when verbs require objects, such as infinitives, gerunds or clauses beginning with "that,"
- introduce a clause with very common words, such as "before" or "if,"
- recognize the correct structure of a sentence or clause, even when its subject and verb are slightly separated.

得了 32 ~ 42 分的受考，有时能够

- demonstrate familiarity with the most often used tenses of common verbs,
- use a singular or plural noun correctly as the subject of a sentence in very simple contexts,
- link subjects to nouns or adjectives with very common linking verbs,
- recognize that some common verbs require nouns as objects,
- make proper use of simple comparatives and common conjunctions and prepositions.

ETS 官网上对阅读理解量标各分数段的描述是，得了 63 ~ 67 分的受考，通常能够

- follow discourse at the idea level to understand detailed information and major ideas, both explicitly stated and implied, even if
  - texts contain an accumulation of low-frequency academic vocabulary,
  - comparisons and contrasts, causal relationships, illustrations, etc., are not explicitly stated or indicated by discourse markers,
  - texts are on abstract topics, such as music composition and computer animation.

得了 56~62 分的受考，通常能够

- process information across typical academic texts to understand detailed information and major ideas, both explicitly stated and implied, if texts
  - contain high-frequency academic vocabulary and typical academic discourse markers,
  - are on concrete topics that discuss the physical and social sciences (e. g. , glacier formation, moon terrain, theories of child development).

得了 48~55 分的受考，通常能够

- understand descriptions of relatively simple processes and narration in well-marked academic texts,
- understand high-frequency vocabulary and recognize paraphrased information,
- follow sentence-level comparisons and contrasts and understand meaning conveyed by the most common conjunctions, such as "and," "or" and "but,"
- connect meaning across some simple sentences that contain high-frequency vocabulary.

得了 31~47 分的受考，有时能够

- understand the general idea of some sentences that use simple, everyday vocabulary,
- understand the main idea of some texts in which the idea is reinforced by the repetition of important vocabulary across many sentences,
- follow simple sentence references (e. g., "it," "they") to determine the grammatical referent of a pronoun,
- locate requested information in some sentences if pointed directly to the part of the passage containing the information (e. g., "in line x," "in paragraphy").

量标探析。

对于托福学院考试的分数，应该以分数段为基础来解读，而不宜以 1 分为单位来解读。而且，每个英语技能分项的分数段和所对应的技能等级也不尽一致，解读时要注意。不过，1 级分标和 2 级分标的单位大小是一样的。之所以同一能力等级所对应的 1 级和 2 级分数段一样，这是因为 2 级分标的最高分只能达到 50 分。例如，2 级阅读理解分标上的 48～50 分与欧框中的 B1 级对应而 1 级阅读理解分标上的 48～55 分与欧框中的 B1 级对应，其原因并不是它们的单位大小不一样，而是 2 级的量程太小，最高只能测到 50 分。这就要求分数使用者在解读 B1 级时要留有足够的余地。

同样，在解读两个分数段相接之处的分数时，也不能绝对，也要留有余地。要时刻牢记，教育测量的粗糙性不能保证 1 分甚至 3 分、5 分之差能有什么重要意义。到底是作为上一个能力级别解释，还是放到下一个级别解释，这取决于决策的具体性质。例如，同是听力得了 47 分，出于鼓励学生，可认定该生达到了 B1 级水平，但对于证书颁发而言，可能给该生发 A2 级证书更合适（因为这样能更好地保护雇主或服务对象的权益）。但是如果是编班决策，两个同样得了 47 分的考生，根据两个人的学习爱好，可能要安排在两个不同级别的班学习才合适。把喜欢挑战的学生安排在高一级的难度大一些的班学习，学习效率可能更高；把厌恶挑战的学生安排在低一级的难度小一些的班学习，其学习效率才可能更高。

学院考试量标解读的关键是对"通常""有时""偶尔"这几个频度副词的把握。很频繁地出现就算"通常"，不超过多少次就算"有时"，不超过几次则算"偶尔"，这些都没有一个固定的说法，所以不同的考试结果使用者之间不可能完全一致，有时可能差别很大。

最后再指出四点：（1）托福学院考试的各项技能量标虽然分成 1、2 两个等级，但它们是同一个量标，即学院考试只有三个量标，而不是六个量标；（2）由于 ETS 没有提供关于学院考试结果的不确定度（信度）信息，因此无法根据测量结果做精度或概率决策；（3）虽然 ETS 提供了学院考试总分的百分位分布，鉴于这项考试的非选拔性质，不建议对学生的成绩做百分位解读；（4）根据每年一次的分数汇总，学院考试的总分远不是正态分布（见表 5-3），如果这么大规模的考试成绩都不呈正态分布，更没有理由要求一般的课程考试成绩呈正态分布了。

三 托福中考的量标

托福中考是 ETS 专门为世界各国 11 岁以上、高中以下学生设置的把英语作为外语的考试，其英文名称叫 TOEFL Junior。这项以初中生为对象的考试现在有两个方式供大家选择。一种是标准纸考，另一种是综合机考。前者的英文名称是 TOEFL Junior Standard test，后者的英文名称是 TOEFL Junior Comprehensive test。考试分数不仅与欧框对应，而且与 Lexile© 量度对应。[①] 与欧框对应有助于考试各方了解自己分数代表着什么样的英语能力，而且与 Lexile© 量度对应有助于实践工作者选择适当难度的学习材料。

托福中考的标准纸考由听力理解、语言形式和意义以及阅读理解三个部分组成，共计 126 个小题，每部分 42 道小题；考试总时间是 1 小时 55 分钟，其中听力 40 分钟，形式和意义 25 分钟，阅读理解 50 分钟。

综合机考由阅读理解、听力理解、说以及写作四个部分组成，共计 80 道小题，其中阅读和听力每部分 36 道小题，说和写每部分 4 个任务；考试总时间是 2 小时 14 分钟，其中阅读理解 41 分钟，听力理解 36 分钟，说 18 分钟，写 39 分钟。

托福中考是一种英语作为外语的成就性考试。虽然除报告分数之外，ETS 还给考生颁发相应欧框等级的能力证书，但这不是一项严格意义上的证书考试。因为证书考试主要是为就业

---

① Lexile© 是美国本国学生英语材料的阅读等级，1~10 年级每年级就是一个等级，11 年级和 12 年级并为一个等级。

服务，而托福中考的证书只是为了鼓励初中学生，使学生有一定的成就感。

量标概述。标准纸考的听力理解、语言形式和意义以及阅读理解三个部分的量标分都是 200~300 分，总分量标值是 600~900 分。综合机考阅读和听力两个部分的量标分都是 140~160 分，说和写两个部分的量标分都是 0~16 分。

量标分数解读之标准纸考。标准纸考有两组量标，一组是对总体能力的分级笼统描述，一组是对分项技能的具体描述。

对总体能力的分级笼统描述。

标准纸考根据考生的总分，把考生的总体英语能力分为 5 级，1 级最低，5 级最高（见表 5-6）。

1 级是涌现级（emerging），表示已经明显表现出了一定的英语技能。该级对应的总分段是 600~650 分。多数情况下，考生的听力和阅读能力达到了欧框中的 A1 级水平，考生在语言、形式和意义方面的能力达到了欧框中的 A2 级水平。

2 级是进步级（progressing），表示考生的英语技能已经进了一步。该级对应的总分段是 655~725 分。考生已经能够偶尔理解基础性的书面和口语材料。多数情况下，考生的听说读写能力皆达到了欧框中的 A2 级水平，考生的阅读和听力能力偶尔还在欧框中的 A1 级水平。

3 级是扩展级（expanding）。该级对应的总分段是 730~780 分。这时，考生已经能理解一些复杂的书面及口语材料，已经能理解大多数的基础材料，能使用基础语言结构和词汇知识。多数情况下，考生的听说读写能力都达到了欧框中的 B1 级水平，偶尔还在欧框中的 A2 级水平。

4 级是圆满级（accomplished）。这个级别对应的总分段是 785~840 分。这时，考生经常能理解复杂的书面和口语材料，能使用复杂语言结构和词汇。考生的听说读写能力都达到了欧框中的 B1 级水平。

5 级是超级（supurior）。这个级别对应的总分段是 845~900 分。这时，考生都能理解复杂的书面和口语材料，能使用复杂语言结构和词汇。考生的听说读写能力都达到了欧框中的 B2 级水平。

表 5-6　托福中考标准纸考的总分能级

总体能级	总分段（分）	总体表现描述	欧框能级
		指初中用英语授课的情况。该能级的典型学生	典型学生在这些项达到欧框的等级
5 级：超级	845~900	一直能展现出自己对复杂书面及口头材料的理解，能使用复杂的语言结构和词汇知识	全部项达 B2 级
4 级：圆满	785~840	经常能展现出自己对复杂书面及口头材料的理解，能使用复杂的语言结构和词汇知识	全部项达 B1 级
3 级：扩展	730~780	展现出自己能理解一些复杂书面及口头材料以及大多数基础材料，能使用基础语言结构和词汇知识	多数情况全部分项达 B1 级，偶尔还在 A2 级
2 级：进步	655~725	偶尔展现出自己能理解基础书面及口头材料，能使用基础语言结构和词汇知识	多数情况全部分项达 A2 级，阅读、听力偶尔在 A1 级

续表

总体能级	总分段（分）	总体表现描述	欧框能级
1级：涌现	600~650	自己能理解一些基础书面及口语文本，能使用基础语言结构和词汇知识，但仍然需要进一步发展这些语言技能和理解能力	多数情况听力项、阅读项达 A1，多数情况语言项、形式和意义项达 A2

对分项技能的具体描述。

在标准纸考的听力理解量标上，一个得了 290~300 分的典型考生能够

- 理解大意，无论是清楚陈述的还是隐含的，是关于学术内容的，还是非学术内容的拓展口头话语；
- 找出重要细节（关于学术和非学术内容的拓展口头话语）；
- 推断（基于说话人的语调和重音）；
- 通常理解地道语言（较长的、较复杂讲话中的）；
- 理解说话人如何（在关于学术和非学术内容的拓展口头话语中）使用信息来做事，例如做比较、提供证据支持自己的论点。

一个得了 250~285 分的典型考生，能够

- 理解大意（清楚陈述的、关于学术内容和非学术内容的拓展口头话语），如果语言简单，语境清楚；

- 找出重要细节（关于学术和非学术内容的拓展口头话语），如果语言简单，语境清楚；
- 推断（对简短口头话语），如果语言简单，语境清楚；
- 理解某些常用习语（中等复杂度讲话中）；
- 理解说话人如何使用信息来做事（如果语境熟悉），例如做比较，提供证据支持自己的论点。

一个得了 225~245 分的典型考生，能够

- 理解课堂简短通知的大意（如果是清楚陈述的）；
- 理解重要细节（如果细节是明确陈述的，在短小谈话和对话中强调的）；
- 理解说话人对口头信息的直接解释（语言简单、语境清楚时）；
- 理解说话人短小谈话的目的（语言简单、语境清楚时）。

一个得了 225 分以下的典型考生，能够

- 理解大意和重要细节（通知、短小谈话、简单对话的）；
- 理解说话人短小谈话的目的（语言简单、语境清楚时）；
- 转述口头信息（语言简单、语境清楚时）。

在标准纸考的语言形式和意义量标上，一个得了 280～300 分的典型考生，

- 通常可以辨识学术及非学术文本中高级语法结构（如定语从句）的准确意思和使用；
- 能展示出自己的宽阔词汇知识，包括那些主要出现在学术文本中的词汇；
- 通常可以辨识学术及非学术文本中句子如何组织成段。

一个得了 250～275 分的典型考生，

- 通常可以辨识学术及非学术文本中基础语法结构（如形容词的比较级）的准确意思和使用，但不总是能辨识较高级语法结构的准确意思和使用；
- 能展示出自己的典型日常生活词汇知识，而不是在学术文本中出现的词汇；
- 通常可以辨识非学术文本中句子如何组织成段，但对辨识学术文本中的句子如何组织成段有时有困难。

一个得了 210～245 分的典型考生，

- 有时可以辨识学术及非学术文本中最基础语法结构（如动词的现在时和过去时）的准确意思和使用，但不总是能辨识较高级语法结构的准确意思和使用；
- 能展示出自己的最常用日常生活词汇知识，而不是学

术词汇知识；

- 有时可以辨识非学术文本中句子如何组织成段，但对辨识学术文本中的句子如何组织成段通常有困难。

一个得了 210 分以下的典型考生，需要

- 增加自己的通用词汇；
- 提高自己的基础语法（如主谓一致、简单介词的用法）知识和使用能力；
- 弄懂句子是如何组织成段的。

在标准纸考的阅读理解量标上，一个得了 280～300 分的典型考生，能够

- 理解大意，无论是学术文本的还是非学术文本的，是清楚陈述的还是隐含的；
- 准确理解重要细节，无论是学术文本还是非学术文本，包括高语言复杂度文本；
- 有效推断（在学术文本和非学术文本中）作者为何包括了某些信息实现自己的目的（进行比较或用作证据支持自己的论点）；
- 通常推断虚构故事中人物的态度或观点，通常理解比喻性语言，并通过上下文断定不熟悉词汇的意思，即使是语言复杂度较高的学术文本。

一个得了 245~275 分的典型考生，

- 能够理解大意，这些大意是在学术文本和非学术文本中清楚陈述的；
- 通常能够找出重要细节，包括学术文本和非学术文本的细节，即使上下文不总是清楚，词汇也许并不熟悉；
- 有时能够推断（在学术文本和非学术文本中）作者为何包括了某些信息实现自己的目的（进行比较或用作证据支持自己的论点）；
- 通常能够找出虚构叙事中的事件和情节；
- 通常能够根据简单文本上下文确定出不熟悉词汇的意思。

一个得了 210~240 分的典型考生，

- 有时能够找出大意，这些大意是在非学术文本中清楚陈述的；
- 有时能够找出基本细节，这些细节是语言简单、上下文清楚的学术文本和非学术文本的细节；
- 通常能够确定出非线性文本中的基本信息的位置，如日常生活中的安排表、菜单、非学术词汇；
- 有时能够做出简单推断，如果是直白的非学术文本；
- 有时能够根据简单的非学术文本上下文确定出不熟悉词汇的意思。

一个得了 210 分以下的典型考生，能够

- 找出大意和重要细节，如果文本的语言简单清楚；
- 做出简单推断，如果文本的语言简单清楚；
- 确定出非线性读物中基本信息的位置，如日常安排表、菜单等；
- 根据上下文确定不熟悉词汇的意思。

量标分数解读之综合机考。

和标准纸考一样，综合机考也有两组量标，一组是对总体能力的分级笼统描述，一组是对分项技能的具体描述。

对总体能力的分级笼统描述。

综合机考根据考生的总体英语表现，把考生的总体英语能力分为 1~6 级，其中 1 级最低，6 级最高（见表 5-7）。机考没有总量标分。

表 5-7　托福中考综合机考的总分能级

总体能级	总体表现描述	欧框能级
	指初中用英语授课的情况。该能级的典型学生	典型学生在这些项达到欧框的等级
6 级：卓越	一直展现出，在使用复杂材料进行的高水平的复杂交互活动中，自己能够成功交际	听说读写全部项达 B2 级

总体能级	总体表现描述	欧框能级
5 级：高级	经常展现出，在使用复杂材料进行的高水平的复杂交互活动中，自己能够成功交际	阅读项和听力项达 B1 级或 B2 级；说项与写作项达 B1 级
4 级：实力	展现出，在使用基础材料进行的有些复杂交互活动和绝大多数的简单交互活动中，自己能够成功交际	阅读项和听力项达 B1 级；说项和写作项达 B1 级或 A2 级
3 级：成就	通常展现出，在使用基础材料进行的简单交互活动中，自己能够成功交际	听力项达 A2 级或 B1 级；阅读项、说项、写作项达 A2
2 级：发展	偶尔展现出，在使用基础材料进行的简单交互活动中，自己能够成功交际	阅读项和听力项达 A2 级，说项和写作项未达到 A2 级
1 级：开始	展现出，自己具有一些基本的语言技能，但要成功交际，还需要进一步发展这些技能	听说读写各项均未达到 A2 级

1 级是开始级（beginning），表示考生具有一定的英语技能，已经明显开启了自己的英语学习之旅，但还不能满足成功交际的基本要求。要成功交际，还需要进一步发展自己的基本英语技能。得了 1 级的考生，其听说读写四项英语技能均未达到欧框中的 A2 级水平。

2 级是发展级（developing），表示考生的英语技能正在经历明显的发展阶段。这个级别的考生，已经能够使用基础材料，在简单的交互活动中，偶尔取得成功。这时，考生的听力和阅读能力已经达到欧框中的 A2 级水平，但说和写的技能还没有达到欧框中的 A2 级水平。

3 级是成就级（achieving）。这个时候，已经能够使用基础材料，在简单的交互活动中成功交际。这是一个巨大的成就。3 级考生的听力水平已经达到欧框中的 A2 级甚或 B1 级，读写说技能达到欧框中的 A2 级水平。

4 级是实力级（competent），表示考生已经是一个实力型的英语使用者。这时，考生能够使用基础材料，在一些复杂的交互活动和绝大多数的简单交互活动中，进行成功交际。4 级考生的阅读和听力都达到了欧框中的 B1 级水平，说和写达到欧框中的 B1 级或 A2 级水平。

5 级是高级（advanced），也是次最高级。到了这个等级，考生能够使用复杂材料，在一些高水平的复杂交互活动中，经常取得成功。5 级考生的阅读和听力已经达到欧框中的 B1 级甚或 B2 级水平，考生的说和写达到欧框中的 B1 级水平。

6 级是卓越级（excellent），这是机考的最高级水平。到了这个水平，考生能够使用复杂材料，在高水平的复杂交互活动中，一直都能成功交际，即不会使交际失败。即使遇到交际困难，这个级别的考生也会成功补救。6 级考生在听说读写方面，都达到了欧框中的 B2 级水平。

对分项技能的具体描述。

在综合机考的阅读理解量标上，一个得了 157～160 分的典型考生，她/他能够

- 理解大意，无论是学术文本的还是非学术文本的，包括那些没有清楚陈述的大意；
- 准确理解重要细节，无论是学术文本还是非学术文本，

包括高语言复杂度文本；

- 有效推断（在学术文本和非学术文本中）作者为何包括进某些信息来实现自己的目的（进行比较或用作证据支持自己的论点）；

- 通常推断虚构故事中人物的态度或观点；

- 通常理解比喻性语言，并通过上下文断定不熟悉词汇的意思，即使是语言复杂度较高的学术文本。

一个得了 151~156 分的典型考生，她/他

- 能够理解大意，这些大意在学术文本和非学术文本中是清楚陈述的；

- 通常能够找出重要细节，包括学术文本和非学术文本的细节，即使上下文不总是清清楚楚，词汇也许并不熟悉；

- 有时能够准确推断（在学术文本和非学术文本中）作者为何包括了某些信息实现自己的目的（进行比较或用作证据支持自己的论点）；

- 通常能够找出虚构叙事中的事件和情节；

- 通常能够根据简单文本上下文确定出不熟悉词汇的意思。

一个得了 143~150 分的典型考生，她/他

- 有时能够找出大意，这些大意是在非学术文本中清楚

陈述的；

- 有时能够找出基本细节，这些细节是语言简单、上下文清楚的学术文本和非学术文本的细节；
- 通常能够确定出非线性文本中的基本信息的位置，如日常生活中的安排表、菜单、非学术词汇；
- 有时能够做出简单推断，如果是直白的非学术文本；
- 有时能够根据简单的非学术文本上下文确定出不熟悉词汇的意思。

一个得了 143 分以下的典型考生，她/他能够

- 找出大意和重要细节，如果文本的语言简单、清楚；
- 做出简单推断，如果文本的语言简单、清楚；
- 确定出非线性读物中基本信息的位置，如日常安排表、菜单等；
- 根据上下文确定出不熟悉词汇的意思。

在综合机考的听力理解量标上，一个得了 157~160 分的典型考生，她/他能够

- 理解大意，无论是清楚陈述的还是隐含的，是关于学术内容的还是非学术内容的拓展口头话语；
- 找出重要细节（关于学术和非学术内容的拓展口头话语）；
- 推断（基于说话人的语调或重音）；
- 通常理解地道语言（较长的、较复杂讲话中的）；

- 理解说话人如何（在关于学术和非学术内容的拓展口头话语中）使用信息来做事，例如做比较、提供证据支持自己的论点。

一个得了 150~156 分的典型考生，她/他能够：

- 理解大意（清楚陈述的、关于学术内容和非学术内容的拓展口头话语），如果语言简单，语境清楚；
- 找出重要细节（关于学术和非学术内容的拓展口头话语），如果语言简单，语境清楚；
- 推断（对简短口头话语），如果语言简单，语境清楚；
- 理解某些常用习语（中等复杂度讲话中）；
- 理解说话人如何使用信息来做事（如果语境熟悉），例如做比较、提供证据支持自己的论点。

一个得了 143~149 分的典型考生，她/他能够

- 理解课堂简短通知的大意（如果是清楚陈述的）；
- 理解重要细节（如果细节是明确陈述的，在短小谈话和对话中强调的）；
- 理解说话人对口头信息的直接解释（语言简单、语境清楚时）；
- 理解说话人短小谈话的目的（语言简单、语境清楚时）。

一个得了 143 分以下的典型考生，她/他能够

- 理解大意和重要细节（通知、短小谈话、简单对话的）；
- 理解说话人短小谈话的目的（语言简单、语境清楚时）；
- 转述口头信息（语言简单、语境清楚时）。

在综合机考的说话量标上，一个得了 14~16 分的典型考生，

- 几乎能够始终流利地说话，无断线；
- 几乎能够始终有效地使用语调；
- 话语始终能让听话人听懂，只有小的发音错误；
- 几乎能够始终使语法用词准确、有效、有变化，有少数错误；
- 能够讲述一个完整的圆润的故事，有展开，有细节；
- 能够理解并准确传输学术讲座中的所有主要思想和支撑细节，几乎无遗漏。

一个得了 11~13 分的典型考生，

- 通常能够流利地说话，无断线，有一些停顿或迟疑；
- 通常能够有效地使用语调；
- 话语通常能让听话人听懂，但有一些发音错误；
- 通常能够使语法用词准确、有效，尽管还有一些错误；
- 能够讲述一个大体上完整的圆润的故事，尽管有些细节不够准确或被遗漏；
- 能够理解并传输学术讲座中的主要思想，尽管有些支撑细节会遗漏或不够准确。

一个得了 8~10 分的典型考生，

- 能够流利地讲少数短小片段；
- 有时能够有效地使用语调；
- 话语时而能让听话人听懂，但有明显的发音错误；
- 能够经常说一些基本词汇和简单的语法结构；
- 能够讲述一个有限的故事，偶尔有些细节；
- 能够理解并传输学术讲座中的有限信息，但可能漏掉很多细节支撑。

一个得了 8 分以下的典型考生，她/他需要在以下方面发展自己的语言技能：

- 至少流利地讲少数短小片段；
- 有效地使用语调；
- 说话要能让听话人听懂；
- 说基本的词汇和简单的语法结构；
- 讲带有一些细节的故事；
- 理解并传输学术讲座中的一些信息。

在综合机考的写作量标上，一个得了 13~16 分的典型考生，她/他能够

- 辨认并改正书面文本中的几乎所有错误；
- 准确写出简单句子和复杂句子；

- 回答非正式问题，回答清楚、完整、适当；
- 就学校相关话题发表自己的观点，几乎始终都有发展和实质性细节；
- 理解并准确传输学术讲座中的所有主要思想和支撑细节，几乎无遗漏。

一个得了 10~12 分的典型考生，她/他能够

- 辨认并改正书面文本中的错误；
- 准确写出一些复杂句子，但偶尔会带有词汇和语法错误；
- 通常回答非正式问题，回答清楚、适当；
- 就学校相关话题发表自己的观点，通常有一些展开；
- 理解并传输学术讲座中的主要思想，但会遗漏一些细节，或不够准确。

一个得了 6~9 分的典型考生，她/他能够

- 辨认并改正书面文本中的简单错误；
- 写出一些基础简单句子，但会带有词汇和语法错误；
- 回答非正式问题，但有时回答不清楚；
- 就学校相关话题发表自己的观点，但很少有展开；
- 理解并传输学术讲座中的少数主要思想，但可能遗漏很多细节支撑。

一个得了 6 分以下的典型考生，她/他需要在以下方面发展自己的语言技能：

- 辨认并改正书面文本中的简单错误；
- 写出一些基础简单的句子，即使带有一些词汇和语法错误；
- 回答非正式问题，即使有时回答不够清楚；
- 就学校相关话题发表自己的观点，即使很少有展开；
- 理解并传输学术讲座中的一些信息。

量标探析。

解读托福中考量标上的结果时，除了在托福学院考中提出的注意事项外，还应该注意以下几个方面。

对于托福中考的结果，既可以按照总分解读，也可以按照技能项来解读。无论是总体解读还是分项解读，都要注意标准考和综合机考两种模式之间的异同。这两种模式之间，不仅技能项的设置不同（标准考设三个技能项，综合考设四个技能项），而且同一个技能项也是使用了不同的量标。即使是总体能级量标，标准纸考设立了五个英语技能等级，而综合机考却设立了六个英语技能等级。同时各自的名称也完全不同。因此建议，即使要使用总体量标，也最好使用具体级别的名称，而不要使用其序号。例如，最好使用开始级—发展级—成就级—实力级—高级—卓越级，或者，涌现级—进步级—扩展级—圆满级—超级，而不是使用 1 级—2 级—3 级—4 级—5 级—6 级，或者，1 级—2 级—3 级—4 级—5 级。尽管 ETS 为托福中考设立了总体量标和分项量标，还是建议大家最好使用分项量标，而不要轻易使用总体量标。

在使用分项量标时，既要注意区分两个考试模式，也要注意以分数段为基础来解读分数，而不宜以 1 分为单位来解读。不幸的是，ETS 并没有将分项分与语言技能欧洲共同参考框架挂钩，而只是将总体语言技能与欧框挂了钩。这迫使中考测量结果的使用者，不得不参照 ETS 的分项语言能力描述来解读各个分数段的分数。

特别是，在解读综合机考中的口语和写作分数时，还应该参考口语和写作分项的具体评分标准或指南。事实上，根据第二章第四节中对量标的定义，对于口语和写作这种需要人工评分的测量而言，评分标准或指南才更像量标，而不是最终的分数范围。这些关于测量结果的数量及其配套解释，充其量只能算作量标解读的辅助材料。这一点，怎么强调也不为过。由于篇幅关系，这里不讨论托福中考综合机考所用的口语和写作评分指南，感兴趣的读者，可参考 ETS 官网（https：//www. ets.org/）上所提供的资料：*Speaking Section Scoring Guides*［口语部分评分指南］，*Writing Section Scoring Guides*［写作部分评分指南］。

解读中考量标时的关键是对"典型"一词的把握。怎样的学生算作典型学生，这可能永远都是一个见仁见智的事情。要求高的人可能认为还不够典型，要求低的人可能认为足够典型。

四　托福小考的量标

托福小考是 ETS 专门为世界各国 8 岁以上初中以下学生设置的把英语作为外语的考试，其英文名称叫 TOEFL Primary。这项以小学生为对象的考试由三个子考试组成：听力考试、阅读考试、说话考试。听力考试和阅读考试又分为阶 1（step 1）和阶 2（step 2）。考试分数也同时与欧框和 Lexile© 量度对应。

托福小考的听力考试有 41 道小题，时长 30 分钟；阅读考试有 39 道小题，时长也是 30 分钟。两个子考试共计 80 道小题；考试总时间是 1 小时。阅读考试和听力考试都是传统的纸笔考试。托福小考的口语（说话）考试采用机考。口语考试有 8 个问题，需要 20 分钟来完成。

托福小考是一种英语作为外语的成就性和诊断性考试。ETS 除报告分数之外，为了鼓励孩子学习外语，还给考生颁发相应欧框等级的能力证书。尽管如此，不建议把托福小考看作证书考试。小考的成绩报告单上标明了小考考生考试时的英语熟巧水平。该成绩报告能监控学习的进展，它告诉家长和老师，考生应该参加什么程度的班级学习英语，应该学习哪些英语知识技能。ETS 建议，教师可根据小考结果，

- 指导自己的教学目标，
- 监视学生的学习进展，
- 找出学生的长处与短处，
- 制订自己的教学计划，
- 咨询自己的编班决策，如果合适，
- 聚焦自己关于学生个体和团体的教学工作，
- 确定与家长的沟通内容。

鉴于小孩子的语言能力变化很快，ETS 建议小考成绩的有

效期为 1 年。由于小考不是关于英语学习能力的考试，所以 ETS 指出：TOEFL Primary scores do not predict future scores on other TOEFL© tests［托福小考成绩并不能预测考生未来在其他托福考试中的成绩］。

量标概述。小考的阅读和听力成绩范围都是 100～115 分，即最低 100 分，最高 115 分；小考的说（口语）成绩范围是 0～27 分，即最低 0 分，最高 27 分。阶 1 的分数区间是 100～109 分，阶 2 的分数区间是 104～115 分。也就是说，阶 1 考试量程太小，测量不了 109 分以上的水平；对于水平在 100 分和 104 分之间的孩子，阶 2 考试不够灵敏。

量标分数的解读。

由于托福小考没有设置总分，讨论将以阅读、听力、口语为基础展开。

阅读量标的解读。

虽然托福小考的阅读量标在 100～115 分取值，但本质上是按照四个水平等级解读的，而且和欧框的等级并不一一对应（见表 5-8）。阶 1 实际上是把阶 2 向低分端拓展了一个级别。具体而言，小考根据成绩把考生分成了四个有实质意义的等级：四牌级、三牌级或四星级、二牌级或三星级、一牌级或二星级。至于五牌级和一星级，ETS 并没提供实质性的解释：把五牌级解释为 perform exceptionally well on this test［考试成绩格外好/亮眼］，把一星级解释为 may be at the very beginning stages of learning English［可能刚开始学习英语］。

表 5-8　托福小考之阅读量标分数

阶 1 水平	阶 2 水平	Lexile®	量标分	欧框
该水平的典型学生	该水平的典型学生			
	考试成绩格外好	750L	115	B1
			114	
			113	A2
	能读懂简单故事以及与年龄适应的学业文本	550L	112	
			111	
			110	
能读懂短小描述，能在标牌和短信中找到信息	能读懂简单故事，且开始能读懂与年龄适应的学业文本	325L	109	
			108	
			107	
能读懂短小描述，能在标牌、表格及安排表中找到信息	能读懂短小描述，能在标牌、短信及故事中找到信息	125L	106	A1
			105	
			104	
开始能读懂词汇和一些短小描述		BR125L	103	
			102	
			101	A1 以下

在阶 1 考试中得了一颗星及 100 分，表明小考生的英语水平在起始阶段；在阶 2 考试中得了一枚牌及 100 分，表明小考生参加阶 1 考试可能获得更准确的信息。100 分对应的 Lexile® 量度是 BR250L，表明低于欧框的 A1 级

　　一个得了 110/111/112 分的典型小考生，她/他的成绩单上会有四枚漂亮的奖牌，表明她/他能够读懂简单的英语故事，能够读懂与自己年龄相适应的学业文本。

　　一个得了 107/108/109 分的典型小考生，她/他的成绩单上

会有三枚漂亮的奖牌（如果参加的是阶2考试），或者四颗五角星（如果参加的是阶1考试），表明她/他能够读懂简单的英语故事，并开始能够读懂与自己年龄相适应的学业文本。

一个得了104/105/106分的典型小考生，她/他的成绩单上会有两枚漂亮的奖牌（如果参加的是阶2考试），或者三颗五角星（如果参加的是阶1考试），表明她/他能够读懂短小的英语描述，能够在英语标语牌、短信以及故事中找到有关的信息。

一个得了101/102/103分的典型小考生，她/他的成绩单上会有一枚漂亮的奖牌（如果参加的是阶2考试），或者两颗五角星（如果参加的是阶1考试），表明她/他开始能够读懂英语词汇和一些短小的英语描述。

听力量标的解读。

和阅读量标一样，虽然小考的听力量标在100~115分取值，但本质上是按照四个水平等级解读的，而且和欧框的等级并不一一对应（见表5-9）。阶1实际上是把阶2向低分端拓展了一个级别。具体而言，小考根据成绩把考生分成了四个有实质意义的等级：四牌级、三牌级或四星级、二牌级或三星级、一牌级或二星级。对五牌级和一星级，ETS的解释分别是："考试成绩格外好/亮眼"和"可能刚开始学习英语"。

表5-9　托福小考之听力量标分数

阶1水平	阶2水平	量标分	欧框
该水平的典型学生	该水平的典型学生		

续表

阶 1 水平	阶 2 水平	量标分	欧框
	考试成绩格外好	115	B1
		114	
		113	A2
	能听懂简单故事以及与年龄适应的学业讲话	112	
		111	
		110	
能听懂简单描述、指示、会话及口信	能听懂会话和简单故事且开始能听懂与年龄适当的学业讲话	109	
		108	
		107	
能听懂短小描述、会话及口信	能听懂基本会话和口信儿且开始听懂故事和信息性讲话故事	106	A1
		105	
		104	
开始能辨识出讲话中的一些熟悉单词		103	
		102	
		101	A1 以下

在阶 1 考试中得了一颗星及 100 分，表明考生的英语水平在起始阶段；在阶 2 考试中得了一枚牌及 100 分，表明考生参加阶 1 考试可能获得更准确的信息。

　　一个得了 110/111/112 分的典型考生，她/他的成绩单上会有四枚漂亮的奖牌，表明她/他能够听懂英语会话和简单的英语故事，能够听懂与自己年龄相适应的学业讲话。

　　一个得了 107/108/109 分的典型考生，她/他的成绩单上会有三枚漂亮的奖牌（如果参加的是阶 2 考试），或者四颗五角星（如果参加的是阶 1 考试），表明她/他能够听懂英语会话和简单的英语故事，并开始能够听懂与自己年龄相适应的学业讲话。

一个得了 104/105/106 分的典型考生，她/他的成绩单上会有两枚漂亮的奖牌（如果参加的是阶 2 考试），或者三颗五角星（如果参加的是阶 1 考试），表明她/他能够听懂基础英语会话和口信儿，并开始能听懂故事和信息性讲话。

一个得了 101/102/103 分的典型考生，她/他的成绩单上会有一枚漂亮的奖牌（如果参加的是阶 2 考试），或者两颗五角星（如果参加的是阶 1 考试），表明她/他开始能够听出英语讲话中的一些熟悉单词。

口语量标的解读。

虽然托福小考的口语量标分数在 0~27 分取值，但本质上是按照五个水平等级解读的，与欧框的等级并不一一对应（见表 5-10）。具体而言，1~6 分是"一级"或一牌级；7~12 分是"二级"或两牌级；13~17 分是"三级"或三牌级；18~22 分是"四级"或四牌级；23~27 分是"五级"或五牌级。如果得了 0 分，成绩单上只有 NS，即无分数。

一个得了 27/26/25/24/23 分的典型小考生，她/他的成绩单上会有五枚漂亮的奖牌，这表明她/他能够用英语对事物做扩展描述，能够给出有多个步骤的指示语，能够用英语讲故事。

一个得了 22/21/20/19/18 分的典型小考生，她/他的成绩单上会有四枚漂亮的奖牌，这表明她/他能够用英语表达并解释自己都喜欢些什么，能够用英语给出多种不同的指示。

一个得了 17/16/15/14/13 分的典型小考生，她/他的成绩单上会有三枚漂亮的奖牌，这表明她/他能够用英语说出自己喜欢些什么，还能够用英语做一些描述。

表 5-10 托福小考之口语量标分数

水平	量标分	欧框
该水平的典型学生		
能用英语有效地做扩展描述、给出多步骤指示语以及讲故事	27	B2
	26	
	25	B1
	24	
	23	
	22	
能用英语表达和解释自己喜欢什么，能给出多种指示	21	A2
	20	
	19	
	18	
能用英语说自己喜欢什么，能给出一些描述	17	
	16	
	15	A1
	14	
	13	
	12	
	11	
开始能说英语单词和简单的陈述句	10	
	9	
	8	
	7	
试图说英语单词和简单的短语	6	低于 A1
	5	
	4	
	3	
	2	
	1	

如果考生得了 0 分，其成绩单上会有 NS 字样（无分数）

一个得了 12/11/10/9/8/7 分的典型小考生，她/他的成绩单上会有两枚漂亮的奖牌，这表明她/他已经开始能够说一些英语单词和一些简单的陈述句。

一个得了 6/5/4/3/2/1 分的典型小考生，她/他的成绩单上会有一枚漂亮的奖牌，这表明她/他已经试图说一些英语单词和一些简单的英语短语。

量标探析。

托福小考没有总分量标，因此不要随意把听力、阅读、口语三个独立的量标分加起来，而应该把托福小考按照三个独立的量标分来使用。

尽管阅读和听力的分值范围都是 100~115 分，但它们是两个不同的语言量表，因此，即使同样的分数，也可能代表不同的技能水平。例如，在阅读考试中得了 113 分，表明受考的英语能力达到英语能力欧洲共同参考框架的 A2 级水平，但在听力考试中得了 113 分则表明，受考的英语能力达到英语能力欧洲共同参考框架的 B1 级水平（见表 5-6 和表 5-7）。又如，在阅读考试中得了 106 分还在欧框的 A1 级水平，但在听力考试中即使得了 105 分也在欧框的 A2 级水平。

同样，在解读托福小考的阅读和听力考试结果时，一定要注意对几个关键的副词和形容词的把握。如"短小""简单""基础""典型"。此外，"学业"一词的意思也值得注意。这里的"学业"是英语 academic 的汉语翻译，意思是学校文化课的教学内容，而不是探索研究意义上的"学术"。

在解读口语分数时，应该参考口语考试的具体评分标准或指南。因为，对于口语考试这种需要人工评分的测量而言，评分标准或指南才更像量标，而关于测量结果的数量及其配套解释，最多只是量标解读的辅助材料。因此，在解读口语考试的结果时，一定要注意区分什么是量标，什么是解读量标的辅助材料。

第二节　欧框

上一节在解读托福考试的量标分数时，多次提到了"欧框"，为了不偏离主题，当时并没有系统讨论。作为弥补，这一节我们就专门讨论欧框，以便在阅读第一节时参考。读者可以把这一节当作第一节的附录来使用。

一　欧框简介

欧框是"语言能力欧洲共同参考框架"的简称，其对应的英语全称是 Common European Framework of Reference for Languages：Learning，Teaching，Assessment，英语缩写为 CEFR、CEF 或 CEFRL（其中 CEFR 最常用），德语缩写为 GeR 或 GeRS，法语缩写为 CECRL，意大利语缩写为 QCER，西班牙语缩写为 MCER。欧框的确切意思是，欧洲各国语言作为外语时的技能共同参考系统，适用于语言学习、教学和评估。

显见，欧框的初衷是，通过对参考框架的标准化来达到服务教、学、测。根据 CEFR（1.4 条第 3 款），制定欧框的目的有三：一是促进和帮助各国教育机构之间的合作，二是为各种语言资质的互认提供一个良好的基础，三是辅助学习者、教师、课程设计人、考试机构以及教育管理者之间协调和定位。与其他外语技能尺度相比，虽然欧框出现的非常晚，但目前已经发展成为世界范围内最有影响力的外语能力坐标系。就连位于美国普林斯顿的教育考试服务中心（ETS），在解读自己主办的英语考试的分数时，也把 CEFR 作为坐标来使用。

量标概述。

欧框是由欧洲委员会（Council of Europe）整合而成的外语成就描述指南，是该委员会一个叫作 Language Learning for European Citizenship［为成为欧洲公民而学习语言］项目的主要成果。框架由总体框架和分项语言技能框架构成，分别从他人和自己的角度，对语言技能或能力在三个大级六个小级，以"能够做……"的方式进行了描述。

三个大级分别是 A—B—C，其中 A 级是语言的基础使用者（basic user），B 级是语言的独立使用者（independent user），C 级是语言的熟练使用者（proficient user）。B 级高于 A 级，C 级高于 B 级。

六个小级分别是 A1—A2—B1—B2—C1—C2，其中，A2 级高于 A1，B1 级高于 A2 级等，即 A1<A2<B1<B2<C1<C2。A1 标志着在语言使用方面已经"破土"（breakthrough）或"启航"（beginner）；A2 标志着已经"上路"（waystage）或达到了初级（elementary）水平；B1 标志着在语言使用方面已经取得"初果"（threshold）或达到了"中级"（intermiediate）水平；B2 标志着已经有语言"优势"（waystage）或已经达到了"中级高端"（upper intermiediate）水平；C1 标志着在语言使用方面已经能"有效操控"（effective operational proficiency）或达到了"高级"（advanced）水平；C2 标志着已经能全部"掌握"（mastery）所学语言或达到了"练达"（proficiency）程度。

　　从他人角度描述的句式是"Can do…"，即"能够做什么"；从自己角度描述的句式是"I can do…"，即"我能够做什么"。对于前者，应该解读为"一个典型的这个水平的语言使用者，她/她能够用这种语言或语言技能做……"；对于后者，则应该解读为"在典型情况下，这个语言水平的我，能够用这种语言或语言技能做……"

　　欧框并不是一个语言成绩量标，而是一个能用语言做事的外语能力级标，是一个定序量标。也就是说，A1、A2、B1、B2、C1、C2之间只有差别关系，没有差距关系。就像12级风和13级风之间的力量差别要远远大于1级风和2级风之间的差别一样，在欧框中，C1级和C2级之间的语言能力差别，要远远大于A1级和A2级之间的差别。

　　量标的维度。

　　欧框设置了一个总体语言能力量标（global scale），同时还设置了听力（listening）、阅读（reading）、口语（speaking）、写作（writing）四个分技能量标。

　　总体语言能力量标的解读。

　　欧框中六个级别的整体语言能力是以表5-11（参见CEFR，p.24，或访问 https：//rm. coe. int/168045bb52）的形式描述的。

　　作为熟练的语言使用者，就能够像C2和C1中描述的那样做事情；作为独立的语言使用者，就能够用所学语言像B2和B1描述的那样做事；作为基础语言使用者，自己的情况就会像A1和A2中描述的那样。

表 5-11　语言能力欧洲共同参考框架之总体量标

熟练使用者	C2	√ 能够轻松理解几乎每个所听到和所读到的东西 √ 能够总结不同来源的口头和书面信息，重构出连贯的论证和论述 √ 能够当即非常流畅、非常精确地表达自己的想法，且能区分出细小的意思差别，即使在较复杂的情景中
	C1	√ 能够理解宽阔范围内的高难度较长文本，且能认出隐含意思 √ 能够当即流畅地表达自己的想法，没有太明显的寻词找语现象 √ 能够用语言灵活而有效地实现自己的社交、学术以及职业目的 √ 能够写出清楚的、结构完好的关于复杂议题的细节文本，表明自己已经掌控了章法、连接语以及各种衔接手段
独立使用者	B2	√ 能够理解关于具体及抽象论题的复杂文本的大意，包括自己专业领域内的技术性讨论 √ 能够带着一定程度的当即性和流畅性与母语使用者互动，并不会给一方带来压力 √ 能够产出清楚的关于宽泛议题的细节文本，并能够解释关于议题的观点，既给出各种选项的优势，也给出各种选项的弱势
	B1	√ 能够理解表达清楚的标准输入的要点。这些输入是关于熟悉事物的输入，在工作、学习、休闲等过程中会经常遇到 √ 能够带着一定程度的当即性和流畅性与母语使用者互动，并不会给一方带来压力 √ 能够在旅游中应付国语使用区中很可能出现的大多数场面 √ 能够就熟悉或自己感兴趣的议题写出简单但连贯的文本 √ 能够描述经历和事件，梦、希望及雄心，能说明观点和计划的理由和原因

续表

基础使用者	A2	√ 能够理解句子和最直接关系方面的常用表达法（如非常基本的个人或家庭信息购物、当地地名、工作等） √ 能够在简单和惯例型任务中沟通，这些任务需要对熟悉的惯例型事务进行简单的直接信息交换 √ 能够用简单语言描述自己的背景、直接环境以及直接需求
	A1	√ 能够理解和使用熟悉的日常表达以及非常基本的用来满足具体需求的短语 √ 能够介绍自己和他人，能够就个人细节提问并回答，如住在何处、认识谁、有什么东西 √ 能够以简单方式与他人互动，如果他人说话缓慢、清楚且时刻准备帮助

听力技能量标的解读。

欧框中六个级别的听力技能是以表 5-12（参见 CEFR，pp.26-27）的形式描述的。其中的"我"出现在自评量表中，他评时要略去"我"字。

表 5-12 语言能力欧洲共同参考框架之听力量标

熟练使用者	C2	√ ［我］听懂任何口头语言都没有困难，不论是在现场还是通过广播，即使是很快的本国人语速，只要有一段熟悉说话人口音的时间
	C1	√ ［我］能够听懂扩展性讲话，即使结构不清楚、关系隐而不显 √ ［我］能够不大费力地看懂电视节目和电影

独立 使用者	B2	√ ［我］能够听懂扩展性讲话和讲座，并能跟上即使复杂的论证路线，只要议题还算熟悉 √ ［我］能够看懂大多数的电视新闻和时事节目 √ ［我］能够看懂大多数的标准语电影
	B1	√ ［我］能够听懂吐字清晰的标准话语的要点。这些话语是关于熟悉事物的，在工作、学习、休闲等过程中会经常遇到 √ ［我］能够听懂很多时事广播电视节目的要点，如果这些节目与个人兴趣或职业有关，且语速相对较慢，吐字较清晰
基础 使用者	A2	√ ［我］能够听懂那些与个人最直接关联的短语和高频词汇（如非常基本的个人或家人信息、购物、当地的地点地名、工作等） √ ［我］能够抓住简单、短小、清楚口信儿及口头通知中的要点
	A1	√ ［我］能够听出熟悉的单词和关于［我］自己、家庭以及直接具体环境的非常基本的短语，如果人们说得慢且清楚

阅读技能量标的解读。

欧框中对六个级别的阅读技能是以表 5-13（参见 CEFR，pp. 26-27）的形式描述的。其中的"我"出现在自评量表中，他评时要略去"我"字。

表 5-13 语言能力欧洲共同参考框架之阅读能力量标

熟练使用者	C2	√	［我］能够轻松读懂几乎任何形式的书面语言，包括提要、结构上或语言上复杂的文本，如技术手册、专业文章及文学作品等
	C1	√ √	［我］能够读懂长篇复杂事实性文本和文学性文本，能品出其文体上的不同 ［我］能够读懂专业文章和较长的技术操作说明，即使它们与自己的专业无关
独立使用者	B2	√ √	［我］能够读懂关于当代问题的带有作者态度或观点的文章和报告 ［我］能够读懂当代的无韵律文学文本
	B1	√ √	［我］能够读懂主要用高频日常语言或工作相关语言写成的文本 ［我］能够读懂个人书信中对事件、情感以及愿望的描写
基础使用者	A2	√ √ √	［我］能够读懂很短的简单文本 ［我］能够从简单日常材料中找出具体的可预测信息，如广告、说明、菜单、时间表 ［我］能够读懂简短的个人书信
	A1	√	［我］能够读懂熟悉的名称、单词和很简单的句子，如在通知中、在布告牌或节目单上的句子

口语技能量标的解读。

欧框中六个级别的口语技能是以表 5-14 和表 5-15（参见 CEFR，pp. 26-27）的形式描述的。表 5-14 是关于口语互动能力的，表 5-15 是针对口语产出能力的。其中的"我"出现在自评量表中，他评时要略去"我"字。

表5-14　语言能力欧洲共同参考框架之口语互动能力量标

熟练 使用者	C2	√	[我] 能够毫不费力地参加任何对话或讨论，并熟悉习语和俗语
		√	[我] 能够流畅地表达自己的思想，能够精确传达细微意义差别
		√	[我] 即使遇到困难，也能够圆润地退出或绕开难点，且几乎不让他人觉察出来
	C1	√	[我] 能够流利且即时表达自己的思想，没有太明显的找词寻语现象
		√	[我] 能够用语言灵活而有效地实现自己的社交和职业目的
		√	[我] 能够精确地表述自己的思想和看法，并把自己的所言熟练地与他人的所言联系起来
独立 使用者	B2	√	[我] 能够带着一定程度的当即性和流畅性与母语使用者互动
		√	[我] 能够在熟悉的语境中积极参加讨论，解释并保持自己的观点
	B1	√	[我] 能够在旅游中应付国语使用区中很可能出现的大多数场面
		√	[我] 能够不做准备就能进入会话，如果话题熟悉、个人感兴趣，或者与日常生活（如家庭、业余爱好、工作、旅游、时事）有关
基础 使用者	A2	√	[我] 能够就简单和惯常任务与他人沟通，如果这些任务只需要简单而直接的信息交换，而且是关于熟悉议题及活动的任务
		√	[我] 能够进行非常短小的社会交流，即便 [我] 通常的理解还不足以使对话进行下去
	A1	√	[我] 能够进行简单互动，只要另一方准备以更慢的语速重复或换种方式表达说过的事情，帮助 [我] 表达 [我] 试着表达的事情
		√	[我] 能够就直接所需或熟悉议题简单问答

表 5-15　语言能力欧洲共同参考框架之口语产出能力量标

熟练使用者	C2	√ ［我］能够说一段清晰顺畅的描述或论证，风格与语境适合，结构有效、有逻辑，能帮助听话人关注并记下要点
	C1	√ ［我］能够就复杂主题进行清楚而详细的口头描述，既有子题整合，又有具体点的展开，还有适当的结论
独立使用者	B2	√ ［我］能够就自己感兴趣领域中的宽泛主题做清楚而详细的口头描述 √ ［我］能够口头解释关于一个主题的观点，给出各种选项的优势和弱势
	B1	√ ［我］能够把短语简单地连接起来以描述种种经历和事件，描述自己的梦想、希望和雄心 √ ［我］能够简短地说出看法和打算的理由 √ ［我］能够讲述故事，讲述一本书或一部电影的情节，并描述自己对此的反应
基础使用者	A2	√ ［我］能够用一系列的短语和句子来简单描述自己的家人和其他人，描述生活条件、自己的教育背景以及自己当前所干或最近干过的工作
	A1	√ ［我］能够用简单的短语和句子描述自己的住处和自己所认识的人

写作技能量标的解读。

欧框中六个级别的写作技能是以表 5-16（参见 CEFR，pp.26-27）的形式描述的。其中的"我"出现在自评量表中，他评时要略去"我"字。

表 5-16　语言能力欧洲共同参考框架之写作能力量标

熟练使用者	C2	√ ［我］能够写出清晰顺畅的文本，体裁适当 √ ［我］能够写出复杂的书信、报告或文章，结构有效且合乎逻辑，有助于读者关注并记住文本的要点 √ ［我］能够写出关于专业或文学作品的概要和评论
熟练使用者	C1	√ ［我］能够用清晰且结构良好的文本来表达自己，以相当篇幅表达观点 √ ［我］能够以书信、杂文或报告形式讨论复杂课题，并强调自己认为突出的问题 √ ［我］能够选择适合自己心目中读者的体裁
独立使用者	B2	√ ［我］能够写出与自己兴趣有关的宽泛主题的篇章，既清楚又有细节 √ ［我］能够用杂文或报告来传递信息或提供支持或反对某个观点的理由 √ ［我］能够写信来表达事件和经历对于自己个人的重要意义
独立使用者	B1	√ ［我］能够就自己熟悉或感兴趣的题目写出简单连贯的篇章 √ ［我］能够在个人书信中描述自己的经历和印象
基础使用者	A2	√ ［我］能够根据直接需要写出便条和留言 √ ［我］能够写出很简单的个人书信，如为了表达谢意
基础使用者	A1	√ ［我］能够写简短的明信片，以表达（如节日）问候 √ ［我］能够填写有关个人详细信息的表格，例如在旅馆登记表上填自己的姓名、国籍、地址

二　欧框与其他外语级标

欧框出现以后，有学者试图通过论证或实证研究来建立它与已有外语能力级标之间的对应关系。其中研究较多的两个外语技能量标是美国的"部门间圆桌会议级标"和"美国外语教学委员会级标"。"部门间圆桌会议级标"的英语是 Interagency Language Roundtable Scale，缩写为 ILR 级标；"美国外语教学委员会级标"的英语是 ACTFL Proficiency Guidelines。ACTFL 即 American Council on the Teaching of Foreign Languages 的缩写。

CEFR 与 ILR 级标的对应关系。

ILR 把外语能力按照语言使用的熟巧程度（proficiency）分成了 11 个等级，由低到高依次是 0、0+、1、1+、2、2+、3、3+、4、4+、5。其中，0 和 0+分别表示"未显熟巧"（no proficiency）和"强记熟巧"（memorized proficiency）；1 和 1+分别表示"初级熟巧"（elementary proficiency）和"初级熟巧加"（elementary proficiency, plus）；2 和 2+分别表示"有限工作熟巧"（limited working proficiency）和"有限工作熟巧加"（limited working proficiency, plus）；3 和 3+分别表示"普通职业熟巧"（general professional proficiency）和"普通职业熟巧加"（general professional proficiency, plus）；4 和 4+分别表示"高级职业熟巧"（advanced professional proficiency）和"高级职业熟巧加"（advanced professional proficiency, plus）；5 表示"功能国语熟巧"（functionally native proficiency）。

据 Wikipedia 上的 Common European Framework of Reference for Languages 词条介绍，American University Center of Provence（AUCP）提出：4/4+与欧框中的 C2 对应，3/3+与欧框中的 C1 对应，2/2+与欧框中的 B2 对应，1+与欧框中的 B1 对应，1 与欧框中的 A2 对应，0/0+与欧框中的 A1 对应。但是，在另一份

对加拿大的建议中（见表 5-17 中的 ILR-Heritage 列），欧框中没有级别与 4+/5 对应，而且欧框中的 C2 只与 ILR 中的 4 对应，B2 只与 ILR 中的 2+对应，B1 却与 ILR 中的 2 对应，A2 与 1+对应，A1 却要与 0/0+/1 对应。

表 5-17　CEFR 与 ILR 的等级对应

CEFR	ILR-AUCP	ILR-Heritage
		4+/5
C2	4/4+	4
C1	3/3+	3/3+
B2	2/2+	2+
B1	1+	2
A2	1	1+
A1	0/0+	0/0+/1

　　把两个不同体系的能力等级对应起来的实质，就等价于测量中的统一单位或单位之间的转换。而这种转换的本质，就是用一个等级尺度测量另一个等级尺度，或者，把一个尺度和另一个尺度校准。显然，AUCP 建议的对应关系与 Heritage 建议的对应关系只有在 C1 级上完全一致。这种高度的不一致反映出，这种完全用自然语言模糊词汇描述的等级关系是很粗糙的关系。而且解读中会带有很大的不确定性。同样一个 mostly can do 或 able to do，同是 a wide range of，不同人之间的解读结果会相差很大。而且，对应关系建立中的差异还只是分界分（cutoff score）制定上的差别，至于有多大的把握判断一个持证人是否达到了证书上所显示的能

力级别，这是证书考试中必须面对的一个技术问题。本质上，证书颁发就是对测量结果的解读或使用。

CEFR 与 ACTFL 级标的对应关系。

ILR 级标是美国政府为了衡量政府公务人员的职业外语水平而设立的，因此，不一定能够满足学校外语教育的需求。为了使外语能级这把尺子更适合外语教育的需求，"美国外语教学委员会"对 ILR 外语职业级标进行了系统修订，推出了 ACTFL Proficiency Guidelines。ACTFL 外语能级最早于 1986 年推出，经过 1999 年和 2001 年的修订，现在已经推出 2012 年版（见 https：//www. actfl. org/publications/guidelines-and-manuals/actfl-proficiency-guidelines-2012）。这是一个由听、说、读、写四个分项语言技能等级构成的外语水平等级系统，在美国外语教学界影响很大。

ACTFL Proficiency Guidelines 2012 的总前言（genenral preface）介绍，新版级标在说（口语）和写（作）两项分技能中都增加了 Distinguished 级，并把听（力）和（阅）读两个技能分项中的 Advanced 级进一步细分为低、中、高三个小级。这样，ACTFL-2012 级标就把外语能力分成了 5 大级，或者 9 小级加 2 大级，共计 11 个等级。这些等级由低到高依次是 Novice Low（NL）、Novice Mid（NM）、Novice High（NH）、Intermediate Low（IL）、Intermediate Mid（IM）、Intermediate High（IH）、Advanced Low（AL）、Advanced Mid（AM）、Advanced High（AH）、Superior（S）、Distinguished（D）。显然，5 个大级是初级（Novice）、中级（Intermediate）、高级（Advanced）、超级（Superior）、出众级（Distinguished），其中

的初、中、高三大级又进而细分为低（Low）、中（Mid）、高（High）三个子级。

　　关于 ACTFL 与欧框 CEFR 之间对应关系的研究很多。Tschirner（2005）通过对两套能级（特别是口语）描述语的分析得出，欧框中的 C2 对应 ACTFL 的 S，C1 对应 AH，B2 对应 AM，B1 对应 IH，A2 对应 IM，A1 对应 NH（见表 5-18 左起第 1 和第 2 列）。Baztán（2008）在自己的博士学位论文中，对欧框语言技能描述与 ACTFL 语言技能描述进行了系统分析，并通过回归分析得出，欧框中的 C2 对应 ACTFL 的 AH 和 S，C1 对应 AM 和 AH，B2 对应 IH 和 AL，B1 对应 IM 和 IH，A2 对应 IL 和 IM，A1 对应 NH，NL 和 NM 都低于 A1（见表 5-18 左起第 1 和第 3 列）。Buitrago（2006）研究得出，欧框中的 C2 对应 ACTFL 的 S，C1 对应 AL、AM 以及 AH，B2 对应 IM 和 IH，B1 对应 IL，A2 对应 NM，A1 对应 NL（见表 5-18 左起第 1 列和第 4 列，转引自 Baztán，2008）。

表 5-18　CEFR 与 ACTFL 的等级对应

CEFR	Tschirner	Baztán	Buitrago	AUCP
C2	S	AH, S	S	D
C1	AH	AM, AH	AL, AM, AH	S
B2	AM	IH, AL	IM, IH	AL, AM, AH
B1	IH	IM, IH	IL	IH
A2	IM	IL, IM	NM	IL, IM
A1	NH	NH	NL	NL, NM, NH
<A1		NL, NM		

由于在 ACTFL Proficiency Guidelines 2012 之前的版本中，说和写都没有引入"出众"这个等级，前三项研究都没有涉及这个 ACTFL 的最高外语能力等级。2014 年，AUCP 建议，把欧框 CEFR 中的 C2 与 ACTFL 中的 D 对应，把 C1 与 S 对应，把 B2 与高级（包括 AL、AM 和 AH）对应，把 B1 与 IH 对应，把 A2 与 IL 和 IM 对应，把 A1 与初级（包括 NL、NM 和 NH）对应。这个对应关系和 Brian North 2006 年 3 月在日本大阪外国语大学（Osaka University of Foreign Studies）的专题讨论会上的建议基本一致。确切地说，在 B1 以上等级完全一致。

这种在等级对应中所反映出的不一致现象，一方面反映出自然语言表述中的模糊性或不确定性，另一方面还向语言测试工作者提了一个重大问题，即根据不同的需要，我们到底应该加强哪个能力段的区分呢？是高段、中段，还是低段？对于教材开发和课标设计，区分低段的价值高；对于颁发职业证书，区分高段的意义最大；对于教学方法和教育资源的有效利用，区分中段更为重要。但是，对于教育资源使用的规划，这种能级的描述和挂钩虽然重要，但还远远不够。还需要把技能要求和达到特定要求所需要的投入挂起钩来。

CEFR 能级与课时投入之间的关系

投入可以用资金来直接度量，也可以用时间和人力来间接度量。在外语教育和考试界，这种以学时衡量学习成就和投入的做法，在德国、英国和法国已经常见，但在中国很少有文献记载。下面介绍英语、德语、法语、爱尔兰语成绩达到欧框的不同级别时所需要的课时。这里的课时是一般课时，而不是具体课时。

就像研究价值时需要区分人类的一般劳动和具体劳动一样，研究教学投入问题也需要区分一般课时和具体课时。所谓一般课时，指的就是在特定的平均师资和平均设施条件下，要使一个有平均学习能力的学生达到某个学业等级或获得某个知识或技能，人类所需要付出的教学时间长度。其单位通常用课时。对于小学生和初中生，一学时通常是 40 分钟，对于高中生和大学以上的学生，一学时通常是 45~50 分钟。在教学研究中，所谓的"小时"通常指的是学时或者多少节课。

虽然建立一个等级体系与实际课时之间的关系很重要，但目前鲜见实证研究报道。所见到的大都是语言培训机构或考试机构的宣称。Thompson（1996）转引了美国外事学院（Foreign Service Institute）的一项研究结果：对于母语是英语的学员，用 240 学时强化学习像德语、法语、西班牙语这样的欧洲语言，结果可以达到 IL/IM 级；如果是学习像汉语、日语、韩语或阿拉伯语这样的语言，480 学时也只能达到 NH/IL 级（转引自 Tschirner，2005），也就相当于欧框中的 A1/A2 级水平。

维基百科英文版在 Common European Framework of Reference for Languages 词条下介绍了不同机构提供的强化课时数和所能达到的欧框能级之间的关系（表 5-19）。尽管没有给出学员的母语条件，但根据美国外事学院的研究结果可以推断，这些课时数是针对母语是日耳曼语系或拉丁语系的学员而言的。对于母语是汉藏语系的学员，要达到同样的能力等级，可能要花更多的时间。

此外，像表 5-19 之类的时间，一般都是针对外语专门强化培训而言的。这类培训的效率一般要明显高于常规的学校学习。

同样是 1000 个学时，如果是两年可能强度高效果好，如果是十年时间就可能强度低效果差。

表 5-19 不同外语达到 CEFR 各等级所需要的课时数

达到等级	所需要的累积课时数			
	英语 ****	德语 ***	法语 **	爱尔兰语 *
C2	1000～1200		1060～1200	1500+
C1	700～800		810～950	1000+
B2	500～600		560～650	500～600
B1	350～400	300（B1.1） 400（B1.2）	360～400	350～400
A2	180～200	150（A2.1） 225（A2.2）	160～200	160～200
A1		75	60～100	80～100

注：**** 针对剑桥英语考试；

*** 针对 Deutsche Welle（德国之声）的德语考试，B1.1，B1.2 以及 A2.1，A2.2 是对同一个级别的细分，B1.1 高于 B1.2，A2.1 高于 A2.2；

** 针对 Alliance Française（法语联盟）的法语考试；

* 针对 Teastas Eorpach na Gaeilge 的爱尔兰语考试。

尽管表 5-19 中的数据只能作为粗糙的时间量度，但已经暗示，即使同一个语系或相近语系之间的学员学习彼此之间的语言时，越是到了后面，所需要的时间越难估计。要是设计分标时本来就采用了生长模型（参见第四章中的"多分界分量标"），考试结果就能很方便地在成绩和时间（包括课时、学期、学年、年级等）之间转换。简单地说，生长模型就是生长结果与生长时间之间的函数关系。利用这一关系，既可以用时间来度量成就，也可以用成就度量所投入的时间或努力，还可以在发展过程中配置或优化资源。

量标探析。

和其他技能量标一样，欧框只是一个大致的外语技能参照系统，而不是一把精密的外语能力尺子。作为量标，欧框充其量是定序性的，而不具备定比性和定距性。切记，不要把欧框作为定距或定比量标来使用。姑且以表 5-19 中的爱尔兰语为例，从 A1 到 A2 提高一级只最多需要 120 课时，从 C1 到 C2 级提升一级则需要至少 500 个学时。同是提升一级，前一个的时间投入是后一个的 4 倍还要多。这还只是考虑时间，如果再考虑到对教师语言水平的要求，两者的差距会更大。

即使从用有关外语做事的结果角度看，也没有证据支持欧框是定比或定距量标。试想，一个写作能力为 C2 的人在一定时间内完成的相关语言任务，随着语言任务的不同，能顶替的 C1 或 B2 能力的人的数量会很不相同。对于高难度的文字编辑或润色任务，恐怕再多的 C1 级能力的人，也比不过一个 C2 级能力的人，更不要说 B2 级能力的人了。

而且，根据欧框命题也很困难。怎么在非常有限的时间内让考生完成较大范围内的典型语言任务？怎么在考试环境下保证让考生不受影响地完成典型的日常生活或日常工作任务？

因此，对于像欧框、ILR、ACTFL 这样的"能做……"型量标，可以作为参考来描述教学大纲或课程标准中的教育教学目标，可以用来指导教学材料的开发，但对于考试或评估而言，最好是作为参考来设计考试大框架，而不是用来指导具体考题的编制；最好是用来做考试结果的辅助解释，而不是做考试成绩的描述；最好是用来评价考试项目或试卷的有效性，而不是用来量化目标。作为语言能力的描述系统，可以用欧框来验证能力考试，特别是职业证书考试，但不能根据欧框设计测量工具，获取教学研究所需要的定量数据。欧框中的等级怎样和中国的会考或大学英语考试的成绩关联或对应，这是一个经验问题，需要用实在的经验证据来回答。

欧框的完整名称由主名和副名构成。其主名的核心意思是"共同、参考、框架"，这告诉大家，欧框只是一个便于大家交流经验、分享成果的工具，就像坐标系一样。欧框的副名的意思是"学习、教学、评估"，这定义了欧框的适用范围。但是，如何在所定义的范围内使用，是否需要或如何开拓它的适用范围，这是一个需要不断更新和探索答案的动态问题。

第三节　大学英语量标

中国大学英语（CET）考试也许是中国高等教育中规模最大的全国性统一外语考试，分四级和六级两个等级。四级是面对一般本科考生的，六级是面对英语学得好的大学本科生或硕士研究生的。考试的内容是一般性的英语，而不是学术性的英语。这项考试的总分分标以前是采用日常课堂考试中使用的百分制，现在改用标准分量标；以前总分采用百分制，分项分采用最高可达700分的标准分制，现在是总分和分项分都采用同一个尺度。而且，四级考试和六级考试一直采用同一个分数范围。

一 四、六级考试的老量标

老的大学英语考试分总分量标和分项分量标。其中总分量标四、六两个级别都有，而且都是百分制，但分项量标只有四级考试有，六级考试没有。

总分量标概要及模型。

大学英语四级考试总分分标是在 1987 年对六所全国重点大学（北大、清华、上海交大、复旦、中科大、西安交大）9039位 1985 级本科生实测的基础上建立的，其平均分为 72 分，标准差为 12 分，最低分为 0 分，最高分为 100 分，形式化表达式为

$$S = 12Z + 72 \tag{5.3}$$

用这个模型生成的量标分数，一般会在 0 到 100 分之间，很少会出现小于 0 分和大于 100 分的情况。就是出现了，也要把 0 分以下的分数当作 0 分处理，把 100 分以上的分数当作 100 分来处理。

为什么对大学英语四级考试设计了这样一个量标呢？这是因为当年本科生试验群体在试验考试中的平均总分是 67.80 分，总分分布的标准差是 12.08 分，16 百分位所对应的总成绩是55.72 分，83 百分位所对应的总成绩是 79.88 分，经过表达式（5.3）的变换，就可以把 55.72 分等价于 60 分，把 79.88 分等价于 84 分，前者作为及格线，后者（实践中用的是 85 分）作为优秀线（杨惠中，Weir，1998：30）。

至于六级考试的总分是否也采用了表达式（5.3）这个模型，并未见诸文献，也未能在 CET 官网上找到。只知道，六级

考试的报告分数和四级考试的一样，采用百分制，而且及格分是 60 分。根据杨惠中和金艳（2001）提供的解释六级分数的表格（表 5-20）就可以推断，六级考试的量标模型和四级的很可能一样：平均量标分为 72 分，量标分的标准差为 12 分。

就是因为在确定及格线和优秀线时使用了六所重点大学 1985 级学生集团的分数参数，所以就把这项超大规模的外语考试叫"尺度相关-常模参照"考试（杨惠中，Weir，1998：26），而实际上，这个所谓的常模是明显意义上的超常模。

总分量标分数的解读。

大学英语四、六级考试中心在解释个体学生分数时。就是用这个超级学生集团做参考的（见表 5-20）。例如，一个考生在老四级考试中得了 60 分，那么就可以这样理解这个学生的英语水平：如果和 1985 级的 9039 名北大、清华、上海交大、复旦、中科大、西安交大学生 1987 年时的英语水平比，该生的成绩优于 16% 的学生。如果另一个学生在六级考试中得了 60 分，那该生的成绩要优于 60% 的六级常模集团学生。显然，这样的分数解释不能反映出，这个分标上的各个分数值和当时的教学大纲是什么样的关系，也不能反映出得了某个分的学生到底能够用英语做些什么事情。

表 5-20　大学英语四、六级考试报道分数的意义（总分）

CET-4 报道分		CET-6 报道分
60 分	16%	
62 分	20%	
66 分	30%	

CET-4 报道分		CET-6 报道分
69 分	40%	
72 分	50%	
75 分	60%	60 分
	65%	64 分
78 分	70%	68 分
	78%	72 分
82 分	80%	
85 分	86%	76 分
87 分	90%	80 分
93 分	96%	85 分
99 分	99%	90 分
100 分	100%	100 分

百分位分数的主要功能是提供相对位置信息，以方便做出选拔性的决策。但对于像大学英语这样的学业考试，百分位信息基本是没有价值的。在最短的时间内建立分界分可能还说得过去，接下来就要对分界分所代表的外语能力进行系统描述。而这些能力的"能做……"型描述，才是解释分数时所需要的。

四级考试单项量标的模型。

四级考试的单项报分分标的平均分为 500 分，标准差为 70 分（杨惠中，金艳，2001），其形式化表达式为

$$S = 70Z + 500 \tag{5.4}$$

这个模型就是现行大学英语四、六级考试的总分模型。用

这个模型生成的量标分数，最低一般不会低于 290 分，最高不会超出 710 分。根据表 5-21 提供的信息，如果考生的分项量标分高于 700 分，那就统一按 700 分处理。这只是理论推测，但实践中，由于单项题目数量的限制，是不可能出现高于 700 分的情况的。最大可能是，分数在 410～600 分，因为在同一个分数点上，可能会积聚很多学生。

四级考试单项量标分的解释。

和量标总分的解释一样，四、六级考试委员会提供的资料只允许大家对四、六级单项量标分进行百分位序位解释，而无法对考生的分数做能力解释，也无法看出分数与大纲之间的联系。所不同的是，由于单项题目数量的限制，在每个分数点上都会积聚更多的学生，这样，很难把学生区分成 100 或 101 组，而只好把考生区分成 10 组或 11 组，很可能是 9 组。这样，所谓的百分位实际上已经变成了十分位。例如，对于一个在阅读理解单项上得了 590 分的学生，既可以把分数解释为高于 90% 的参考集团学生，也可以解释为高于十分之九的参考集团学生（见表 5-21）。

表 5-21　大学英语四、六级考试报道分数的意义（单项分）

CET-4 单项成绩（听力理解　阅读理解）	百分位（优于……）
410 分	10%
441 分	20%
453 分	30%
482 分	40%
500 分	50%

CET-4 单项成绩（听力理解　阅读理解）	百分位（优于……）
518 分	60%
537 分	70%
559 分	80%
590 分	90%
700 分	100%

二　四、六级考试的新量标

从 2005 年 1 月起，大学英语四、六级开始使用一套新的量标分数系统。了解四、六级考试史的读者不难发现，现在使用的这个所谓新量标其实并不新，而是把原来的单项量标拓展到了总分，而放弃了之前的百分总分量标。这也是四、六级考试在计量学方面的里程碑事件，从而使四、六级考试不再出现单项分高于而且远远高于总分这种不合常理的现象。

当前的四、六级考试只提到总分量标，而没有具体指出单项分量标，但可以根据各个单项在总分中的权重，推导出每个单项的量标。

总分量标概要及模型。

四、六级考试的总分用的是一个平均分为 500 分，标准差为 70 分的标准分量标（见全国大学英语四、六级考试官方网站 http：//www.cet.edu.cn/cet2011.htm？v＝20170921000001）。量标的形式化表达式为

$$S = 70Z + 500 \qquad (5.4)$$

式中的 S 是总量标分，Z 是总成绩所对应的标准分，即个体考生所得的总原始分与参考集团平均原始成绩之差再除以参考集团总分的标准差。这里要特别注意的是，考生的原始分是该生此次考试中所得的原始分数，但参考集团的原始成绩是他们在建模考试中所得的原始分数，标准差也是他们那次建模考试原始分数的标准差。

用这个模型生成的量标分数，最低一般不会低于 290 分，最高也不会超过 710 分。但实践中，四、六级考试 99% 的分数都集中在 330~650 分。

单项分量标概要及模型。

全国大学英语四、六级考试官方网站上并没有提供单项分的量标，但给出了单项分在总量标分中的权重信息。据此，就能推出单项分的量标模型，即公式中的 70 和 500 乘上相应单项的权重。这样，我们就得到如下的模型。

$$S_{听力} = 24.5Z + 175 \qquad (5.5a)$$

$$S_{阅读} = 24.5Z + 175 \qquad (5.5b)$$

$$S_{译写} = 21Z + 150 \qquad (5.5c)$$

根据分数分布的三标准差原则，再根据公式（5.5a）和（5.5b）不难算出，听力项和阅读项的最高分是 248.5 分（实践中取了 249 分），最低分是 101.5 分（实践中取了 100 分）；翻译写作项的最高分是 213 分（实践中取了 212 分），最低分是 87 分（实践中取了 95 分）。

分数的解释。

根据四、六级考试中心提供的资料，对这项超大规模英语考试的分数，至今还只能停留在序位解释上，无论是总分，还是单项分。这样的分数，无论是对于学生本人，还是对于教育主管部门、学校、教师、用人单位，都不能提供多少有用的信息。"某考生四级报道总分是 450 分，从表 1 可以查到其在常模群体中的相应百分位是 25%，表示这名考生的英语成绩优于常模群体中 25% 的人，但劣于 75% 的人。"（英语四、六级考试官方网站 http：//www. cet. edu. cn/cet2011. htm？v = 20170921000001 上的第一个例子）试想，这样的信息对教育主管部门有什么意义？对学生本人、用人单位和教学第一线的教师又有什么意义？

对于教育主管部门，最想知道的可能是教学大纲的合理性和执行情况。对于学生本人和教学一线的教师，最想知道的应该是，得了这么多分的学生在哪方面还需要追补。对于用人单位，最想知道的是得了这么多分的人力资源能用英语做什么。

最令人哭笑不得的是，《大学英语四、六级考试分数解释》中说，"大学英语四、六级考试的分数报道采用常模参照方式，不设及格线"（见全国大学英语四、六级考试官方网站 http：//www. cet. edu. cn/cet2011. htm？v = 20170921000001）。但是，在 2016 年版的四、六级考试大纲中却明文规定："考生的四级笔试成绩达到 425 分及以上，表明其语言能力已达到大学英语教学中'基础目标'所设定的要求；考生的六级笔试成绩达到 425 分及以上，表明其语言能力已达到大学英语教学中'提高目标'所设定的要求。"（http：//www. cet. edu. cn/file_ 2016_ 1. pdf）

这 425 分就是及格线。但是 425 分达标的经验证据是什么？是如何取得的？

量标探析。

由于大学英语四、六级考试采用的是标准分量标，具有标准分量标的全部缺点，因此无须重述。但需要指出的是，即使常模参照解释适合四、六级考试的情况，上述的四、六级总分标的建立也是有明显问题的：即不能用四、六级考试中心提供的方法求 Z 分数，而应该直接把常模集团成员根据各自的总成绩或分项成绩排序，然后求出每个原始分数所对应的百分位点位，并根据点位赋予适当的量标分数值，最后制成三位一体（原始分—百分位分—量标分）的列表。这样，之后的考生，只要是原始分和最初的参考集团等过值，那么就可以在这个三三对应的列表中找到各自所对应的量标分和百分位等级。

按照这个过程建立的常模，能保证根据标准量标分数得出的百分位始终是正确的。而根据四、六级考试中心提供的模型，对后来考生所赋予的百分位，会和他们在常模集团中的真实相对位置有所出入。这是因为，谁都不能保证原始常模集团的分数是严格正态分布的。事实上，他们的分数根本就不是连续分数，因此就不可能是正态分布的。

《全国大学英语四、六级考试大纲（2016 年修订版）》中并没有定义这项考试的目的和用途，因此，要评价这项考试的分标是否符合用途是不可能的。假定四、六级考试的目的是评价大纲的执行情况，那么，第四章中讨论过的掌握者百分比量标才比较合适。如果是为了衡量学生是否达到了大纲的要求，那么，量标的设计还要和大纲的要求相匹配。如果大纲要求用功能定义，那么，量标就应该是能力或技能量标，常模集团对于这样的量标没有任何的意义。如果大纲的要求是用知识点定义的，那么，量标就应该是关于知识多寡的，常模集团对于这样的量标也没有实际价值。如果考试的目的是给教学单位排名次的，那么，常模集团就派上了用场。即使这样，所需要的常模集团也是内常模集团，而不是四、六级考试一直使用的外常模集团，因为不能把这一次的参考单位的情况和前某次的参考单位的情况相比。外常模参照是心理测验和医疗康健中常用的，而教育选拔考试中使用的，要么是内常模参照（用于中国式的一考定局的情况），要么是最近过去的外常模参照（用于美国式的多次考试定局的情况）。

大学英语四、六级考试委员会声称四、六级考试是标准参照考试，那么，达标分数线或优秀分数线的制定也需要经验证据或理论依据。在没有提供分界分确定的依据和证据前，是不能把一项考试称作标准参照考试的。

第六章

量的值的确定

对量的值的确定就是测量。作为一个完整的过程，测量要涉及测量的主体、接受测量的客体（包括所测量的内容或属性）、测量的方法、测量所用的工具以及测量的结果。通常，把测量客体、测量方法、测量工具和测量结果叫测量的四要素。这一章，我们分三节概要讨论测量客体、测量方法以及测量结果。由于社会测量的复杂性，我们还要用一节的篇幅，专门讨论测量费用应该由谁来承担的问题。关于测量主体和测量工具，将用一章篇幅单独讨论。

第一节　测量客体

测量的客体又叫测量的对象，与测量的主体相对，它包括两方面的内容。一方面是接受测量活动的对象，另一方面是所测量的内容或属性。在自然测量中，通常只关注测量的内容或属性，但在社会测量中，由于情况的错综复杂性，不仅要关心测量的内容或属性，还要关心是谁或者什么接受测量。

一　测量的对象

如果说测量就是对量的值的确定过程的话，那么，测量的对象就是这一过程的接受者或受体。测量所要确定其值的量是属于测量对象的量，测量对象是量的所有者或"主人"。量就是测量对象的属性。由于社会测量的复杂性，很有必要区分测量的表面对象和测量的真正对象。社会计量研究者关注测量对象的原因是，测量对象可能会通过各种途径，以各种方法干扰测量过程，从而通过使测量结果失真而自己受益。研究测量对象的目的是防止测量过程中的可能作弊现象，保障测量结果的真实可靠。语言测量对象可能是自然人、法人或组织机构，也可能是实物（硬件）或非实物（软件）。

1. 社会测量的表面对象和真正对象

有些时候，接受或承受测量活动的就是测量的真正对象。有些时候，直接接受或承受测量活动的并不是真正的测量对象，而真正的测量对象并没有接受测量活动。有些情况下，除了直接接受测量活动者是测量的对象外，还会有其他一些并没有直接接受测量活动但在某种意义上是测量的真正对象，这时要辨认各种不同意义上的测量对象就不那么容易。例如外语专业评价过程中对部分学生的语言技能进行测量。这时，接受测量的学生在表面上看是测量的对象，但真正的测量对象是承办该外语专业的学校，有时候甚至是要求设置该专业的地方政府。这种情况下如何判别谁是真正的测量对象？当然首先得清楚评价的真正目的。如果目的是问责，那么被问责方就是测量的对象。这种情况下，测量对象也是最希望测量结果虚高的。如果评价的目的是诊断，以便更好、更有效地建设或发展项目，评估的发起方或邀请方（同时也是出资方）就是测量的真正对象。这种情况下，测量的真正对象最希望测量结果是真实可靠的。

有些时候，一个人的测量结果会受到很多利益有关方的关注，都希望通过自己的努力来改变测量结果，使测量结果朝着自己主观希望的方向改变，如大学英语证书考试。参加考试的学生希望自己的成绩虚高，从而获得自己欲求的证书；老师希望自己学生的成绩虚高，从而使自己获得更多的荣誉或奖金；办学单位希望自己学生的成绩虚高而其他单位考生的成绩不真实的低，从而使更多的优质生源流向本单位。唯有用人方或未来的雇主不希望考生的成绩失实。可以说，这种情况下，除了未来雇主之外的其他各方都是测量的对象。这种情况下，稍不注意就会使某些方面既是测量的主体，同时也是测量的客体。中考卷让初中老师评阅、大学英语卷让各参考单位派人评阅、证书考试的试卷让参加考试的单位派人评阅等，这在一定程度上就已经是在让测量对象自己测量自己了。要保证考试结果的真实性，不仅命题人员应是利益无关方，监考和阅卷人员也应该是利益无关方。

2. 作为测量对象的自然人

语言测量的对象经常是自然的人。这时，通常把测量对象叫作受测（接受测量的人）、参试（参加考试者），英语叫 test-taker。如果是研究或者试（或实）验中的测量，那么，测量对象很可能叫被试或受试或参试，英语叫 subject 或 participant。

如果测量对象是自然人，那么，测量过程中就不得不尊重他们的基本权利，包括隐私权、人权、知情权、荣誉权等。如果测量对象是未成年人或弱势群体成员，还必须符合测量开展地的有关特殊法律法规，如要征得有关监护人的同意等。总之，社会测量必须合情、合理、合法、合伦理。例如，让一个 8 岁的小学生参加一项长达 2 小时的外语考试，这肯定是有问题的，是既不合情又不合理的。

一般情况下，测量实施之前应该考虑受测的知情权，测量实施过程中应该考虑受测的普遍人权，测量结果的使用要考虑受考的隐私权和荣誉权。如果允许，测量实施前要尽可能地告诉受测测量的目的和测量结果的用途。但是，如果告知后会影响测量结果的真实性和可靠性，那就要灵活处理。即使是这种情况，在项目结束后也要尽早告诉测量对象有关测量的真实目的或用途。对于重要考试，应该在考试之前告知考生哪些内容或信息也是需要考虑的。

制定考试纪律时，一定要考虑基本的权利。例如，有病考生怎么办？迟到考生怎么办？提前交卷是否可以？考试过程中考生生病怎么办？要上厕所怎么办？能不能吃东西？能不能喝水？等等。考试过程中如何维护考场纪律，处理包括作弊在内的紧急事件，且尽量不影响到其他考生，所有这些在制定考场纪律时都要考虑进去。

使用测量结果时，务必考虑受测的隐私权和荣誉权。不可以轻易公布学生的考试成绩，不可以随便根据考试结果给学生排名，也不可以把甲生的成绩随便告诉乙，更不可以让其他人无条件地使用测量结果。在绝大多数情况下，使用测量结果时需要抹去学生的个人信息，即通过该信息可以找到具体测量对象的信息。

3. 作为测量对象的法人或机构、班子

和其他社会测量一样，语言测量的对象很可能是法人，是组织、机构、单位部门或工作在某个单位部门的班子或人员团体。一般为了问责的测量，为了评价或验收专业的测量，其真正的测量对象是法人或者机构、组织或部门。尽管法人不是会生老病死的自然人，但它是由自然人作为代表的自然人集合体。

对于任何有利益冲突的测量结果的使用，都必须考虑测量的对象。而且，由于法人或组织机构或单位部门或班子人员团队的力量有时会非常强大，规划或设计测量时必须缜密，必须准备好预案，以便及时排除干扰，确保测量结果的真实性和可靠性，确保测量委托人的合法权益。

例如，表面上是测量学生的外语能力，但其真实目的是评价某项大型全国统考对外语教学效果的影响，或者分析某现行大纲的执行情况或可行性。这时，各种利益相关方就有可能设法干扰测量过程，使测量结果朝着对他们自己有利的方向偏离：有的希望虚假报喜，有的希望虚假报忧，只有广大的社会民众希望报实。显然，需要新政绩的现任和需要维护利益的往任就可能有不同的期望。为了确保测量结果的真实性，委托测量任务时务必考虑到这些可能的干扰，在解读测量结果时，也需要考虑这些因素。

作为法人，作为组织机构或利益集团的代表，在什么条件下才可以发表自己作为自然人的观点或成果，这是任何一个独立思考者不可能忽视的问题。一个身居某考试机构要职者发表的关于该项考试的结果，如果和一个独立学者的结果不一致，作为读者，我们有更多理由相信后者。

4. 作为测量对象的硬件或软件

语言测量的对象有些时候可能既不是自然人，也不是法人、组织或机构，而是一个物件或一套制度。这里把看得见摸得着的物件叫硬件，把看不见摸不着的制度叫软件。这种情况下，尽管物件或制度无血无肉无感情，但对有关部门或人员来说可能会有利益牵扯。规划或实施测量时也不得不考虑这些。

这里的关键问题是，与测量对象是人或机构部门相比，测量的对象是物件或制度时，所需要测量的量可能是根本不同的。前面已不止一次提到，对于评价大纲或课标的执行情况，需要测量的参数是每一个大纲或课标规定内容的掌握程度，这个程度需要用掌握者的百分比（即团体学生的答对率或传统的项目易度系数）来度量，而不是用个体学生对多个任务的平均或期望完成程度来度量。前者的测量对象是大纲或者课标，而后者的测量对象是学生。

而且，这还涉及测量费用的承担问题和测量结果的报告形式和结果的接受方问题。不能让学生为一项评价大纲或课标执行情况的考试而付费。相反，学生因参加这样的考试应该获得补偿金或纪念品。也不能不把这样的测量结果反馈给政府主管部门，反而把结果卖给参加考试的学生。而且，这样目的的考试，其结果还应该以大众易懂的方式报告给广大民众。

当然，对于有些物件或制度型测量对象，大家都希望测量结果真实，如测量语篇的可读性、语篇的词汇多样性、词汇的覆盖率、程序或网页的可运行性等。即使是这样的测量，如果涉及让人亲身体验并报告结果，也应该考虑因为利益而导致的结果失真问题。例如，有些人为了赚取补偿费而敷衍或多次重复参加测量。

二 测量的内容

测量的内容就是通过测量过程而确定其值的量，是人们在测量活动中所要捕获的"猎物"，英文叫 measurand（见 VIM 2.3），JJF1001-2011《通用计量术语及定义技术规范》中叫"被测量"。为了区分动词测量中的"量"与名词数量中的"量"，在本书的讨论中，在不引起误解的前提下使用了"标的量"。除了测量对象错综复杂以外，社会测量的内容也很复杂。有些内容是物理的、化学的、生物的，有些内容是经济的，有些是心理的。但无论怎么分类，本质上测量的内容或标的一定是量，而不是非量。为了方便讨论，这里拟从六个不同的角度来讨论语言测量的内容：语言量与非语言量、外展量与内强量、能力量与知识量、分项量与综合量、速度量与力度量、指标量与标的量。这些分类只是权宜的，而不是唯一的，更不是没有重叠的。下面的分类，是为了揭示语言测量中需要特别注意的问题。

1. 语言量与非语言量

由于人的智力和能力倾向等高级心理量经常通过语言来测量，经常会给一般人一种错觉：所测量的高级心理量就是语言量，高级心理能力就是语言能力。但是，根据现代生成语法理论（如 Chomsky，1965，1986）的表述，语言能力是人类的基本能力，是区分人和其他动物的根本属性，而不是区分人类个体之间差异的属性。这一语言观对于语言测量非常重要。它要求语言测量工作者必须区分两个能力：使用语言知识的能力与通过语言而展示出的其他能力。

有两个方面的启迪需要特别注意：一方面，不同年龄正常儿童团体之间的语言差异大而明显，相同年龄正常儿童团体成员之间的语言差异小而不明显；另一方面，正常人类个体在其他能力方面的差异会远大于他们在语言能力方面的差异。对于外语测量，一定年龄段（比如 1~15 岁）的本国人的语言能力是一个重要的参照系。对于外语学习而言，使用自然年龄不如使用学龄，即学习某门外语已经投入的时间。因为，同一门语言，作为母语被习得的顺序和作为外语或第二语言而被习得的顺序相当（见 Krashen，1981，1982）。

以上两个方面是判断语言量和非语言量的重要依据或标准。如果某个看似是语言考试的考试使相同相关语言学龄的学生之间表现出很大的差距，那么，这份考卷所考的很可能就不是语言能力，而是其他能力。特别是考生是学了多年外语的情况。

需要注意的是，很多时候，所谓语言测量，其所测量的真正内容并不是语言量，而是通过使用语言而表现出的其他心理量，特别是到了语言学习的高级阶段，如词汇能力、对文本的解读能力（Ebel，1951：243-245），特别是写作能力。但是，作为语言测量，测量的目标就应该是语言量，而不是其他量。如果是其他量，那么在测量的名称上就应该反映出来。

语言能力主要是基本的语音语调能力和语法能力。除此之外的所谓语言能力，实质上是词汇量、阅读能力、写作能力、翻译能力等。但它们已经不是严格意义上的语言量，而是文字推理能力量（verbal reasoning）、文字沟通能力量或知识的多少量。像SAT和GRE（一般）考的，就不是语言能力，而是文字推理能力。对于正常的人类成员而言，语言能力是一种轻而易举就能发展出来的普通沟通能力，而文字推理能力是一种付出巨大努力也未必就能学得到的特殊推理能力。作为语言量的母语言语沟通能力能区分一个人是不是正常的人，作为语言量的外语言语沟通能力能够区分一个人是外语使用者还是母语使用者，作为高级能力倾向（aptitude）的文字推理能力能衡量一个人是否受到了良好的教育。作为语言量的普通语言沟通能力，再好的外语学习者也不可能超过一般的母语使用者；作为辩论能力或阅读能力或写作能力的非普通语言沟通能力，外语学习者是完全可能超过母语使用者的。第二语言习得中的碎蛋难原效应（Hunmpty Dunmpty effect）、基辛格效应（Henry Kissinger Dunmpty effect）和康拉德效应（Conrad effect）说的就是这些问题。

区分普通的语言能力和非语言能力对于设计语言考试非常重要。如果需要测量的是语言量，那就要严格控制其他因素的影响。考题中所涉及的知识就要浅显，要人人都知道，考卷中设定的任务就要简单直接，而不是拐弯抹角。社会交际能力不是语言能力。

2. 外展量与内强量

根据量是否可以分部分测量，然后再把部分累加起来形成总体，可以把量分为外展量和内强量。这个分类是席仲恩（2005：89~90）引入外语测量的。

外展量就是像几何量那样具有外展性（extensiveness）的量。这种量的一个典型性质是量值越大，现象的外延边界就越宽阔。外展量一般都可以把总量分割成较小的部分，一部分一部分地测量。因此，外展量对于测量系统没有量程的要求。例如，在语言测量中，词汇量的大小、语法、发音等，根据测量目的，经常是可以用测量外展量的方法来测量的。就词汇量而言，可以先测最常用的第 1 组 100 个单词，再测第 2 组 100 个单词，再测第 3 组 100 个单词，以此类推，最后把各次的结果合起来就得到了总词汇量。

内强量就是那些潜伏着的像电压、水压、血压、电流、温度、阅读能力、听力之类的量。这类量的显著特点是，随着量的增大，并没有与之相应的外延扩展。这类量的测量，对测量系统的量程有严格的要求。如果测量工具的量程小于待测量的大小，那么，就无法确定待测量的值。所能得到的信息是，待测量的值大于某个具体的值（即测量工具的量程上限）。就像血压、水压不可以分几次一部分一部分地测量一样，阅读速度也不能第一次先测阅读能力的下三分之一，第二次测阅读能力的中三分之一，第三次测阅读能力的上三分之一，然后把三次测量结果加起来就得到总的阅读能力。因此，速度考试的题量要足够多，或者要测量完成每道题的时间。能力量的测量也要考虑这个问题，要让受测做到不能完成某些任务时为止。

对于外展量，要尽可能采用分部分测量的方法，因为这样做方便省事。试想，用一个 100 多米长的直尺去测量一个直线百米跑道的长度是多么不方便。同样，一次性测量一个人的词汇量或语法水平也不是好的方法。要测量某个课标的执行情况，一次性测量根本就没有可行性，除非这个课标只涉及极少的内容。

有些语言量既有外展性，也有内强性。这时，要尽量利用外展性的特点，既分块测量，也每次都不让全对现象出现。

3. 能力量与知识量

在日常语言中，能力和知识指两种不同的量。能力是所作所为的因或心理动力。没有一定的能力，就不会造成特定的结果。用严格的学术语言讲，并不存在所谓能力和知识之分。所谓能力，不过是内因知识或程序知识存在的指标，是内化了的内隐知识。这里的所谓知识，不过是学术语言中称作陈述性知识的外显知识。翻译成日常语言就是说：能力是内隐性的，而知识是外显性的。

这个区分对于语言测量具有实践意义。第一，测量能力时，大多数情况下要按内强量来考虑，要防止满分的出现，但测量知识时则最好按照外展量来处理。

第二，"嘴上"说得出的不等于"手上"做得出的。对于语言这种生物现象尤其如此。因为我们所说出的关于语言的知识并不就是我们使用语言时所用到的知识。用生成语法和心理语言学的语言讲就是，我们的陈述性语言知识缺乏心理真实性。而且，根据克拉申的习得理论，知识是不能转化为能力的（见Krashen，1985，1994）。

第三，知识量是定比量，而能力量很难按照定比或定距量来测量。例如，很容易测出一个人的词汇知识是另一个人的多少倍，但很难测出一个人的词汇能力是另一个人的多少倍。所以，能力量标一般极有可能是定序量标。要把能力测量的结果当作定距或定比量解释或使用时，一定要出示经验证据或理论依据。

第四，区分能力和知识对于制定课标或大纲以及开发试卷都有指导作用。能力课标和知识课标是完全不同的体系。能力课标是对在什么条件下能够做什么事的描述，而知识课标是关于要知道什么的描述。两者之间没有一一对应关系。也就是说，一方面，不同的人知道不同的知识完全可能有同样的能力做指定的事情；另一方面，不同的人学会同样的指定知识未必就有同样的能力做指定的事情。

4. 分项量与综合量

分项量就是关于某个单项技能或者能力或者知识的量，而综合量就是把多个单项综合起来的量。一个量，无论是分项的还是综合的，都必须有具体的经验证据和实践需求。量既不是分得越细越好，也不是综合的方面越多越好。一般情况下，分项量意思明确，使用起来灵活机动，而综合量意思含糊，较难根据需要灵活使用。因此建议，在报告语言考试的结果时，可以只报告分项分数，但不能只报告一个总分；即使要报告综合分数信息，也不能不报告分项分数的信息。

分项分适合对能力或知识从多个维度进行描写，而综合分几乎没有多少描述功能，而只有一定的总体或笼统评价功能。报告单项分的优点是，不同的分数使用者可以根据自己的实际情况，按照不同的分项权重合成总分，甚至直接根据分项分决策。从第五章所讨论的语言量标中可以看出，国外大规模考试机构对量标的描述主要是对分项量标的描述，而不是对总分量标的描述，特别是 CEFR、ILR 和 ACTFL。即使托福高考，对于总分量标的描述也主要停留在对百分点位的说明上。

　　总的来说，总分对于竞争性的排序（竞技运动中的多项全能比赛）是有用的，但对于诊断或安置并不能提供多少信息。换句话说，对于评比、竞赛活动，总分有其价值，但对于成绩测量和检验，总分并没有多大价值。在语言测量中，要特别谨慎使用总分，而应该创造性地使用分项分。

5. 速度量与力度量

　　在包括语言测量在内的教育测量中，经常把速度和力度这两个不同的量混淆。例如，CET 考试就曾经把快速阅读和深度理解阅读放在同一个试卷里面考，用做对题目的个数既度量阅读速度也度量阅读力度，并把两个不同类型题目的做对个数简单相加；用传统的分半路线计算信度系数等。就语言技能而言，速度和力度是两个很不相同的量，需要用不同的方式来度量，也要对结果赋予不同的意思。

　　速度可以用规定时间内做对的题目个数来度量，但前提是每个题目的耗时都一样。速度也可以用做完题目所用的总时间来度量，但前提是每个人把每个题目都能做对，把全部题目都能做完。速度还可以用平均做对一个题目所用的时间来度量，前提是每个人都能把每个题目做对，而且，做对每个题目的期望时间为已知。只要与跑步比赛做个类比，前两种情况的意思就显而易见，而且用传统的纸笔模式就可以实施。而第三种方式只能通过计算机或专门的考试机器才能实施。

　　力度就不能用时间来度量，也不能用做对题目的个数来度量，而应该用做对题目的难度期望来度量，或者，用做对指定难度题目的概率或期望或可能性来度量。这就是现代项目反应理论的计量学基础。可见，把做对题目的个数加起来作为力度考试成绩的做法，在理论上是讲不通的。这种计算分数的过程并不是计量程序，而是计量的简便做法。真正的计量模型或程序是，做对题目的个数除以做过题目的个数再乘以100，如果每个题目的难度都一样。关于力度考试分数在一般情况下的计量，请参见席仲恩（2006：166~173）。

6. 指标量与标的量

在教育测量中经常把指标量叫观测（察）量，把标的量叫潜伏量，并据此就说教育测量是间接测量。严格说来，这种对间接测量的定义是和其他成熟科学中的定义不一致的，是很容易引起混乱的。为了和其他科学一致，本书采用了指标量和标的量，而放弃用教育测量中的常规称谓。例如，温度、血压、电压、电流等这些量都是潜伏的，但只要通过仪器观察到的直接就是所测温度、血压、电压、电流等的值，那么这种测量就是直接测量，而不是间接测量。

指标量与标的量是有关系的，但不是在所有情况下都相同的。例如一般温度计的标的量是温度，而指标量是汞柱的高度。在测量系统中，指标量一般只起示值的作用。至于如何通过指标量来把标的量的值显示出来，这是测量系统设计或制造的核心技术。对于一般的选择型语言测量任务，题目的难度参数就起示值的作用。如何通过选择的结果以及每个项目的难度参数导出语言测量的结果——分数，这是教育计量学的中心任务，也是教育测量一百多年来一直没有解决好的问题。

像作文和口语之类的作答型题目之所以被叫作主观性题目，就是因为这种题目所测量的量的指标，是受环境影响很大的人心。测量中所观察到的通常只是标，而不是标的量，和标的量有什么关系，这都是需要根据具体问题而具体解决的计量问题。

第二节　测量方法

测量方法就是获得标的量的值时的条件和操作过程，主要包括测量的环境、探测刺激与反应结果、对反应结果中信息的提取以及信息量化的原理。本节讨论的测量主要是针对大规模的标准化考试和以科学研究为目的的语言测量。

一　测量的环境

高风险甚至中风险考试和以学术研究为目的的语言测量，对环境有严格的要求。以标准化考试为例，对测量环境的要求就是对考场和考场纪律的要求。

1. 考场要求

大型标准化考试对考场一般有严格的要求。除了要求考场整洁卫生之外，还要求考场最多只能坐多少人以免考生之间相互干扰，灯光必须满足一定的亮度以保证考生的读写，考试期间考场必须足够安静以保证考生的正常答题，座位的高低要适度以免影响考生的答题速度和质量，桌面的空间要足够大以便放置考卷并能让考生舒适答卷，环境温度要在一定的范围之内以免引起考生的不适反应，要有适当的时间显示以便考生掌握答题节奏，不能有极端图案或色彩以免分散考生的注意力。

考场的要求一般是最低要求或最基本的要求，并不可能要求所有的考场都绝对整齐划一，而是保障考生的正常发挥，使考试结果可比。

学校考场常见的第一个问题是，把一个大教室当作几个考场来用。严格地说这是不允许的。假定一个标准考场的人数是30人，那么，把两个考场放进一个教室，实际上就等于一个考场60个人。考试过程中，60个人之间的干扰会显著大于30个人。例如考试过程中有人生病、上厕所、咳嗽、打喷嚏等。

学校考场常见的第二个问题是，忘记关掉之前设定好的上下课铃声。如果铃声在听力考试期间响起，就会严重干扰考生的答题。

学校考场常见的第三个问题是，在教室前面的黑板上写一些有关考试纪律和考试过程的信息。这些信息是在考生报名的时候就该告诉他们的。临场告知既有推卸责任之嫌，也有侵犯考生的知情权之疑。

2. 考场纪律

考场纪律是任何人在考场之中遵守的规矩，一般包括正式考试之前的纪律、正式考试之中的纪律，以及答题结束之后的纪律。这些纪律对考生、监考、巡考既有共同要求，也有差异要求。但目的都是保证考试的正常进行，保证考试结果的可比性，最终保障考试对考生的公平合理。这里提到的都是考试的常识，也是考场的基本纪律。一般不能在考试开始前宣读考场纪律，而应该在报名考试之时就把考场纪律告诉考生，以便他们事先有所准备。

考前纪律。考生和监考要在规定的时间范围内进入考场。一般要求考生在考试正式开始前提前一定的时间进入考场，过了这个时间点就不能进入标准考场，以免影响其他考生进入考试状态，但可以进入备用考场。一旦进入考场，任何人都不得大声喧哗，都不得做与考试无关的事情，包括给亲友打电话，以免影响其他考生进入考试状态。进入考场后，考生要按照监考的指令完成考前准备任务，不清楚之处要及时询问。考试正式开始后一般不许提问，以免影响其他考生答题。传染病或流行病患者不得进入考场，患者有可能干扰他人（包括考生和监考）。

考中纪律。考试开始之后，一般情况下，任何人（包括监考、巡考、后勤、考生）不得进出考场，任何人（包括监考）不得干扰其他考生答题。如有可能多次或较长时间干扰其他考生答题（咳嗽或打喷嚏），任何人（包括监考和考生）都应及时离开考场。除不可抗拒的自然或生理因素外，任何人不得进出考场。考生不得作弊，包括看他人的答案或把自己的答案让他人看。监考人员不得在考中处理考试作弊，以免影响他人答题。如遇考试异常行为，监考人员应记录在案，上报考试中心，由中心酌情处理。整个考试过程中，监考人员要面带微笑，表情要严肃而不严厉。

考后纪律。答题时间结束之后，考生不得继续答题，不得和他人讨论考试情况，不得大声喧哗，不得拨打电话，不得在考场内随意走动，不得提前擅自离开考场，不得擅自把考试材料带离考场。在监考发出离开考场指令后，要及时有序地离开考场。

常见的考场纪律问题。考前考生不能及时入场或对考前入场的时间余量留得不够，未能有效防止迟入场者对其他考生的干扰；允许患病考生入场，考中干扰其他考生；考前大声喧哗，影响他人进入考试状态。考中巡考进入考场，干扰考生答题；

监考人员频繁走动或窥视考生答卷，干扰考生答卷；考中处理作弊，干扰其他考生答题。考后大声喧哗，干扰监考工作。

二 探测刺激与反应结果

语言测量通常都要给测量标的量的承载者（如考生）在特定的条件下发出一定的刺激，然后记录并收集他们对这些刺激的反应结果。这个过程的核心就是在特定的条件下发出刺激，保证测量对象收到刺激，并按照要求对刺激做出反应。这个过程的根本保障就是纪律和程序。

1. 纪律

关于纪律，前面已经以大规模考试为例，以考场纪律的形式做了讨论，这里不再重复。

2. 程序

关于程序，我们继续以大型的标准化考试为例讨论。

大型标准化考试要有统一的监考程序，一般包括什么时间发考试材料，什么时间开始或结束指定部分的答题，什么时间收答题卡、答卷或其他考试材料。监考程序中的时间可以用时间点来规定，也可以用时间长度来规定。两种方式各有利弊。

以时间点为参考有利于不同考场的监考统一步调，但不利于对特殊情况或紧急情况的处理，不够人性化。以时间长度为参考则正好相反：有利于对特殊情况或紧急情况的处理，比较人性化，但不利于不同考场监考之间统一步调。一般情况下，考试主办方的服务意识越强，所设计的监考程序就越人性化；考试主办方的权力越大，权威意识越强，所设计的监考程序就越简单划一。

考试结束后，要按照规定把答卷和考题收集起来，并整理封装后安全地送至指定地点。

三 提取反应结果中的信息

对于典型的教育测量而言，这个从反应结果中提取有用信息的过程就是阅卷。一般分为客观题阅卷和主观题阅卷。

1. 客观题阅卷

对于择答型和固定答案的作答型试题，阅卷都可以或者已经实现了自动化，可讨论的问题不是很多。但是，即使是读卡机阅卷，也可能出现错误。而其一旦出错，就是大错。因此，最好让机器阅卷两次，这样就会把出错的概率几乎降低为 0。如果读卡机阅卷出错的概率是 $1/1000$，那么，同一张卡两次都出错的概率就是 $1/1000000$。这就是说，如果一张卡两次阅出的成绩不一样，那就几乎可以肯定这张卡的成绩有错误；相反，如果一张卡两次阅出的成绩一样，那也同样几乎可以肯定这张卡的成绩没有错误。这只是一个假设，现代的阅卷机出错的概率会更小。但无论如何都不能认为机器是不会出错的，而任何机器都是会出错的。下面着重讨论主观题的人工评分问题。

2. 主观题阅卷

主观题的评阅比较复杂，一般包括评分标准的制定、评分人员的培训、评分过程的监控、评分方式的确定以及评分结果的调整。

评分标准的制定。

对于主观题，评分标准对成绩造成的影响，可能会远大于考题本身的影响。对于主观题，与其说题目是测量工具，还不如说评分标准是测量工具。因此，考题是不是考了欲考的内容，那要看评分标准是不是关于测量内容的。如果评分标准不是关于测量内容的标准，那再好的主观考题也会失去意义。那么，应该如何评价一个评分标准呢？要从定性和定量两个方面来评价。

定性上，可以分析评分标准的描述是不是关于测量内容的，用词是不是明晰，是不是具有可操作性。到底如何，还得用定量分析的结果来回答。

定量上，传统的信度系数是无效的，最少是无法直接应用的。概化理论中的概化系数和依存指数也都不是用来衡量评分标准的质的。测量精密度（measurement precision）才是评分标准的质量量度（见 VIM 2.15，2.20~2.24），要从可重复性（repeatability）和可重现性（reproducibility）两个方面评价。既可以用精密度来逐条评价评分标准，也可以用总分来综合或笼统评价评分标准。从统计学上讲，精密度要么是标准差，要么是变异系数。标准差的单位和分数的单位相同，是绝对精密度，而变异系数等于标准差除以平均分数，因此单位是"1"，是相对精密度，解释时要特别注意，不是单位是"1"的所有量都是同一个单位，也不是单位是"1"就没有单位。

需要特别指出的是，计算测量精密度时所用的评分人员，应该是久经考验的资深评分人员，而不能是一般的刚获得上岗证书的评分人员，更不能是未经培训的新手。原因是，如果用的是一般评分人员，就很难确定到底是评分人员的问题，还是评分标准的问题。为了发现评分标准中的潜在问题，显然要用资深评分人员。

要把评分标准的精密度记录在案、归档保存，并写入分数使用指南之中，以便第三方对评分标准质量进行必要的监督。

评分人员的培训。

对于主观题，评分人员至少和评分标准一样重要，而通常能够称为重要，这其中的缘由也不难看出。如果说再好的主观题也要通过评分标准来实现其测量内容的话，那么，再好的主观题评分标准，也要通过评分人员来有效地使用它，以最终把测量内容落到实处。

和评分标准一样，我们也要借助测量精密度来最终判定每个评分人员是否达到了预先设定的培训标准。在培训评分人员时，应该用成熟的高质量的评分标准，最好使用多个成熟的评分标准。此外，在培训评分人员时，要特别注意可重复性和可重现性这两个条件。把同一份答题放在评阅了不同的其他答题之后来评阅，这已经是可重现性问题了，因为前面评阅过的试卷会影响其后试卷的评阅结果。

评分过程的监控。

即使有了高质量的评分标准和足够数量的合格评分人员，还要对评分过程科学监控。因为人是会疲劳的，是不能独立评判试卷的，人的评分结果是会受到身体状态和前后试卷影响的。因此，就要通过对评分过程的科学监控，来实现评分结果的前后一致。

监控可以是专家监控，可以是评分人员的自我监控，也可以同时使用这两种监控方式，但最好不要实行评分人员之间的相互监控。监控的关键是评价标准要科学合理。例如，根据主观题得分和客观题得分之间的相关系数来评价主观题的评分质量，显然是没有科学依据的，是不科学、不合理，甚至显然是错误的。

注意，监控的主要目的是提醒，提醒评分人员该适当休息了，该调整身体状态了，这样才能更前后一致地评阅。要进一步提高评分质量，应该靠平行评阅的次数和对个人评分结果的校正。在其他条件相同的情况下，监控评分人员对分数质量的贡献，不如改变计量方式对分数质量的贡献大。不要用两个人之间的评分差作为监控的标准。因为两个人对同一份试卷的评分差距小不一定就好，差距大也不一定就不好。只要是评分人员严格按照评分标准评出的就都是好分数。

评分方式的改变。

人工测量，实质上就是用人脑这把资源非常有限的生物尺子，借助其他的外部物理或生化尺子，来完成对量的值的确定。说人脑资源有限的意思是，人的工作记忆的容量这个相当于计算机内存的东西是非常小的，而且是扩大不了的。米勒定律告诉我们，人脑工作记忆的容量是 7 ± 2 个组块（Miller，1956）。尽管后来这个结果略有修订，但对这里的讨论没有实际价值。对于主观题的人工评分，米勒定律告诉人们：无论评分标准制定得怎么细致全面、怎么具体可操作，评分人员的意识里面都不可能同时装进 5 个以上单位的评分标准信息，而且超过 3 个以上单位的评分标准信息就很难评分了，因为阅读理解考生的答卷和使用评分标准还需要大脑的内存。

尽管当时米勒定律还没有提出，但信度系数创始人（Spearman）已经发现了问题，并建议用排序法予以解决。现在大家熟悉的秩次相关系数就是排序法评分的副产品。可惜的是，后来大家只关注副产品，而抛弃了主产品。

一次到位排序法。

就是把一组待评的作品按照优劣顺序一字排开，最好（前面）的给1分，第二好的给2分，以此类推。这种评分方法不是把答题和评分标准比较，而是按照自己对评分标准的大致精神评分，把两个不同的作品或回答进行比较。不难发现，在这种方式的评分过程中，评分标准已经几乎失去了作用。那么评分标准的作用在什么地方？在分数的报道和解释之中。

这种一次性排序的方法有两个明显的局限。一是全部纳入排序的作品不能太多，超过五六十份后就很难操作，因为第一份答题的位置只有在和其他所有答题两两比较之后才能确定。二是排序的速度太慢。即使很幸运，第一份答题的位置确定在最中间，那第二份答题也要和约二分之一的答题两两比较之后才能确定位置，其余类推。

筛拣法。

一次到位排序法低效的原因是，每次拿到一份答题后要和多个答题比较，其中产生了很多重复劳动。筛拣法就能解决这种既重复劳动又不能对很多答题排序的问题。筛拣法实际就是多次到位排序法或多阶段排序法，每一个阶段所选定的参考标准，就成为此阶段比较中固定下来的一组的代表。这个参考标准就像一个筛子一样，把所有和自己明显不一样的都筛出去，和自己一样的或差不多一样的留下来。

第一阶段，先任意选定一个答题（最好是根据经验选一个中等位置的）作为标准，然后把全部答题都与它比较。把比较结果分成三大组：一组是比标准明显好的，一组是比标准明显差的，一组是和标准差不多的。

第二阶段，在明显好的一组和明显差的一组任选一个标准，把这两大组分别分成三组：一组比标准明显好，一组比标准明显差，一组和标准差不多。第二阶段后就得到了 7 个组，其中 3 个组已经固定下来，4 个组尚未固定。

第三阶段采用相同的做法，把 4 个未固定的组进一步分成 12 个组，其中 4 个固定组、8 个未固定组。至此，已经得到 7 个固定组、8 个未固定组，共计 15 个组。

第四阶段采用相同的做法，把 8 个未固定的组进一步分成 24 个组，其中 8 个固定组、16 个未固定组。至此，已经得到 15 个固定组、16 个未固定组，共计 31 个组。

第五阶段采用相同的做法，把 16 个未固定的组进一步分成 48 个组，其中 16 个固定组、32 个未固定组。至此，已经得到 31 个固定组、32 个未固定组，共计 63 个组。

一般地，经过 n 个阶段的筛拣后就会得到 $2^{n+1}-1$ 组，其中 2^n-1 组是固定下来的组团，2^n 组有待进一步筛拣。经过 10 个阶段的筛拣，就可以选出 1023 个组团固定下来，还有 1024 个组团供进一步筛拣。对于一般的区分目的，6 个阶段的筛拣就能得到 127 个组团，就足够了。在网上阅卷管理软件很成熟的今天，这种评阅主观试题的方法简单、易行、高效，值得推广。

评分结果的调整。如果跟踪统计发现，有些评卷人员习惯打高分，有些评卷员习惯打低分，只要他们前后一致，就可以通过跟专家组结果建立联系的方法，求出这类评卷员的调整常数或系数或常数加系数，对他们各自的评分结果最后做统一调整。当然，如果采用了筛拣法，这种调整的必要性也就不存在了，那传统的专家组抽检也失去了意义。专家团队所要做的重要工作，就是建立评分标准与分组结果之间的对应关系。这种关系就是分数与能力或知识之间的关系。缺乏这个关系，分数的解释就非常受限。具体而言就是，分数只能用来排序。

四　信息量化原理

试卷评阅的最终目标就是把从反应结果中所提取的有关信息加以量化。量化并不是随意的，而是要明确根据一定的原理或模型的，而且也要公开所根据的原理和模型，以充分发挥测量结果的用处。一般情况下，客观题和主观题所需要公开的信息不尽一致。

1. 客观题量化原理或模型

对于能够有标准答案的客观题，在报告测量结果的同时，还应该以适当方式提供分数得出的原理、模型以及独立刺激单位的数量，不然就会妨碍对测量的有效监督，限制对测量结果的有效利用。例如，如果一套试卷中的听力理解由 5 段短对话、2 段长对话以及 2 段单人讲话构成，那么，该考试听力项的测量模型就是：听力分数 = A 短对话分数 + B 长对话分数 + C 讲话分数。其中 A、B、C 对话分别代表短对话、长对话、讲话在听力分数中的权重。

从计量学角度讲，权重和题目的个数是两个不同的概念，尽管在实践中，权重往往以题目个数的形式出现。这种情况下，题目的个数恰好与权重一样。还以听力为例。听力共 35 道多项选择题，其中短对话 10 道、长对话 12 道、段落 13 道。当短对话听力的权重是 10、长对话的权重是 12、段落的权重是 13 时，各部分的权重就和题目个数一致。如果这时每道题目的应得分数都是 1 分，那么，做对题目的总个数，或者三个部分每个部分做对的题目数之代数和就是听力分数。但必须认识到，这种方法只是计算分数的简便方法，而不是分数模型。

真正的分数模型是，听力 = 10 短对话+12 长对话+13 段落，其中短对话 = （短对话 1+短对话 2+…+短对话 5）/5，长对话 = （长对话 1+长对话 2）/2，段落 = （段落 1+段落 2）/2；短对话 1 = 做对该对话的题目数/该对话的题目总数，……，短对话 5 = 做对该对话的题目数/该对话的题目总数；长对话 1 = 做对该对话的题目数/该对话题目的总数，长对话 2 = 做对该对话的题目数/该对话的题目总数；段落 1 = 做对该段的题目数/该段的题目总数，段落 2 = 做对该段的题目数/该段题目的总数。

分数模型也就是分数的量标。显然，以上例子所讲的听力量标，是一个最低分是 0 分、最高分是 35 分的量标。如果转换成最低分是 0 分、最高分是 1 分的量标（概化理论模型用的就是这个量标），那么，例子中的权重就分别变成了 10/35、12/35、13/35，简便算法也变成了"做对题目的总数除以 35"。

尽管上述过程有些繁琐，但是它才是严格计量学意义上的分数导出过程。作为测量工作者也必须这样来理解分数的得出过程。像语言能力这样的心理量的隐蔽性和抽象性，不了解分数得出的依据或模型，很难真正理解分数的意义，而了解分数意义是正确有效使用分数的前提，也是监督和预防分数误用或滥用的基础。如果意识不到上述简单听力测量的分数得出过程，那么，在计算信度系数或测量结果的不确定度时，十有八九会犯错误。因为这些公式都是以对话或段落为单位的，而不是以题目为单位的。但是，一般的教育测量或心理测验教材中并没有特别提醒这一点。计量学家在说测量的长度时，指的并不是试卷中题目个数的多少或测量耗时多长，而是独立刺激单位的多少或重复测量次数的多少。上述例子中的对话数量和段落数量才是独立的刺激单位，才是测量长度的正确量度。

科学研究的灵魂是重复性或复现性的，提供量化原理或分数模型是学术共同体检验复现性的必要条件。试想，同行都不知道你的量化结果是怎么来的，那他们怎么能够验证你的结果呢？一个未经严格验证过的结果谁敢信、谁敢用呢？

为了说明分数模型或计分原理的重要性，这里举个真实的例子。2004 年《考试研究》上发表了一篇关于上海市高考英语测量误差的文章（雷新勇，2004）。这项研究得出，上海市英语高考的测量不确定度（文章中用的是"误差"）"小"到了小数点后。这个结论显然是错误的。出错的根源就是搞错了上海高考的算分模型和概化理论中的算分模型完全不同。在概化理论模型中，满分是 1 分，平均分是零点几分。因此，得出测量不确定度在小数点后就不奇怪了，因为平均分才零点几分。如果要放到上海市高考的分科量标上，那就得扩大 150 倍；放到总分量标上，那还得扩大 750 倍。可见，不知道分数的得出模型，即使犯了这样巨大的错误也有可能发现不了。

对客观性试题还应该提供独立刺激单位的数量。这个数值减去 1 或 2，就是估计某个参数的自由度，直接与测量结果的精度解读有关。这里的独立指的是试验独立或抽样独立，而不是相关系数值为零。例如，一段阅读文章或听力材料，无论其后有几道题目，都只能算作一个独立刺激单位，而不是一段文章后跟 2 个问题就算 2 个独立刺激单位，5 个问题就算 5 个独立刺激单位。无论是使用现代项目反应模型，还是用经典理论模型，由于刺激单位问题造成的错误，恐怕是迄今为止最多的错误，也许是普遍错误。

2. 主观题的量化原理或模型

对于主观题，在报告测量结果时，除了提供分数和由分数得出的原理、模型以及独立刺激单位的数量外，还要给出重复独立评分的次数。这个次数的用途和意义与独立刺激单位个数的用途和意义一样。此外，还要提供是分项评分还是整体评分的信息。如果是在分项评分的基础上算出总分，那么总分的计算公式就是分数模型的内容，因此，也需要以适当形式把模型信息提供给潜在的结果使用者。

第三节　测量结果

测量结果指的是如何以汇总的形式把测量过程中所测量到的关于标的量的信息表示出来，从而使有关人员能够有效地使用这些信息。规范测量结果的表示是一个漫长而需要多方面积极努力的过程。在科学技术界，随着 1993 年《GUM 指南》（*Guide to the Expression of Uncertainty in Measurement*）由 ISO（国际标准化组织）正式出版发行，世界范围内初步有了一个共同的指导性文献，该文献已于 1995 年修订。《GUM 指南》虽然由 ISO 出版发行，但以国际计量局（BIPM）、国际电工委员会（IEC）、国际临床化学联合会（IFCC）、国际理论化学与应用化学联合会（IUPAC）、国际理论物理与应用物理联合会（IUPAP）、国际法制计量组织（OIML）这六个国际组织为名义，因此，它的权威性显而易见。遗憾的是，在包括语言测量在内的教育测量和心理测验界并没有引起应有的注意。本节的讨论就以《GUM 指南》和 VIM 术语为参照。对《GUM 指南》感兴趣的读者，可以参考全国计量技术规范 JJF 1059.1-2012《测量不确定度评定与表示》和国家质量技术监督局计量司（2000）组编的《测量不确定度评定与表示指南》。对 VIM 术语感兴趣的读者，可以参考全国计量技术规范 JJF 1001-2011《通用计量术语及定义技术规范》。

一 测量结果的核心内容

测量结果。在讨论测量结果之前，我们先来定义测量结果。根据 VIM 2.9，测量结果是赋予测量标的量的一组量值以及其他可获得的有关信息；测量结果一般都包含关于这组量值的"有关信息"，这样就能知道有些量值比其他量值更能代表测量的标的量；测量结果一般用一个测得量值和一个不确定度来表示，如果测量不确定度对于使用目的而言可以忽略，那么，测量结果就只用一个测得量值表示。在英语中，测量结果用 measurement result 或 result of measurement 表述。在汉语中，根据语法的需要，可以用"测量结果"或"测量的结果"。在语言测量中，测量结果可能是听、说、读、写、译单个技能项的原始分及其"信度信息"，也可能是单个技能项的量标分及其"信度信息"，也可能是多个技能项合成的总原始分或总量标分及其"信度信息"。如果不提供"信度信息"，那么"信度信息"必须相对于使用而言可以忽略不计。

测量结果不总是测得量值。从上述定义中可以看出，测量结果不一定总是测得量值（measured quantity value）。具体而言，对于测量不确定度可以忽略不计的情况，测得量值一般就是测量结果；对于测量不确定度不能忽略不计的情况，测得量值一般不是测量结果。对于第二种情况，一组测得量值的平均值或中位值及其不确定度值，一般才表示测量结果。

测得量值。根据 VIM 2.19，测得量值就是代表一次测量结果的量值。在英语中，VIM 2.19 建议用 measured quantity value 或 measured value of a quantity 或 measured value 表述测得量值。但是，《GUM 指南》中用的却是 result of measurement［测量结果］和 estimate of the value of the measurand［标的量的值的估计］或 estimate of the measurand［标的量的估计］。在汉语中，根据语法的需要，可以用"测得量值"或"测量得到的量值"或"测得值"等，之前常用"观测值"（observed value）。在重复性测量中，每一次测量的示值就是这次测量的对应测得值。多次重复后就得到一组测得值。可以用这组测得值计算出一个最终的测得量值（resulting measured quantity value），如均值或中位值。通常，最终测得值的测量不确定度会更低。

在语言测量中，测得量值可能是听、说、读、写、译单个技能项中每个子题目的原始分，也可能是说、写、译人工评分中一个评分员的一次评分结果。而且，如果是整体评分，测得值就是一个评分员的一次整体评分结果；如果是分项评分，那么测得值就是一个评分员在一个分项上的一次评分结果。

下面，就分两种情况谈测量结果的核心内容。一种情况是关于测量内容有明确的定义，另一种情况是关于测量内容没有明确的定义。

测量内容有明确定义的基本标志是，关于这个量，如果把它放在定比或定距尺度上度量的话，人们就已经有了一个公认的单位；如果把它放在定序尺度上度量的话，人们就已经有了一套公认的参考系统。如果不满足这个条件，关于这项测量内容，人们就还没有给出明确的定义。

对于有明确定义的量，其测量结果的核心内容包括测量的原理或模型、测量进行的物理条件、测量结果的不确定度。对于尚无明确定义的量，其测量结果的核心内容除了测量的原理或模型、测量进行的物理条件以及测量结果的不确定度外，还有关于测量结果实质性意义的解释。在包括语言测量在内的社会测量中，很多所测量的量都没有明确的定义，因此在报告测量结果时，不能缺少关于实质性意义的支撑材料。因为缺少了这些具体的支撑材料，其他人就无法理解测量结果，更不要说使用了。

测量结果的呈献可分两种使用情况，从两种测量视角来讨论。两种测量视角是，同行间有约定标准计量过程的测量，同行间没有约定标准计量过程的测量；两种使用情况是，精度决策或科学研究使用，非精度决策或实践工作中的决策。但无论是什么使用情况，测量结果都应该表示得可用、有用。无论怎么说，一项结果表示不可使用的测量都是无效的测量。

二 为精度决策者表示测量结果

精度决策并不是说对决策的精密度有多么高的要求，而是指决策时必须明确决策或所下结论的错误情况。任何的测量结果都是有不确定性的。如果该不确定性会影响决策结果，那么，根据这样的结果决策时就必须考虑它的不确定性。用语言测试工作者熟悉的语言讲就是，得把信度或标准误考虑进去。对于精度决策，大规模标准化考试的结果最好在两个分标上报告，如成绩和能力、成绩和百分位。因为，在能力和百分位这两个典型的定序量标上是无法提供"信度"信息的。

1. 有约定标准过程的测量

如果同行或业界对测量过程有明确的约定，而且测量过程足够简单，从而使大家肯定同行就是如此做的，那么，报告测量结果时，就没有必要提供有关测量条件和测量模型的信息，而只需要提供标的量的全部测得值的分布信息、估计值、与该估计值相伴随的不确定度、不确定的估计类型（A 类或 B 类）以及与该不确定度伴随的自由度，或者提供标的量的全部测得值的分布信息、估计值、与该估计值相伴随的扩展不确定度（包括估计类型）及其置信度。因为对于这种情况，测量的条件和测量模型、测量所根据的原理等即使不交代同行也知道，所以没有报告的必要。

但是，在语言测量界，这种情况根本就没有，因为到目前为止，语言测试界还没有任何类似的约定。所以，在报告分数时就应该说明分数的导出过程和模型。不然，考试结果（分数）就无法用来做精度决策，包括学术研究。例如，大型的标准参照考试之后，要根据专家决定好的分界分（及格线）来判断一个考生是否达标。如果事先决定，能有 40% 以上的概率达标就认定为达标，那么，此项决策就是一个单侧的假设检验（一般

是 t 检验）。要完成这项 t 检验，除了及格线和考生的成绩外，还需要与该成绩伴随的不确定度及其自由度。

2. 无约定标准过程的测量

对于教育测量和心理测验这种没有约定标准过程的测量，如果结果和方法分开呈献，那么，报告测量结果时，除了有约定标准过程测量所提供的信息外，还要提供测量的有关条件和测量的模型信息。因为在这种情况下，如果不具体交代测量的条件和测量模型、测量所根据的原理等，同行是无法知道的，所以必须报告。

还以上面虚构的听力测量为例。听力＝10 短对话＋12 长对话＋13 段落，其中短对话＝（短对话 1＋短对话 2＋…＋短对话 5）/5，长对话＝（长对话 1＋长对话 2）/2，段落＝（段落 1＋段落 2）/2；短对话 1＝做对该对话的题目数/该对话的题目总数，……，短对话 5＝做对该对话的题目数/该对话的题目总数；长对话 1＝做对该对话的题目数/该对话题目的总数，长对话 2＝做对该对话的题目数/该对话的题目总数；段落 1＝做对该段的题目数/该段的题目总数，段落 2＝做对该段的题目数/该段题目的总数。以上的测量模型信息不仅对于理解听力分数很重要，而且对于理解和审查测量结果的不确定度也必不可少。假定某考生在短对话、长对话、段落上的得分分别是 8/10、8/12、6/13，各部分以方差表示的不确定度分别为 u_1^2、u_2^2、u_3^2，各部分的自由度分别是 $5-1=4$、$2-1=1$、$2-1=1$，那么，该生的听力分数就应该是，听力＝$10×8/10+12×8/12+13×6/13=22$，而该生听力总分的不确定度则是，$u_{听力}^2=10^2u_1^2+12^2u_2^2+13^2u_3^2$，总分不确定度的有效自由度则是 $\nu_{eff} = u_{听力}{}^4 /$ （$10^4 u_1{}^4/4 + 12^4 u_2{}^4/1$ $+ 13^4 u_3{}^4/1$），ν_{eff} 只取整数部分的值。这里听力总分的不确定度叫合成不确定度。关于合成不确定度的计算，请参见国家质量技术监督局计量司（2000：45）；关于合成不确定度的有效自由度的计算，请参见国家质量技术监督局计量司（2000：51）。

以上过程看似繁琐，但是如果缺少或让使用者推导不出这些信息，一个严肃的科学工作者或精度决策人员是不敢使用 22 分这个简单的测量结果的。

当然，也不是说对于每个考生的测量结果都这样表述，实践中用一个通式就可以了。这里的例子中用了假想的具体结果，仅仅是为了表述的方便。也不是说，对于大型的标准化考试，考试中心在每一个人的分数报告单上都要提供这么详细的信息。实践中，除了分数以及与分数伴随的不确定度、自由度和有效自由度外，其他信息可以在专门的分数解释指南或辅助材料中提供。对于以科学研究为直接目的的测量，关于测量模型和条件的信息应该在研究方法或研究设计部分提供，而其他信息则要在结果部分提供。在第七章（测量结果不确定度的估计和应用）中就会看到，缺乏了测量模型、测量结果不确定度、不确定度的自由度，测量结果为什么无法用来进行精度决策或解释。

三 为实践决策者表示测量结果

大型的标准化考试一般是为实践决策服务的，而不是为特定的科学研究项目采集数据的。换个角度讲，为实践决策而进行的测量的常规形式就是大型的标准化教育考试。常见的实践决策包括升学或选拔、人员聘用或工作安排、颁发证书、教育教学评价或诊断、达标或分班安置等。大型标准化考试的结果可以在一个分标上报告，也可以在两个分标上报告。

1. 测量基本单位的大小

无论采用哪种方式，测量的基本单位或等级之间的距离必须足够大，或者量表的分数"刻度"要足够粗糙，从而能够防止对测量结果的过度解释，即对测量结果做一些不应该的过分细小的区分。到底应该多粗糙，我建议以最宽的置信区间为单位（即用最大的不确定度计算出来的置信区间），细一些的可以用最宽的50%的置信区间，最粗糙的可以用95%的置信区间。具体做法是，用最大可能量表分（即满分）除以置信区间的宽度，取所得商的整数部分加1作为量表分的刻度数量。这里的最宽的置信区间就是刻度之间的"差别"。当然，根据不同的决策要求可以选择不同的置信度。但基本原理是：置信度越高，量表的刻度越疏；置信度越低，量表的刻度越密；量表的刻度越密，过度解释的可能性就越大；量表的刻度越疏，过度解释的可能性就越小。

这个最大的不确定度可以根据理论计算。在自适应考试中，如果用的是现代项目反应理论，该不确定度就是设定的终止考试的不确定度值，或与该不确定度对应的信息量。

举个例子说明如何来做。有一项语言考试的满分是100分（即100个独立的刺激单位，每个单位的权重都是1），最大可能的测量标准不确定度是5分，测量的分数估计呈t分布。那么，如果以50%置信区间为单位，刻度之间的差距就是$5 \times 2 \times 0.677 = 6.77$分$\approx 7$分（式中的"2"相当于双侧检验，0.677是自由度为99. 显著性为 .50 时的 t 值），分表上只能显示 15 个刻度（100÷7.77≈14.77）或分数点位，即 0-7-14-21-28-35-42-49-56-63-70-77-84-91-98。如果以 95% 的置信区间为单位，刻度之间的差距就是 5×2×1.984＝19.84 分≈20 分（式中的 "2" 相当于双侧检验，1.984 是自由度为 99. 显著性为 .05 时的 t 值），分表上就只能显示 6 个刻度（100÷19.84≈5.04）或分数点位，即 0-20-40-60-80-100。对于位于这些刻度之间的分数，可按照一定的原则要么向上靠要么向下靠。很显然，这样的量表在"制造"之时就充分考虑进了测量结果中的不确定性因素，自然能够防止过度解读。

当然，也可以把这两个量表转换成 0-1-2-3-4-5-6-7-8-9-10-11-12-13-14 和 0-1-2-3-4-5。但最好不要这么做。因为这么做了以后，就容易把量表和量标混淆。注意，这里讲的是具体的作为测量工具的量表，而不是抽象的作为量化制度的量标。量标上可能有某些分数，但是具体的测量工具由于粗糙测不出来这些分数。

2. 有约定标准过程的测量

对于大型的标准化教育考试而言，有约定标准过程的测量指的就是在较长一段时间内试卷结构保持稳定，题型固定不变，各部分独立刺激的数量以及计分制度等也保持不变。对于这种测量，大量的关于测量方法（包括测量模型或计分制度）和条件的信息可以以考试简介或考试大纲的形式呈献，关于参考团体、量标描述以及其他的辅助信息可以在专门的分数使用指南中呈献。这样，分数报告单的内容就可以简化为分数以及分数的意义，即分数以及获得该分数的典型考生能够做什么，或在哪个方面有欠缺，或在特定参考团体中的相对位置是多少，等等。

在有约定标准过程的测量中，除了自己独立建立的能力等级及其描述外，还可以把自身的量标和其他广泛熟知的公共能力量标（如 CEFR、ILR、ACTFL 外语能力级标）挂钩或对应起来。这样做有利于国际机构对考试结果的认可，有利于国际交流。

3. 无约定标准过程的测量

对于大型的标准化教育考试而言，无约定标准过程的测量指的就是试卷结构经常变化，或者题型也时而改变，或者各部分独立刺激的数量以及计分制度等不能较长时间保持不变，或者用于解释分数的常模集团不断发生变化，或者是测量内容时而发生变化。对于这种测量，在考试简介或考试大纲里，只能就经常变化的内容提供一些笼统的纲要式的信息，其他大量不变的条件的具体细节信息仍然在考试简介或大纲里介绍，而把那些具体改变的信息在其他的考试说明中呈献。例如把关于参考团体、量标描述以及其他的辅助信息放在定期更新的动态分数使用指南中呈献。托福高考就是因为常模的不断更新而每年都出一个关于过去一年的考试分数总结报告。由于托福高考量标是相对稳定的，因此，没有必要每年都把分数和欧框（CEFR）对接。

这样一来，分数报告单的内容就可以简化为单纯的单项分数和总合成分数，连每个分数点位所对应的百分位也不用提供。使用单位只要参考刚刚过去一年的考试数据总结，就能基本确定当年分数所对应的大概百分位点位。

但是，如果每次考的分数都没有等值到特定量标之上，这就等价于每次考试都采用了单独的一套计分制度或单位。这样的考试结果，在不同次考试之间是没有可比性的。对于这样的考试，每次都要根据具体的决策内容准备解释材料，如参照团体、分界分等。而且，制定分界分时，必须充分考虑测量结果不确定度对于决策结果的影响。

从以上的讨论中我们不难看出，精度决策者和实践决策者的根本差别是，精度决策者具有必要的概率统计知识，于是测量工作者就把测量结果不确定信息的使用责任留给了他们，实践决策者缺乏必要的概率统计知识，于是测量工作者就只好代替他们行使对测量结果不确定度信息的使用责任。粗分表的制定、确定分界分时对不确定度的考虑等，这些都是测量工作者替实践决策者行使对测量结果不确定度信息的使用责任。显然，决策者自己行使责任时灵活机动，可以具体问题具体解决；让他人代为行使责任时简单省事，却无法根据自己具体决策工作的风险控制要求而灵活机动地使用考试结果。

测量工作者这么做的唯一目的，就是防止测量结果的误用或滥用，其中主要是不确定度信息的误用和滥用。不知道不确定度的存在而决策时不考虑不确定度，这是对测量结果的误用；明知道不确定度的存在而决策时不考虑不确定度，这是对测量结果的滥用。

第四节　测量费用的承担方

本节要讨论的测量专门指大规模的教育考试，而不包括为科学研究获取数据的测量。考试总是要有费用的。但是这个费用应该由谁来主动或自愿承担，这个问题从来都不是一个简单的学术问题，而是一个复杂的政治问题。如果说政治的实质是通过制度的设置来实现权力对权利的保护的话，那么，大规模的教育考试（包括外语考试）包括了很多政治内容，因此，Shohamy（2001）从权力（power）的角度来研究外语考试，但她并没有论及考试应该由谁承担费用的问题。作为本章讨论的收尾，本节从考试的发起方、提供方以及接受方，来粗略分析大规模语言考试中的费用承担问题。讨论的目的，主要是防止有人滥用考试制度所携带的巨大公共权力，来获取不当的个人经济利益，从而使考试的承受方承担了不该承担的经济责任。

考试制度权力的可能滥用者，要么在考试的发起方中，要么在考试的提供方中，但不会在考试的接受方中。相反，考试费用的可能不当承担者，既不会在考试的发起方中，也不会在考试的提供方中，而一定在考试的接受方中。考试费用承担的基本原则是，接受服务的主体承担费用，即谁接受考试服务，谁承担考试费用。

一 发起方

包括语言考试在内的大规模教育考试，既可能是一种公共服务产品，也可能是一种政治工作手段。作为一种政治工作手段，（语言）考试的发起方有时显而易见，有时并不明显。一般来说，义务教育阶段的学业进步考试、学业状况检查考试、大纲执行情况考试等的直接发起方，就是地方政府或教育主管部门，但真正的发起方是地方社会或整个社会，因此，有关的纳税人是考试费用的承担方，至少是考试直接费用的承担方。由于这类考试的公益性，间接费用（教师的监考费、考试的运行费、后勤保障费等）一般由地方教育机构（主要是学校）部分承担，参加这类考试的学生一般也不获取补贴或纪念品。义务教育阶段一般没有必要举办升学考试。义务阶段是否要举办熟巧性（水平）考试，这是一个非常复杂的论题，这里不予讨论。需要特别指出的是，义务教育阶段中任何以政府名义举办的考试，直接费用都应该由政府承担，而不应该由考生个人承担。因为，在这种情况下，作为公民代言人的政府，是在代表公民接受考试服务，是考试的主体。

这类考试有三个重要特点。第一，考生不是以个人身份接受考试，而是以集体身份或同类学生代表的身份参加。第二，不一定要求同一个年级的每个学生都必须参加考试。第三，考试不是经常性的、可以预测的。这类考试的结果主要是政策性的或政治性的，为学生个体提供成绩主要是对他们参加考试的一种"奖励"。

义务教育与非义务教育衔接处的升学考试、非义务教育阶段的升学考试、诊断性考试、熟巧性考试等，作为公共服务产品，它们的发起方可能会提供一定的启动费和赞助费，而主要费用一般由服务的购买方考生来承担。这种考试的显著特点是，学生是以个人身份参加考试的，学生也是考试结果的唯一合理知晓者，未经考生授权，考试机构不得向任何个人或机构泄露考试结果。由于教育考试的公益性，政府可以通过制度（补贴、减免税），在满足质量标准的前提下限制服务提供方的利润空间。但是，政府不应该以牺牲质量为代价来限制考试收费。

对于这类教育考试，特别是升学考试，政府的主要职能是监督，而不是发起或提供。如果政府长期作为发起方兼提供方，腐败难免就会滋生。对于各种证书考试，发起方也主要是提供启动费或赞助费，政府的责任也主要是监督或以税收政策的形式予以支持。教育考试和证书考试是很赚钱的产业，但赚钱的主体，在常规情况下应该是企业。

二　提供方

教育考试的单纯提供方就是考试服务的直接提供者，服务的内容一般包括试卷的编制、监考规范和程序的制定、考试活动的组织和实施、评分阅卷活动的组织和开展、考试结果的报告、解释考试结果所需支撑材料的准备和提供等。考试提供方的功能是，通过把考试技术转化为考试服务而从中获利。在正常的有利润的情况下，考试的提供方并不承担考试的费用，而是从费用承担者所缴纳的考试服务费中获得合理的报偿。当然，如果经营不善，考试提供方也会赔本。这种情况下，它只是被动地承担了考试的费用，而不是主动或自愿承担的，不属于讨论的对象。总之，包括语言测量在内的教育考试的单纯提供方是不主动或不自愿承担测量费用的。

但是，如果考试服务是通过政府职能部门的延伸机构提供，那么问题就变得非常复杂。政府是不会赚钱的，但是政府的工作人员是会把手中的公权兑换成货币的，而且还可能两边通吃。一边通过申请政府预算而"吃"纳税人，另一边要求考生参加他们本不应该参加的考试，或者为他们不应该出钱的考试而出钱。接受服务是应该付费的，但前提是自主自愿的。如果长期让政府职能部门的延伸机构提供考试服务，当该机构工作人员和有关政府工作人员形成利益链之后，就可能发生瞒上欺下的现象。通过把考试神秘化或神圣化来蒙骗政府主管部门，从而获得主办考试的权力或经费，然后通过授权主办一些粗制滥造的没有必要的考试，且变相强行要求考生或考生所在单位参加考试并承担不应该由他们承担的考试费用。

为了获取更多的利益，把本来一项考试分解成几项考试，把本来应该进行抽查的考试变成统考或普考，把本来由考试提供方直接支出的费用转嫁到了考生所在单位，把本应该高质量的考试变成质量很差的考试。而且，通过各种方式逃避对于有关考试的监督，封锁对于有关考试的批评。

三 接受方

这里的接受方指的就是本章第一节中的考试对象，指的是考试活动的接受人。该接受人有时是自然人，有时是法人或机构，但这里不包括软件或硬件；该接受人有时是考试服务的接受方，有时并不是考试服务的接受方。根据前边讲过的测量费用的承担原则，作为自然人的受考，只有在自己是考试服务接受方的情况下才承担考试费用。也就是说，自然人只对自己自主自愿参加的考试付费，而不应该为其他的考试付费。自主指的是受考主动要求参加考试，而不是受他人邀请而参加考试；自愿是指受考愿意参加考试，而不是同意接受考试。应该由自然人付费的考试一般有升学考试、证书考试以及自己为了了解自己学习状况或缺陷的诊断性考试等。

有些时候，受考是应所在学校或机构的要求而参加考试的。这种情况下，考试的实际接受方可能是学校或机构，也可能不是学校或机构。如果是学校或机构，那么学校和机构就应该承担考试的费用。如果不是，那么，学校和机构就不应该承担考试的费用。但无论如何，这种情况下都不应该由考生个人来承担考试费用。判别学校和机构应不应该承担考试费用的标准，同样是自主自愿性。例如，学校为了评价自己专业发展情况而举行的学业考试，就应该由校方承担费用。但是，为了检查大纲执行情况而举行的特定范围内（多个学校参加）的考试，考试的费用就应该由地方或中央教育主管部门出，而不是让办学机构出。当然，这样的考试最好是抽部分学生参加，而不是要求各校相同年级的全部学生都参加；这样的考试也应该是几年考一次，而不是每年都考，更不是要每年考几次。

第七章

不确定度

人类的测量活动是一个充满不确定性的活动。但是，用一套科学简单的方法来表示这种不确定性，却需要新近的计量学努力，并取得了显著成果。但是，包括语言测试在内的教育测量与心理测验领域，至今几乎还对此毫不知情。这一章，首先简要介绍不确定度概念的历史，然后介绍两份与不确定度密切相关的国际计量规范文件，接下来讨论不确定度的重要意义，最后举例介绍不确定度的计算与表示。这样，第八章就可以分析不确定度与信度的关系，揭示信度系数、测量标准误、概化系数、依存指数、信息量等与不确定度之间的关系，揭开教育测量和心理测验领域关于信度问题的混乱局面。

第一节 不确定度简史

公共考试中的不确定性问题早就有人提出，但一直被计量学工作者忽视。直到 20 世纪 60 年代再次因仪器校准问题提出时，才逐渐引起计量学界的关注，并最终推动《GUM 指南》于 1993 年的颁布、1995 年的修订，以及对 VIM 第 2 版的系统修订。

一 不确定度问题的初次提出与被忽视

作为计量学概念，不确定度也许最早是由英国计量经济学家 Edgeworth（1888，1890）正式提出的，而且是在讨论根据公共考试结果对考生进行排序可能出现的不确定性或不稳定性问题时提出的。他的两篇论文都发表在英国皇家统计学会会刊 *Journal of the Royal Statistical Society* 上。但是，提出后却一直没有受到应有的关注。直到今天，主流的教育测量和心理测验文献中仍然没有提到这两篇重要文献，例如 Gulliksen（1950），Lindguist（1951），Lord 及 Novick（1968），Thorndike（1971），Cronbach、Gleser、Nanda 及 Rajaratnam（1972），Linn（1989），Brennan（2001，2006）以及先后六个版本的《美国教育和心理测验标准》等重要文献中，都没有提及 Edgeworth 的思想，甚至没有这个姓氏。而只是在非主流的一本语言测试史（即 Spolsky，1995）中首次谈到了 Edgeworth 的贡献。我也是读了 Spolsky 这本 *Measured Words*［客观语言测试］之后，才知道这两篇重要文献的存在，并通过当时在英国伯明翰大学访学的周越美博士获得了它们的影印版。

这两篇文章不仅开启了我十多年的"信度"问题探索之旅，而且向我提供了通往主流计量学的桥梁：uncertainty［不确定性/度］。如果不是 Edgeworth（1890）对误差和不确定度的

区分，我就不会通过 uncertainty 来检索文献，那么我也就和
Nunnally（1978）以及 Nunnally 及 Bernstein（1994：214）所描
述的情况一样，以为心理学家才是误差和信度研究的主力，而
虽然自然科学和医学中有时误差更大却不研究误差。阅读了主
流计量学文献之后才知道，关于不确定度误差路线早已在主流
计量学中废止，而普遍采用了不确定度路线（请参见 ISO，
1995；ISO/IEC，2004）。换句话说，在行为科学之外的其他学
科，已经统一停止使用"标准误"这样的词汇，而统一使用
"不确定度"这一术语。

二　不确定度问题的系统提出

在国际计量学界，现在一般把对测量结果不确定性的量化
及其量化过程的描述和量化结果的表示，归功于美国已故统计
学家 Churchill Eisenhart（1913～1994，参见维基百科英文版
Churchill Eisenhart）和他所领导的统计工程实验室（Statistical
Engineering Laboratory［SEL］）20 世纪 40～80 年代关于测量问
题的系统研究，尤其是他于 1963 年发表在美国全国标准局 NBS
（现改为"全国标准与技术研究院"，NIST）研究学刊 *Journal of
Research of the National Bureau of Standards* 上的论文"Realistic
Evaluation of the Precision and Accuracy of Instrument Calibration
Systems"［仪器校准系统的精度与准度之现实估值］。虽然叫实
验室，但实际上是 NBS/NIST 中的一个应用数学团队或统计咨询
小组。该团队的目的是，substitute sound mathematical analysis for
costly experimentation（［用优质的数学分析来替代昂贵的实验］；
Croarkin，n. d.，p. 130）。

1963 年那篇文章中的三个基本概念马上就被当时 NBS 的计量学家采纳：（1）测量过程需要统计控制；（2）统计控制隐含了对重现度（reproducibility）和重复度（repeatability）的控制；（3）在测量结果的表示中要说明相随的不确定度，其中包括任何可能来源的偏差（Croarkin, n. d. , p. 129）。统计工程实验室关于测量质量问题的定量研究，引起了世界计量学界的普遍关注。可以说，Churchill Eisenhart、Harry H. Ku 和 R. Colle 三人合著的 *Expression of the Uncertainties of Final Measurement Results*，就是 NIST Technical Note 1297 ［NIST 技术说明 1297］和《GUM 指南》的先驱。

三 国际计量组织对不确定度问题的关注

以下介绍基于《GUM 指南》1995 年修订版的序言。有些信息与国家质量技术监督局计量司（2000，1~2）宣贯教材有些出入。

1977 年，国际计量委员会（CIPM）意识到，关于如何表示测量中的不确定度，国际上缺乏必要的共识，于是便要求国际计量局（BIPM）与多国的标准实验室一起来着手解决这个问题，并提出具体的建议。为此，国际计量局设计了一套内容详细的调查问卷，并发给 32 国的全国计量实验室和 5 个国际组织以了解情况。1979 年初，收到了 21 家实验室的返回问卷。几乎所有的实验室都认为，要达成一套让国际共同接受的表示测量不确定度的程序以及把各种不确定度分量合成为一个单一总不确定度的方法。可是，关于到底该怎么做还并没有什么明显的共识。于是，国际计量局专门召开会议，以取得一套统一的能普遍接受的分析不确定度的程序。参会人员有来自 11 国实验室的专家。他们组成一个不确定度表示问题工作组，并起草了一份关于不确定度表示问题的建议书 *Recommendation INC-1*（1980）。1981 年，建议书获得国际计量委员会的批准。1986 年，国际计量委员会再次重申建议书的内容。

这份建议书只是一个粗略的纲要。考虑到国际标准化组织（ISO）能更好地反映工业和商业界的要求，国际计量委员会责成 ISO，在该建议的基础上起草一份详细的应用指南。

这项工作落到了 ISO 第四组计量技术顾问组（Technical Advisory Group on Metrology［TAG 4］）的肩上，因为第四组的任务之一，就是在 ISO 和其他六个组织之间协调测量问题指南的起草工作，六个组织分别是国际电工委员会（IEC）、国际计量委员会、国际法制计量组织（OIML）、国际理论化学与应用化学联合会（IUPAC）、国际理论物理与应用物理联合会（IUPAP）、国际临床化学联合会（IFCC）。

为了完成这项任务，TAG 4 又成立了第三工作组（ISO／TAG 4／WG 3），成员由国际计量局、国际电工委员会、国际标准化组织以及国际法治计量组织提名，由第四组的主席任命。第三工作组的具体任务是，

- 在国际计量局工作组关于不确定度表示建议书的基础上，起草一份指南性文件，该文件提供了关于表示测量不确定度的规则，使用范围包括标准化、仪器校准、实验室认证、计量服务。
- 指南的目的：

提供关于如何获得不确定度陈述的全部信息;

为国际间的测量结果比对提供基础。

四 实验不确定度表示建议书 INC-1 (1980)

建议书 INC-1 (1980) 的原版是法语文件, 为了便于国际交流而翻译成了英语。下面是建议书的英汉对照版, 其中英语版是 ISO 提供的, 汉语是我翻译的 (表 7-1)。对说明书英汉对照版有疑义的读者, 可直接参考建议书的法语版。

表 7-1 建议书 INC-1 (1980) 的英汉对照

Recommendation INC-1 (1980)	建议书 INC-1 (1980)
Expression of experimental uncertainties	实验不确定度的表示
1. The uncertainty in the result of a measurement generally consists of several components which may be grouped into two categories according to the way in which their numerical value is estimated: A. those which are evaluated by statistical methods, B. those which are evaluated by other means. There is not always a simple correspondence between the classification into categories A or B and the previously used classification into "random" and "systematic" uncertainties. The term "systematic uncertainties" can be misleading and should be avoided. Any detailed report of the uncertainty should consist of a complete list of the components, specifying for each the method used to obtain its numerical value.	1. 测量结果中的不确定度一般由多个分量构成。可以根据估计这些成分数值时所用的方法, 把它们分成 A、B 两类: A. 用统计方法估值的分量, B. 用其他方法估值的分量。 把不确定度分量分成 A、B 类的结果, 并不总是能和之前的"随机不确定度"和"系统不确定度"简单对应。因为术语"系统不确定度"会引起误解, 所以应该予以废止。 对不确定度的任何详细报告都应该包括全部的分量清单, 并具体说明每一个分量是用什么方法取得的数值。

Recommendation INC-1 （1980）	建议书 INC-1 （1980）
2. The components in category A are characterized by the estimated variances s_i^2 (or the estimated "standard deviations" s_i) and the number of degrees of freedom ν_i. Where appropriate, the covariances should be given.	2. A 类不确定度分量用方差估计 s_i^2 （或"标准差"估计 s_i）表示，相应的自由度用 ν_i 表示。如果合适，应该给出有关协方差。
3. The components in category B should be characterized by quantities u_i^2, which may be considered as approximations to the corresponding variances, the existence of which is assumed. The quantities u_i^2 may be treated like variances and the quantities u_i, like standard deviations. Where appropriate, the covariances should be treated in a similar way.	3. B 类不确定度分量应该用量 u_i^2 表示，可以把该量看作相应方差的近似值，而这些方差本来假定就存在。可以把量 u_i^2 当作方差来处理，把量 u_i 当作标准差来处理。如果合适，应该以类似的方式处理有关协方差。
4. The combined uncertainty should be characterized by the numerical value obtained by applying the usual method for the combination of variances. The combined uncertainty and its components should be expressed in the form of "standard deviations."	4. 合成不确定度的数值应该通过应用常规的方差合成方法求得。合成不确定度及其分量应该以标准差的形式表示。
5. If, for particular applications, it is necessary to multiply the combined uncertainty by a factor to obtain an overall uncertainty, the multiplying factor used must always be stated.	5. 对于具体的应用情况，如果有必要给合成不确定度乘个因子以得到一个整体不确定度，那就必须始终要对所乘因子予以说明。

　　建议书提出的 5 条建议，是关于如何具体表述不确定度信息的纲领，也是《GUM 指南》的总纲。对制定不同国别（地

区）或领域的同类文件，都具有指导意义。把考试结果用一个数值（分数）来表示，这就已经把考试当成了测量。在分数这个考试结果的最简表述中，同样也存在不确定性问题。如何用一个量来刻画该不确定性，这本身就是一个不确定度的估算和表述问题。

第二节　两份重要的通用计量学文献

为了促进国际交流，ISO 推出了一系列的规范文件，其中与测量活动密切相关的两份通用计量学文献是《GUM 指南》和《VIM 国际计量学词汇》。国内也有对应的技术规范。尽管国内有对应法规，但考虑到最近四五十年国际计量学的概念和术语变化较快，术语使用相当混乱，建议国内的计量研究人员和有条件的测量实践工作者尽量参考 ISO 推出的系列规范文件，特别是 ISO/IEC Guide 98 和 ISO/IEC Guide 99。如果有条件，应该既参考英语版，又参考法语版。

为了加强和进一步促进世界范围内的计量规范工作，国际标准化组织（ISO）、国际电工委员会（IEC）、国际计量局（BIPM）、国际法制计量组织（OIML）、国际临床化学联合会（IFCC）、国际理论化学与应用化学联合会（IUPAC）、国际理论物理与应用物理联合会（IUPAP）七个组织于 1997 年成立了计量导则联合委员会（Joint Committee for Guides in Metrology [JCGM]）。2005 年，国际实验室认可合作组织（International Laboratory Accreditation Cooperation [ILAC]）也加入了该委员会。联合委员会下设两个工作组（working group），第一组

（JCGM/WG1）专司测量不确定度的表示和推广工作，第二组（JCGM/WG2）专司计量基本概念和通用术语的规范和推广工作（ISO/IEC Guide 99：2007［E/F］，viii）。

一　《GUM 指南》

《GUM 指南》中的 GUM 是 *Guide to the Expression of Uncertainty in Measurement*［测量中的不确定度表示指南］的简化缩写。中国国内与 GUM 对应的技术规范是 JJF 1059-1999《测量不确定度评定与表示》，最新版为 JJF 1059.1-2012《测量不确定度评定与表示》。

1. 《GUM 指南》的诞生与发展

终于在 1993 年，ISO 推出了这份大家期盼已久的详细的应用指南，*Guide to the Expression of Uncertainty in Measurement*，英语简称 "GUM"。使用中发现了一些问题，于是于 1995 年又推出了 GUM 的修正与重印版。1995 年版的 GUM 仍在使用，但它获得了一个新的 ISO 代码或代号：ISO/IEC Guide 98-3：2008。这个代码的意思是，1995 年的 GUM 现在只是 ISO/IEC Guide 98 中的第三部分。

事实上，ISO/IEC Guide 98 "测量不确定度"（uncertainty of measurement）是一个更广泛的关于测量不确定度通用规则的国际规范系列。这套规划于 1998 年的系列不确定度通用规范现已具有五个组成部分：ISO/IEC Guide 98-1，第一部分（Part 1），测量不确定度表示简介（Introduction to the Expression of Uncertainty in Measurement）；ISO/IEC Guide 98-2，第二部分（Part 2），概念和基本原理（Concepts and Basic Principles）；ISO/IEC Guide 98-

3，第三部分（Part 3），测量不确定度表示指南（Guide to the Expression of Uncertainty in Measurement ［GUM：1995］）；ISO/IEC Guide 98-4，第四部分（Part 4），测量不确定度在合格评价中的作用（Role of Measurement Uncertainty in Conformity Assessment）；ISO/IEC Guide 98-5，第五部分（Part 5），最小二乘法的应用（Applications of the Least-Squares Method）。其中，第三部分还有三个补充文件。文件1是Propogation of Distributions Using a Monte Carlo Method ［用蒙特卡诺方法估计分布的传导］，已于2009年颁布；文件2是Extension to Any Number of Quantities ［向任意个量的扩展］，已于2011年颁布；文件3是Modeling ［建模］，尚未颁布。不难看出GUM在这套系列不确定度通用规范中的核心地位。

2. 《GUM 指南》的基本构成

1995 年版的《GUM 指南》由五个部分构成：序言（Foreword）、绪论（Introduction）、指南正文、附则（Annexes）、索引。由于索引不言自明，所以下面简要介绍前四个部分。

序言介绍了制定 GUM 指南的背景。

绪论编号为0，由7条构成。0.1条简述了计算和报告测量不确定度的意义；0.2条简述了不确定度与误差的区别；0.3条指出了统一测量不确定度表示方式的意义；0.4条简述了理想的计算和表示不确定度方法应满足的条件；0.5条简述了《GUM指南》的上位文件；0.6条主要介绍了文件的几个重要附则；0.7条是建议书英语翻译版。

指南正文由8章构成。第1章是适用"范围"（Scope）；第2章是核心术语的"定义"（Definitions）；第3章是"基本概念"（Basic concepts）；第 4 章是"标准不确定度的计算"（Evaluating standard uncertainty）；第 5 章是"合成标准不确定度的确定"（Determining combined standard uncertainty）；第 6 章是"扩展不确定度的确定"（Determining expanded uncertainty）；第 7 章是"不确定度的报道"（Reporting uncertainty）；第 8 章是对"不确定度计算与表示规程的总结"（Summary of procedure for evaluating and expressing uncertainty）。

指南共有 10 个附则。附则 A 是"工作组和国际计量委员会的建议书"；附则 B 是"通用计量学术语"；附则 C 是"基本统计术语和概念"；附则 D 是"对'真'值、误差及不确定度的补充说明"；附则 E 是关于"建议书 INC-1（1980）的动机和基础"；附则 F 是关于"计算不确定度分量的实践建议"；附则 G 是"自由度和置信水平"；附则 H 是"不确定度的计算和表示举例"；附则 J 是文件中使用到的"主要数学符号"；附则 K 是"参考文献单"。

由于《GUM 指南》的附则内容丰富，对测量实践的指导意义显而易见，因此不可缺少。不难发现，ISO/IEC Guide 98 的第一、二、四、五部分以及第三部分的三个补充文献都是《GUM 指南》附则的扩展和系统化，是指南的使用和学习辅助，值得系统研读。但由于本书的篇幅所限，不能系统介绍，感兴趣的读者可参阅有关的 ISO/IEC 规范文件。

二 《VIM 国际计量学词汇》

《VIM 国际计量学词汇》中的 VIM 是 *International Vocabulary of Metrology：Basic and General Concepts and Associated Terms*〔国

际计量学词汇：基本概念、通用概念以及有关术语〕主文献名所对应法语题名为 *Vocabulaire International de Métrologie* 的实词首字母缩写。中国国内与 VIM 对应的技术法规是 JJF 1001-1998《通用计量术语及定义》，最新版为 JJF 1001-2011《通用计量术语及定义技术规范》。本书的基本计量学术语和词汇，除"考试"、"测试"和"测验"之外，都是严格按照 VIM 第 3 版的定义使用的。这几个词，大体上等价于 VIM 所定义的"测量"。之所以这样做，是为了方便指称包括语言测试在内的教育和心理测验活动。

1. 《VIM 国际计量学词汇》的发展简史

《VIM 国际计量学词汇》前后共三个版本。第一版于 1984 年出版，第二版于 1993 年出版，第三版于 2007 年出版。前两版的英语名称都为 *International Vocabulary of Basic and General Terms in Metrology*〔国际计量学基本及通用术语〕，对应的法语名称都为 *Vocabulaire International des Termes Fondamentaux et Généraux de Métrologie*。尽管文献《国际计量学词汇》(*International Vocabulary of Metrology：Basic and General Concepts and Associated Terms*) 与前两版 VIM 的名称不一样，但文件的目的和宗旨是一样的。因此，为了表明文件之间的传承关系，ISO/IEC 把《国际计量学词汇》的第一版视同 VIM 第三版。本书在不引起混淆的条件下，也把 ISO/IEC (2007) 第一版和 VIM 第三版交替使用，以便和前两版对比。

中国国内与 VIM 第一版对应的技术法规是 JJF 1001-1991《通用计量术语及定义》，与 VIM 第二版对应的技术法规是 JJF 1001-1998《通用计量术语及定义》，与 VIM 第三版对应的技术法规是 JJF 1001-2011《通用计量术语及定义技术规范》。关于 VIM 第二版，国内也有对应的完整汉语翻译版。由于这些文献都是规范性的，所以新一版的推出生效，就意味着前一版的废止或失效。

从 VIM 第一版（1984 年）的出版到 JJF 1001-1991 的颁布，中间隔了大约七年时间；从 VIM 第二版（1993 年）的出版到 JJF 1001-1998 的颁布，中间隔了大约五年时间；从 VIM 第二版（2007 年）的出版到 JJF 1001-2011 的颁布，中间隔了大约四年时间。这种明显的时滞，一方面反映出国内计量学技术或学术资源的薄弱，另一方面又反映出国内计量学技术或学术力量的不断加强。尽管与 JJF 1001-1998 相比，JJF 1001-2011 的可读性明显提高，但其中的不少定义仍然晦涩，需要不时地参考对应的英语文献。

JCGM 第二工作组（JCGM/WG2）一经成立，就着手第三版 VIM 的工作。2004 年 5 月终于把 VIM 第三版的英语初稿 ISO Dguide 99999 提交 JCGM 中的八大组织代表征询评论和提议，并同时通过互联网于 2004 年 5 月 14 日至 2004 年 9 月 14 日广泛征求各方面的意见和建议。对各方评论、提议、意见、建议的研究和讨论，由二组做出回复，并将合理的予以采纳；终稿于 2006 年报请八大国际计量组织审查和批准；经 JCGM 八大成员组织每个组织的批准后，于 2007 年正式推出 VIM 第三版的英法双语版（参见 ISO/IEC，2007，viii）。

对照 2004 年版的征求意见稿 ISO Dguide 99999 和 2007 最终英法双语版 ISO/IEC Guide 99，不难发现有三个显著的不同。第一，Dguide 99999 把和 GUM 不一致的与误差有关的传统术语集中放在了附则 A 中，而 Guide 99 又把这些术语放回到第二章 Measurement 中，而且增加了部分术语或建议表述方式，如 measurement error。第二，最终版是在对附则中的术语进行了彻底的修订和充实后纳入正文条目的。例如把误差的定义由经典的"真值与测得值之差"改为"测得值减去参考值"。修订的目标是和 GUM 的进路一致；充实主要是通过增加注释和例子。第三，Dguide 99999 把之前的方法叫 Classical Approach［古典法］，缩写为 CA，把和 GUM 建议的方法叫 Uncertainty Approach［不确定度法］，缩写为 UA。这个看似不起眼的改变所引起的抵制和反对，可能比原本预计的要大得多，因此最后妥协为 Guide 99 中的 Traditional Approach［传统法］。这既是一个巧妙的妥协，也是一个伟大的妥协，更是一种实事求是精神的反映。

　术语工作者都是对语言文字十分敏感的科技工作者。把不少人在实践中还用的方法定名为 Classical Approach，而且还通过首字母大写和缩写而使之成为专有名词，试想这意味着什么？对于很多人来说，"古典"意味着过时，但有不少领域还在使用这种方法，而且用得很好。专有名称就是一个固定的标签。谁愿意给自己贴上一个"过时"且顽固不化的标签？因此，在 Guide 99 中不仅取消了 Classical Approach 及其缩写 CA，而且用了更为中性的称谓 Traditional Approach，并在其后的括号中以补充说明的方式（sometimes called［有时称］）引出了 Error Approach［误差法］和 True Value Approach［真值法］，最后落脚到有时把结果不严谨地叫作不确定度（sometimes loosely named "uncertainty"）。这样的结果合情、合理、合乎事实。

2. VIM 第三版的基本构成

前面已经指出，VIM 第三版实际上是一个英语和法语的双语版，编号/码为 ISO/IEC Guide 99：2007（E/F）。其他部分采用英语文本在前、法语文本在后的编排方式，正文部分采用英语文本在左栏、法语文本在右栏的编排方式。

VIM 第三版由八个部分构成：序言、绪论、排版约定或凡例、正文、附则 A、参考文献单、缩略语清单、索引。

序言主要简单交代了该规范文件与 VIM 第二版的关系，指出本版等价于 VIM 第三版。序言还说明了 ISO/IEC 指南或导则类文件的投票表决规则：需要 75% 以上成员组织的批准。

绪论由两部分组成。第一部分（0.1 General）是文件的一般性学术和技术背景，包括目前国际计量学概念的复杂形势和 VIM 第三版的处理方法。第二部分（0.2 History of the VIM）是关于 VIM 第三版的编撰简史。

排版约定或凡例是关于文件中字体、符号、数字、代号的使用说明。

正文由适用范围说明和五章组成。适用范围（Scope）说明并不是单纯的关于该文件适用范围的具体说明，它实际上就是正文部分的引言。第一章是"量和单位"（Quantities and units），共定义和解释了 30 个词语或术语；第二章是"测量"（Measurement），共定义和解释了 53 个词语或术语；第三章是"测量设备"（Devices for measurement），共定义和解释了 12 个词语或术语；第四章是"测量设备的属性"（Properties of measuring devices），共定义和解释了 31 个词语或术语；第五章是"测量标准"（Measurement standards〔Etalons〕），共定义和解释了 18 个词语或术语。正文总共对 144 个通用计量学词语或术语进行了定义和解释。

附则 A 由基本说明和 12 个概念关系图组成。概念关系图用意：对正文所定义概念之间的关系进行可视觉化表示，为检查正文定义是否提供了充分的关系提供可能，为找出进一步所需要的概念提供背景，检查所有术语是否足够系统（ISO/IEC，2007：54）。

参考文献单并不是该规范文件研发过程中参考过的文献或文件中所引用的文献清单，而是读者阅读或研究该文件时可能用到的全部重要的计量有关文献的清单或汇编，共计 55 件。

"缩略语清单"和"索引"的意思不言自明，无须说明。

第三节　测量不确定度的意义

任何学术概念的意义都在于人们对该概念的充分认识。测量不确定度的意义也不例外。由于不确定度是一个崭新的计量学概念，因此，要认知它的意义，就要了解它严格的学术定义，要了解不确定度与误差在概念上的差异，要认识标准误与标准不确定度之间的关系，还要知道不确定度的适用范围以及各种常见的不确定性源。

一　不确定度的定义

不确定度的定义有质化和量化两种定义。质化就是用文字对不确定度这个概念做定性描述，量化就是规定不确定度要用什么度量大小或高低。

1. 不确定度概念及其定义

"不确定度"（uncertainty）是"测量不确定度"（measurement uncertainty）的简称，为了语言表达的通顺，有时也可以用"测量的不确定度"（uncertainty of measurement）甚至"测量之不确定度"。测量不确定度是对测量活动中不确定性这一属性的定量刻画。更具体些说，测量不确定度是对测量结果的怀疑程度的量化指标。在英语中，由于"不确定性"和"不确定度"都用 uncertainty 这个词来表示，所以要区分这两个概念目前还没有可能（参见 GUM 2.2）。因此在阅读有关英语计量学文献时，一旦遇到 uncertainty 这个词，就必须仔细区分它的具体用法：是泛指"不确定性"，还是特指"不确定度"。幸运的是，在汉语中能够轻易区分不确定性和不确定度。因此，用汉语表达时，没有必要也不允许总是用不确定度。因为在汉语中，"性"具有质的意思，而"度"自身就具有量的意思。目前很多中文计量学文献难懂的重要原因，就是引用英语文献时没有区分作为一般词汇的 uncertainty［不确定性］和作为计量学术语的 uncertainty［不确定度］。

根据 VIM 2.26，测量不确定度是一个 non-negative parameter characterizing the dispersion of the quantity values being attributed to a measurand, based on the information used［非负参数，是基于所用信息对标的量多个赋值的发散性的表征］。根据 VIM 2.26 的注 1：测量不确定度包括各种系统效应引起的分量，例如，与修正及测量标准赋值相联系的分量，由定义引起的不确定度，有时，并没有用系统效应的估值对结果修正，而是把有关的测量不确定度分量并入测量结果。根据 VIM 2.26 的注 4：一般来说可以这样理解，对于一组已知信息，测量不确定度与所赋予标的量的值相联系，对该赋值的改变，会导致相应不确定度的改变。

由于《GUM 指南》中引用的是 VIM 第二版 3.9 款对不确定度的定义，而 VIM 第三版已经取代了 VIM 第二版，不建议读者再继续使用 GUM 2.2.3 中对 uncertainty（of measurement）的定义，① 尽管两个定义并没有实质性的差别。但对于国际读者来说，第二版 VIM 定义中的 reasonably 一词可能会引起不少误解，而第三版 VIM 中直接删掉了这个"麻烦词"，并明确规定不确定度是一个非负参数，增加了"所用信息"这一内容。国标 JJF 1001-1998 和 JJF 1095-1999 中对于测量不确定度的定义，显然受到 reasonably 这个"麻烦英语单词"干扰，把（测量）不确定度定义为"表征合理赋予被测量之值的分散性，与测量结果相联系的参数"。这是一个不符合汉语语法的不易读懂的句子，却仍然影响着国内的计量学界。这应该引起国内读者的注意，特别是阅读 2013 年之前的文献时应该注意。

需要指出的是，无论在英语中还是汉语中，parameter 或参数都是一个远比 uncertainty 或不确定度更专业的科技术语，因此需要略加说明。

根据《美国传统英语词典》第二大学版的定义，parameter 要么是一个出现在数学表达式中的 variable［可变量］，要么是

---

①　GUM 2.2.3 或 VIM 第二版 3.9 款中对测量不确定度的定义是：parameter, associated with the result of a measurement, that characterizes the dispersion of the values that could reasonably be attributed to the measurand［与测量结果相系的参数，它表征可以赋予标的量的多个值的发散性］。

一个 constant ［常数量］。作为可变量，参数的取值决定了函数的图象。《现代汉语词典》（2002 年增补本）的定义也基本一样：（1）方程中可以在某一范围内变化的数，当该数取一定值时，就可以得到该方程所代表的图形；（2）表明现象、机构、装置某性质的量，如电导率、导热率、膨胀系数等。两条意思的共同点是"量"。不确定度是个量，而且是一个随着所使用信息的不同而发生变化的量。

2. 不确定度参数及其数量化表示

前面的定义中明确规定，不确定度是一个不能取负值的参数，即一个不能取负值的量。由于这个量是建立在所用信息基础之上的，所以只要所用的信息变了，不确定度这个量就会发生变化。无论是 INC-1（1980）建议书还是 GUM 2.3，都建议用方差或者标准差表示不确定度。其中，用方差表示的叫不确定度，用标准差表示的叫标准不确定度（standard uncertainty）；前者的算术平方根就是后者，后者的平方就是前者。在具体应用中，也可以用扩展不确定度（expanded uncertainty），即合成标准不确定度（combined standard uncertainty）乘上一个包含因子。合成标准不确定度就是合成不确定度（combined uncertainty）的算术平方根，而合成不确定度是用方差表示的各不确定度分量的代数和。

在实践中，除了用绝对量表示不确定度外，有些特殊领域习惯用相对量表示不确定度。这个相对量通常就是变异系数（coefficient of variance）的绝对值，即标准差除以真值或约定值或平均值的绝对值再乘以 100，形式为 $x\%$。有时，真值就是约定值（如三角形的内角和），有时约定值只是真值的近似值（如科学中的各种常数），可以在真值未知的情况下用来替代真值。在大多数情况下，用来替代真值的是平均值。由于标准差是正值，所以真值或约定值或平均值一定要用其绝对值，这样才能保证所得到的不确定度值是非负值[1]。

总之，不确定度这个参数要用标准差或者标准差乘上一个正系数表示。这样，不确定度这个量的单位就要么和测量标的量的单位一致，要么单位是"1"。请特别注意：在计量学中，单位是"1"不是没有单位；不是所有单位是"1"的量都可以相互比较，只有当几个导出量的分子和分母的单位都一样时，这几个单位为"1"的量才可以比较。[2]

二　不确定度和误差的差异

上面讨论了测量不确定度的定义，但要分析测量不确定度与测量误差之间的差别，还得定义误差。

1. 误差的定义和种类

误差（error）是测量误差（measurement error）的简称，有时，为了语言的通顺，也可以用测量的误差（error of measurement）。误差的定义有传统的真值（true value）定义，也有现代的参考值（reference value）定义。

误差的真值定义。传统上，测量误差被定义为测量标的量的测量结果值或测得值减去标的量的真值。简单而言就是，测

---

① 非负值不等于正值，因为 0 既非正数也非负数。理论上讲，不确定度是可能为 0 的，所以用"非负值"，而不能用"正值"。

② 可见，作为相关系数的信度系数或概化系数或依存指数，并不是计量学中的量（quantity），而是统计学中的统计数（statistic）或测度（measure）。

量结果值或测得值减去真值。用公式表示就是：误差＝测得值-真值。由于真值在绝大多数情况下是不知道且不可能知道的，所以，误差在多数情况下也是不知道或无法知道的。而且传统上，认为任何量的真值都是唯一的。这与 VIM 2.11 对真值的定义是不一致的。根据 VIM 2.11，一个量的真值是与这个量的定义相一致的值。这就意味着，一个量有几个定义就有几个真值。例如，一个人只有各种不同条件下的不同真体重，而并没有一个唯一的、绝对的理想真体重。

误差的参考值定义。考虑到了以上的问题，VIM 2.16 对测量误差重新定义：量的测得值减去量的一个参考值（measured quantity value minus a reference quantity value），即误差＝测得值-某个参考值。在两种情况下可以使用误差这个概念。第一种情况是有一个单一参考值可以参考，例如用测量标准物校准仪器，或者给出了量的约定值。这种情况下，误差是已知的。第二种情况是，假定有一个唯一的真值代表标的量的值；或者，有一组范围可以忽略不计的真值代表标的量的值。这种情况下，误差是不知道的。

在传统的误差分析中，一般用的都是误差的真值定义（如费业泰，2007：1~2），而不是误差的参考值定义。无论用哪一种定义，从误差的公式表示中都可以看出，误差的值可能是正，可能是负，也可能是 0。

误差的种类。和其他的任何分类一样，作为分类结果的类别始终是分类规则的产物。根据来源，可以把误差分为测量装置误差、测量环境误差、测量方法误差，以及测量人员误差。也可以根据误差值的大小，把误差分为正常误差和粗大误差。还可以根据性质，把误差分为随机误差和系统误差。其中最传统的分类是系统误差和随机误差。但根据处理方法的不同，也可以把误差分为系统误差、随机误差以及粗大误差三类（见费业泰，2007：3~4）。随机误差和系统误差有时是很难区分的，甚至是可以相互转化的。通常，误差是需要修正的，而且，修正值与误差值的绝对值相等，但正负号相反（费业泰，2007：2）。

2. 误差与不确定度的对比

误差和不确定度是两个截然不同的概念，但也是长期以来被混淆得最严重的概念。例如，费业泰（2007）就错误地认为，"误差是不确定度的基础，研究不确定度首先需要研究误差，［sic］只有对误差的性质、分布规律、相互联系及对［sic］测量结果的误差传递关系有了充分的认识和了解，才能更好地估计各不确定度分量，正确得到［sic］测量结果的不确定度"（2007：80）。这是一个非常普遍且严重的认识问题。不确定度概念、理论以及技术的推出就是为了更正这种错误，使计量和误差分析泾渭分明，把误差分析理论对计量实践的干扰排除掉。通过以下的对比，就可以更清楚地看到误差和不确定度在本质上的不同。

第一，在绝大多数测量中，误差是不知道的，也是无法知道的，因此也是无法告知他人的；在所有测量中，只要认为有必要，不确定度都是可以知道的，也是能够且应该告知他人的。

第二，误差是一个古老的概念，不确定度是一个新近才提出的概念。

第三，误差是两个值之差，而不确定度是多个值分布的方差、标准差，或者该标准差的倍数。

第四，误差是一个可以带有正负号的量值，而不确定度则是一个不能带负号的参数。

第五，可以通过修正减少误差对测得值的影响，但不能通过修正减少不确定度对测得值的影响，而只能通过缩小不确定度来提高测得值的可信度或有效度，从而降低对测得值的怀疑度，提高对测得值的信任度。

第六，由于缺乏对修正值的完备知识，所以修正也会引入修正不确定度分量（GUM 3.2.3，Note）。换句话说，有关于误差的不确定度，但没有关于不确定度的误差。

第七，误差是测得值对于参考值的偏离，不确定度是测得值的属性。

第八，参考值没有也不能有误差，但参考值可以有也可以没有不确定度。

第九，标准误不是误差，而是误差分布的参数——标准差，它表征误差分布的发散性；标准不确定度是不确定度的规范表示形式，它表征测得值分布的发散性。

第十，进行修正后，误差就不复存在，因此在测量结果的报告中可以不出现；不确定度不能修正，只有它使用目的可以忽略不计时，在测量结果的报告中才可以省略它。

第十一，通常的所谓测量标准误并不是测量误差分布的参数标准差，而是对标准不确定度的不严谨称谓。

第十二，误差可以分系统误差和随机误差，但既没有系统不确定度，也没有随机不确定度，而只有系统效应引起的不确定度分量和随机效应引起的不确定度。系统误差可以而且需要修正，系统效应引起的不确定度不能修正而只能作为一个分量，合成到最终的不确定度中去。

第十三，不确定度的上限叫目标不确定度（target uncertainty），根据的是对测量结果提出的最低要求或测得量的最低质量标准。所谓的极限误差不过是目标不确定度的不严谨称谓。严格说来，极限误差应该是机械制造中的容差或公差（tolerance）。

第十四，分析误差的目的是减少误差，计算误差的目的是修正结果。分析不确定度的目的是优化测量资源，节约测量成本。计算不确定度的目的是科学决策，防止对测得值的盲目信任和过度解读。

三　标准误与标准不确定度

那么，为什么会用标准误来不严谨地指称标准不确定度，又用极限误差来不严谨地指称目标不确定度呢？这其中的原因主要是在语言使用上不够严谨。

在误差分析理论中，把"误差"叫"误差"，把误差分布的方差也叫误差，并把误差分布的标准（偏）差叫"标准误"。其实，第二个意义上的误差本来就是不确定度的误差分量。这是一个很有趣的不确定度分量。如果用估计出的误差（严格意义上的）值对测得值进行修正，即用误差的估计值修正，这个误差不确定度分量就是由于修正所引入测得值的不确定度。如果误差估计值是 0 或假定为 0（在只有随机误差存在的情况下这样），不修正就等于用 0 做了修正①，因此这个分量就会自动引

---

① 用 0 修正看似没有修正，但在逻辑上必须理解为修正，只不过修正值是 0。这是学术语言和日常生活语言的重大差别。0 也许是人类学术史上最重要的概念，也是最容易被忽视的概念。0 翻译是翻译，0 修正也是修正。

入测得值。如果没有其他不确定度分量，那么这个"分量"就是合成不确定度，其算术平方根就是标准合成不确定度。这就是说，在这种最简单的测量条件下，"标准误"等于"合成标准不确定度"（简称"标准不确定度"）。

用不太严谨的语言表述就是：标准误等于标准不确定度。用太不严谨的语言表述就是：标准误就是标准不确定度。甚至误差就是不确定度。

下面，就通过严格的形式推导，重新讲述一遍上面所论证的内容。所用的例子就是最简单的直接测量。

对于最简单的直接测量，测量方程是 $f(X) = X$。设 E 为测量误差，X 为测得值，T 为真值，则公式"误差＝测得值－真值"就可以写成

$$E = X - T \tag{7.1}$$

由于测得值与真值实验独立，所以对公式（7.1）两边求方差就得到[①]

$$VAR(E) = VAR(X) - VAR(T)$$

由于真值恒定不变，所以 VAR（T）= 0，于是就得到，

$$VAR(E) = VAR(X) \tag{7.2}$$

如果用 n 次测量中的任意一次的测量结果作为测量标的量的估

---

① VAR 是英文 variance［方差］一词的缩写，是数理统计中常用的算子符号，也用 σ^2。

计值或测得值，那么，VAR（E）的算术平方根就是测量结果的标准误，即误差分布的标准差，VAR（X）就是测量结果的不确定度（用方差表示），其算术平方根就是测量结果的标准不确定度，即用标准差表示的测量结果不确定度，简称"标准不确定度"。该标准误或标准不确定度的自由度是 $n-1$。

公式（7.2）两边同除观察（或测量）次数 n 得[1]

$$VAR(E)/n = VAR(X)/n \qquad (7.3)$$

公式（7.3）左边的算术平方根，就是用任意 n 次测量结果的平均值作为标的量估计值或测得值时的所谓测量结果的误差；公式的右边就是用任意 n 次测量结果的平均值作为标的量的估计值或测得值时的不确定度（用方差表示）。等式左边的算术平方根就是测量结果的标准误，等式右边的算术平方根就是测得量的标准不确定度，其自由度也同样是 $n-1$。形式论证完毕。

不难看出，公式（7.2）左边的算术平方根才是严格意义上的测量误差的标准差，而不是公式（7.3）左边的算术平方根。这就是为什么说标准误是标准不确定度的"不严谨"称谓。公式（7.2）和（7.3）都表明，标准误和标准不确定度在值上是相等的。尽管如此，它们只能告诉人们，可以用标准误来估计标准不确定度，却并不是说标准误和标准不确定度是同一个计量学概念。严格说来，这里的标准误既不是误差分布的标准差（而是误差分布标准差的一个函数，确切说是随机误差平均值分布的标准差），也不是一般意义上的标准不确定度（而是只有随

---

[1]　这是中心极限定理的应用。

机效应存在条件下的标准不确定度）。

以上的分析揭开了一层厚厚的面纱，揭露了一个长期掩盖着的伟大秘密。这层面纱底下的秘密是，所谓的测量标准误实际上是测量标准不确定度；这层厚厚的面纱是，不确定度分析能够帮助人们获取更多的误差信息从而更深刻地认识误差，而不是反过来。因此，不确定度的概念和思想应该贯穿误差分析的始终和各个环节，而不是只把不确定度技术封装起来，安插到误差分析教材的某个章节，生怕不确定度思想影响传统的误差思想。

不确定度法（Uncertainty Approach）不仅仅是一种技术，它更是一套计量学理念或思想体系（philosophy），只有在理解该理念或思想体系的大背景下，才能活用或创造性地应用它所衍生出来的具体技术，才会不固守错误的成规。明明用的是不确定度，却非要说用的是误差。这个概念上的错误就和把体重和体重测量结果的不确定度混为一谈一样。也就是说，如果可以把体重测量结果的不确定度叫作体重而不引起混淆的话，那么，把关于误差计算结果的不确定度称作误差也就不会引起混淆。反过来说，如果体重测得值的不确定度不是体重的话，那么，误差求得值（尽管这个值往往只是概念上的假想）的不确定度就不是误差。

四　测量不确定度的适用范围

通过以上分析，测量不确定度的意义已经跃然纸上。一方面可以看到误差概念的应用非常有限，另一方面可以看到不确定度的应用范围相当广阔。为了使偏重应用的读者感觉到更加实在，下面就简要介绍一些不确定度的适用范围。

1. 《GUM 指南》和国标定义的范围

不确定度适用几乎任何重要的测量领域。只要测量不确定度的大小在测量结果的使用中不得不考虑，就得计算和表示不确定度。用 GUM 1.1 中的话说就是 from the shop floor to fundamental research［从车间到基础研究］，包括

> 生产过程中的质量控制和质量保障；

> 法律和条例的统一和加强；

> 在科学和工程中进行基础研究、应用研究以及开发；

> 对标准和仪器进行校准，并在全国测量系统内进行性能检测，从而使结果能够追溯到国家标准之上；

> 开发、保持、对比国际和国内物理参考标准，包括参考材料。

根据《GUM 指南》和国内计量技术规范 JJF 1059.1-2012 测量不确定度评定与表示，测量不确定度的计算和表示通则多种准确度等级的测量。① JJF 1059.1-2012 列举了 6 个方面。

> 全国计量基准及各级计量标准的建立与量值比对；

---

① 国内计量文献中一般用评定，而英语用 evaluation。考虑到"评定"是一种定性活动，在本讨论中我根据具体的语境用了"计算"或"估算"或"求值"。此外，JJF 1059.1-2012 中用了"各种"，而 GUM 用的是 various，我用了"多种"。"各种"包括了不需要计算和表示测量不确定度的日常生活测量，这不符合实际情况，所以欠严谨。

> ➢ 标准物质的定值和标准参考数据的发布；
>
> ➢ 测量方法、测量规程、检定系统表、校准规范等技术文件的编制；
>
> ➢ 计量资质认定、计量确认、质量认证以及实验室认可中对测量结果和测量能力的表述；
>
> ➢ 测量仪器的校准、检定以及其他计量服务；
>
> ➢ 科学研究、工程、贸易结算、医疗卫生、安全防护、环境监测、资源保护等领域中的测量。

GUM1.2 把自己的主要范围定义在有明确定义的、可以用一个本质上唯一的值表征的物理量的测量方面，JJF 1059.1-2012 的 b）中并没有"物理量"这条限制。如果测量结果是一系列值的分布，那所描述的应该是一组标的量。

GUM1.3 和 JJF 1059.1-2012 的 c）把自己的范围定义在实验、测量方法、测量装置、复杂部件和系统的概念设计与理论分析方面。GUM 还特别嘱咐，由于测量结果及其不确定度可能是概念上的，是完全基于假想数据之上的，应该在更宽泛的意义上解读"测量结果"。

GUM1.4 再次重申，自己提供的只是通用规则，而不是具体细则。例如，并没有讨论测量结果的不确定度计算出来后到底如何使用。因此它建议有必要在本指南的基础上，针对具体问题编制更具体的行业或领域标准。而 JJF 1059.1-2012 的 d）缺三类适用条件：（1）可以假设输入量的分布是对称的；（2）可以假定输出量的分布近似正态分布或 t 分布；（3）测量模型为线性、可以转化线性或近似线性。

2. 不确定度适用于语言测量吗？

最后还有一个关键问题：测量不确定度的计算和表示适用包括语言测量在内的心理测验和教育测量吗？答案是肯定的：适用。

教育测量的问题不是要不要不确定度的问题，而是在计算不确定度时所用的输入量的定义问题，简单说是没有测量单位的问题。第八章中就会看到，教育测量或心理测验领域所研发的一套信度理论只是在假定测量单位问题已经解决条件下的比误差理论更复杂、更似是而非的不确定度"理论和技术"。实际上，本书的整个讨论都是在不确定度理念指导下的讨论。例如，第二章关于量的概念就是针对教育测量中没有单位这个问题；第三章关于量标的建立为解决测量单位问题提供理论基础；第四章关于通用教育测量量标的分析为计算测量不确定度提供测量模型基础；第六章中的精度决策和粗分标概念，实际上就是测量不确定度在教育测量或语言测量中的具体应用。

事实上，只要把考试结果用一个分数表示，这就构成严格意义上的测量。如果在做升学或达标与否这类高风险的决策时，区分不同考生的标准小于所得分数的不确定度，那就要计算并报告不确定度信息。例如，分数的标准不确定度是 5 分（这是正常值），而决策却可能以 1 分之差决断两个考生的录不录取的问题。

简言之，需要用不确定度这个参数来表征语言测量中的主要不确定性。传统的信度理论和当代概化理论都是关于测量不确定度如何计算和表示的探索。由于使用了一套不同的话语体系，于是自己把自己封锁在不确定度理论和技术之外。

五　测量中的不确定性来源

在测量实践中，不确定性的来源是各种各样的。GUM3.3.2中就列举了以下十种。

（1）对测量标的量的不完整定义；

（2）对标的量的定义未能完美实现；

（3）所测量的样本可能并不代表所定义的标的量；

（4）关于环境条件对测量的效应缺乏充分的知识，或者，对环境条件的不完美测量；

（5）测量人员的个人读数偏差；

（6）仪表的有限分辨率或区分阈限；

（7）测量标准和参考材料的不确切值；

（8）数据中所使用的常数和从外部得到的参数的不确切值；

（9）包含在测量方法和规程中的各种近似和假定；

（10）在明显相同条件下得到的重复观察间的变化。

以上十个来源只是不确定性的常见的可能来源，绝不是全部来源。对于语言测量而言，以上十个常见来源就变成下面的情况。

（1）对语言技能或能力或交际能力的不完整定义；即使定义是完整的，但编制试卷时未能完美实现定义；

（2）试卷中题目所引发的反应可能并不代表所定义的语言技能或能力，例如语法知识和翻译理论就不能代表语法能力或翻译能力；

（3）并不充分了解考试环境、阅卷环境对考生做题或阅卷人员有什么影响，有多大影响，是如何影响的？

（4）主观题评分人员的个人评分偏差；

（5）每道题的计分方式，评卷人员的区分能力；

（6）评分标准不一定完全正确，不一定能完全可以转化为操作准则；等值用锚题的原定参数的不确切值；

（7）收卷时间，发题时间，音响或耳机收听效果，监考人员的表情和走动方式，考场的灯光、温度以及环境噪声；

（8）同一个评分员对同一个解答多次评分给出不同的分数。

此外，考生的身体状况和心理状况、试题对语言技能或知识的切分、题目的选材、题目的撰写、题目的数量等，都是语言测量中的不确定性因素或来源。

在测量实践中，并不是对于每一个不确定性来源都要有一个不确定度分量与之对应。这不仅在实践中做不到，而且也没有必要。对于像语言测量这样粗大不确定度的实践，在总结果时抓住几个重大的不确定性来源（如题目抽样、人工评分）就足够了，其他的来源主要靠对过程及方法的标准化来减小。

第四节　测量不确定度的计算

根据 INC-1（1980）中的建议，《GUM 指南》把测量不确定度分量的计算分为 A、B 两种（Type A 和 Type B evaluation）。但无论是用哪一种方法计算得到的不确定度分量，最后得到的总不确定度都是测得值的不确定度，是关于测得值分散性的度量，即测得值分布的方差或标准差或测得值可能出现的区间宽度。本章的例子主要是关于 A 类计算方式的，因为在教育测量和心理测验中，迄今尚未有关于不确定度 B 类计算的文献。对 B 种计算方式感兴趣的读者，可参考 ISO/IEC Guide 98 和 JJF 1059.1-2012《测量不确定度评定与表示》。但这并不是说 B 类计算方法就不重要，而是一方面为了节约篇幅且考虑到 B 类计算方法比较简单，另一方面为了和传统的信度理论或技术进行比较，从而揭示出其中的秘密。

首先，我们讨论两种计算不确定度分量的方法，包括几个重要的不确定度基本概念；其次，我们讨论简单的 A 类计算方法；最后，举几个假想的语言测量例子。

一 两种测量不确定度的求值路径

从本章第一节的讨论中得知，把不确定度分量按照其求值或估值的方法分为 A、B 两类是建议书 INC-1（1980）中的提议。这种分类纯粹是为了讨论的方便，并不意味着这两类分量有什么本质上的不同，而且，两类方法所求得的不确定度分量，最后都要用方差或标准差表示（GUM 3.3.4）。

1. 测量不确定度计算的 A、B 路径

测量不确定度的 A、B 类计算路径，具体指的是测量函数中输入量的测得值的不确定度计算方法，可以分为两种。其中，A 类方法是指统计方法，B 类方法是指统计之外的其他方法。

A 类求值路径。就是从某个输入量的原始观测结果中计算出与该输入量相伴随的不确定度。为了后续合成的方便，该不确定度通常用方差表示。输入量的测得值的不确定度统计计算

方法通常有贝塞尔法、极差法①、最小二乘法。在教育测量和心理测验中一般用贝塞尔公式法，即用样本方差或标准差的计算公式。其中合并样本的方差以及可认为不同输入量测得结果的不确定度相等时，每个输入量测得结果的方差其实都是贝塞尔公式计算出的方差的平均值。因此，这些方法不过是贝塞尔公式的扩展。在重复性条件或复现性条件下对输入量 X_i 进行 n 次独立的测量，得到 n 个观测值 x_{i1}，x_{i2}，…，x_{in}，则 n 个观测值样本分布的方差 $s^2(x_i)$ 可由贝塞尔公式（7.4）求得。

$$s^2(x_i) = \frac{1}{n-1} \sum_{j=1}^{n} (x_{ij} - \bar{x}_i)^2 \tag{7.4}$$

其中，$\bar{x}_i = (x_{i1} + x_{i2} + \cdots + x_{in})/n$。如果用 n 个观测值的平均值作为输入量 X_i 的测得量估计，那么，这个估计值 $\bar{x}_i$ 分布的方差为

$$s^2(\bar{x}_i) = \frac{1}{n(n-1)} \sum_{j=1}^{n} (x_{ij} - \bar{x}_i)^2 = u^2(X_i) \tag{7.5}$$

用公式（7.5）计算得到的就是对输入量 X_i 用贝塞尔公式计算出

----

① 在测量观测次数少于 10 的情况下可以用极差法。极差就是输入量测得值的最大值和最小值之差，一般用 R 表示。如果对输入量 X_i 做了 n 次独立的观测，每次观测的结果是 x_{ij}，则 X_i 的测得值的标准不确定度可以这样估计：$s(X_i) = s(\bar{x}_i) = u(X_i) = R/C$，极差系数 C 与自由度由下表中查得（国家质量技术监督局计量司，2000：33）。

n	2	3	4	5	6	7	8	9
C	1.13	1.64	2.06	2.33	2.53	2.70	2.85	2.97
ν	0.9	1.8	2.7	3.6	4.5	5.3	6.0	6.8

的不确定度，与其相系的自由度为 $n-1$，即 $\nu_i = n-1$。如果对 m 个测量对象的同类输入量 X_1，X_2，$\cdots$，X_{m-1}，X_m 都做了 n 次独立的测量，那么，这 m 个同一输入量的测得值的平均不确定度用公式（7.6）求得

$$\overline{s^2(\bar{x}_i)} = \frac{1}{mn(n-1)} \sum_{i=1}^{m} \sum_{j=1}^{n} (x_{ij} - \bar{x}_i)^2 = \overline{u^2(X_i)} \tag{7.6}$$

结果的自由度为 $\nu_i = m\ (n-1)$。

如果把这里的测量对象换成不同的考生，这种情况就是教育测量中经典信度理论和概化理论的假定（参见席仲恩，2006：179，公式 4.6a），也就是席仲恩（2005：135~164）所谓"等误差理论"[1]。得到这个不确定度估计量后，如果以后应用中对每个对象的同类输入量不是测量 n 次，而是只测量一次，那么，结果的不确定度为

$$\overline{s^2(x_i)} = \frac{1}{m(n-1)} \sum_{i=1}^{m} \sum_{j=1}^{n} (x_{ij} - \bar{x}_i)^2 = n\ \overline{u^2(X_i)} \tag{7.7}$$

如果把这里的测量一次（即 $n=1$）换成只考一道题或只一个人评一次分，那么，公式（7.7）就等价于语言测量中的单题目考试或单人主观评分的情况。这种做法的好处是，既可以解决单次测量的不确定度问题，又可以获得较小不确定度。但前提是要满足等不确定性条件，即每个考生的得分的不确定度差别很小。不满足这个条件就不能使用公式（7.6）

---

[1] 由于当时我还不了解不确定度法，因此用的术语都是传统法或误差法或真值法的一套术语。当时的"等误差"就是等不确定度的意思。

或（7.7）。

B 类求值路径。如果说 A 类求值是根据输入量的现测结果求出其表征值用方差表示的不确定度的话，那么 B 类求值就是，在没有现测结果时如何得到关于输入量表征值的不确定度。具体说就是如何从其他的已有资料中引用或推出输入量表征值的不确定度，并换算成方差，以便后续合成之用。简言之，A 类是从原始数据中计算求得不确定度，B 类是从已有资料中找出或折算出不确定度。A 类是提取信息，B 类是整理、判断或规范信息形式。GUM 4.3.1 明确指出，B 类是在所有可用的关于表征值可能变化的信息基础之上做出的科学判断（scientific judgement）。这些可用的信息源或汇总具体包括

> ➤ 之前的测量数据，
> ➤ 关于有关材料和仪器性能的经验或一般知识，
> ➤ 制造方提供的技术参数，
> ➤ 校准证书和其他证书中提供的数据，
> ➤ 手册中参考数据的不确定度。

根据 VIM 2.29，通常可根据下列信息源求得不确定度的值：

> ➤ 权威部门发布的量值；
> ➤ 有证参考材料的量值；
> ➤ 校准证书；
> ➤ 关于仪器的漂移数据；
> ➤ 检验过的测量设备的精密度等级；

> ➤ 个人经验得出的精度极限值。

不难看出，B 类估值更多的是凭借测量人员的经验。或者说，B 类估值要比 A 类更难，要求更高。不过，这些知识、经验和技能都是可以通过实践学得的；而且，用 B 类方法得到的不确定度信息可以和用 A 类方法得到的一样可信（GUM 4.3.2）。

2. 测量不确定度计算过程中的几个基本概念

在讨论测量不确定度的计算时，通常有几个基本概念不可避免。它们分别是不确定度分量、合成不确定度、扩展不确定度、包含因子、自由度、不确定度传导定律、测量模型或测量函数。

不确定度分量。是计算不确定度的基础，或者说，计算不确定度时，首先要计算出每一个分量的值，通常用方差和相应的自由度表示计算结果，有时也用标准差表示。用标准差表示的不确定度分量简称"标准不确定度"，其值等于不确定度方差分量的算术平方根。不确定度分量通常就是测量模型中输入量在特定测量条件下的测得值的不确定度。

合成不确定度，是把各个不确定度分量按照不确定度传导定律组合起来而形成的总不确定度，一般用 $u_c^2(y)$ 表示。与合成不确定度对应的自由度通常叫有效自由度。在只有一个分量的情况下，合成不确定度就等于该分量乘上一个因子。当这个因子为"1"时，合成不确定度的值就等于该不确定度分量的值，相应的有效自由度就是该分量的自由度。合成不确定度的算术平方根叫标准合成不确定度，一般用 $u_c(y)$ 表示。

扩展不确定度。有时也叫总体不确定度（overall uncertainty）。扩展不确定度是合成标准不确定度乘上一个包含因子，一般用 U 表示，即 $U = k\, u_c\,(y)$。给扩展不确定度乘上一个因子并没有提供什么新信息，而只是换了一种不同的方式表示扩展不确定度（GUM 6.2.3）。提供扩展不确定度的目的主要是方便使用和防止过度解读测量结果，一般适用测量结果直接使用的应用情景，但不适用科学研究。第六章中的粗分标其实就是扩展不确定度在教育考试中的进一步拓展应用。不提供扩展不确定度时一般都假定，测量结果的使用者具有良好的概率分布知识。如果这个假定不能满足，或者怀疑部分使用者不具备必要的概率分布知识，那就报告扩展不确定度。扩展不确定度经常用 U_{95} 或 U_{99} 表示。前者表示 95% 的半包含区间宽度，后者表示 99% 的半包含区间宽度。

包含因子，是与合成不确定度相乘以取得扩展不确定度的那个乘数，通常用 k 表示（VIM 2.38），其取值一般在 2 到 3 之间（GUM 6.3.1），但特殊情况下会更大。如果没有特殊说明，且能假定测得值呈或基本呈正态分布，那么，可以假定 $k = 2$ 和 U_{95} 相对应，$k = 3$ 和 U_{99} 相对应（GUM 6.3.3）。如果没有提供其他信息，则一般假定 $k = 2$ 或 $U = U_{95}$。在教育测量和心理测验（包括语言测量）中一般就是这样假定的（如克罗克和阿尔吉纳，1986/2004：136；Ebel & Frisbie，1986，p.81）。尽管不少教育测量工作者假定 $k = 1.96$ 或 $U = U_{95}$（如克罗克和阿尔吉纳，1986/2004：136；王孝玲，1986：71~72）。其实，对于大量的实践条件，k 取 2 都会太小。尤其是对于语言测量中的人工评分，有时 k 的取值应该在 10 以上。例如对论述题或写作题评分，如果用两个评分员的平均成绩作为考生的考试成绩，并用这两次评分结果估计不确定度，那么，对应 $U = U_{95}$，$k = 12.706$。其实，这里的 k 值就是双侧 t 检验中的 t 值，有效自由度就是评分人员减 1。

自由度，一般分自由度和有效自由度。自由度一般用希腊字母 ν 表示，有效自由度用 ν_{eff} 表示。自由度就是在计算不确定度分量时所用的关于输入量的独立测得值的个数减去一个小整数。如果独立测得值的个数是 n，且估计不确定度分量时用的是贝塞尔公式（即样本方差的计算公式），那么，相应的不确定度分量的自由度就是 $n-1$，即 $\nu_i = n-1$。其中的下标 i 表示第 i 个不确定度分量的自由度。有效自由度指与合成不确定度相系的自由度，其计算方法一般用韦尔奇-萨特思韦特（Welch-Satterthwaite）公式。（见公式7.8）

$$\nu_{eff} = \frac{u_c^4(Y)}{\displaystyle\sum_{i=1}^{N} \frac{u_i^4(X_i)}{\nu_i}} \qquad (7.8)$$

且

$$\nu_{eff} \leqslant \sum_{i=1}^{N} \nu_i \qquad (7.9)$$

式中的 N 代表不确定度分量的个数（国家质量技术监督局计量司，2000：51）[1]。有效自由度一般采用去尾法取值，例如，若求得的有效自由度为 10.8，那么就取 10。包含因子的取值取决于有效自由度的大小和包含概率的高低。在包含概率一定的条件下，有效自由度越大，包含因子越小；有效自由度越小，包

---

① 国家质量技术监督局计量司（2000）把公式中的 $u_i^4(x_i)$ 误印成了 $u_i^4(y)$。

含因子越大。在有效自由度一定的条件下，包含概率越低，包含因子越小；包含概率越高，包含因子越大。

不确定度传导定律，就是误差分析中的"误差传递函数"，在《GUM 指南》中叫 law of propagation of uncertainty，即计算合成不确定度的公式。JJF 1059.1-2012 中叫不确定度传播律（见4.4.1 款）。该定律是我们解决教育测量和心理测验信度理论问题的钥匙，也是我们简化多元概化理论的基本工具（具体实例见席仲恩，2006：185-189），还是语言测量结果可用的保障。原因是，不确定度传导律迫使测量工作者把测量过程和测量方法透明化。实现测量过程和方法透明化的具体工具就是测量函数或测量方程。教育测量和心理测验中的很多问题就是因为没有应用测量函数或方程而被掩盖。特别是语言测量，如果用了测量函数或方程，很多问题就会显露出来，包括模型的使用和不确定度及其有效自由度的计算等。不确定度传导定律的一般式将输入量分为独立和相关两种情况，其中独立又分测量函数是线性和非线性两种情况（参见 GUM 5）。如果测量函数为显著非线性，《GUM 指南》建议把测量函数展开成泰勒级数，然后要把二阶项纳入考虑。对于非相关输入量，包含二阶项的不确定度传导律为

$$u_c^2(Y) = \sum_{i=1}^{N} \left[\frac{\partial f}{\partial X_i} \right]^2 u^2(X_i) +$$

$$\sum_{i=1}^{N} \sum_{j=1}^{N} \left[\frac{1}{2} \left[\frac{\partial^2 f}{\partial X_i \partial X_j} \right]^2 + \frac{\partial f}{\partial X_i} \frac{\partial^3}{\partial X_i \partial X_j^2} \right] u^2(X_i) u^2(X_j) \qquad (7.10)$$

公式（7.10）看似复杂，其实只有两类项，即偏导数部分和不确定度分量部分，其中的偏导数部分叫灵敏度系数（sensitivity coefficents）。对于大量的语言测量情况，如果不采用现代项目反应理论，二阶偏导数全部为零，一阶偏导数也是常数，即分数权重的平方（例子请参见席仲恩，2006：188）。

测量模型/测量函数，这里的模型指的是数学模型，既不是概念或理论模型，也不是实物模型。测量模型就是测量所涉及的全部已知量之间的数学关系，这个关系符号化之后的形式为 $h(Y, X_1, \cdots, X_N) = 0$（VIM 2.48）[①]。模型中的量既要有输入量 Y，也要有输出量 $X_1, \cdots, X_N$。输出量就是测量活动的标的量（measurand），是不一定要直接测量的量，但输入量是必须直接观测的量。而且，测量模型中的输入量往往是测量系统或仪器的输出量（VIM 2.50）。显然，如果只有一个输入量，测量模型就简化为 $h(Y, X) = 0$。如果测量模型能够明确写成 $Y = f(X_1, \cdots, X_N)$ 的形式，即能够把输出量从输入量中间解出来，那么，这个输入量等于输出量的函数的方程式就叫测量函数（VIM 2.49），有时也叫测量方程。在一般称为"考试"的教育测量中，测量模型或函数或方程就是算分公式。日常生活中的测量（货物称重、体重称量）也有测量模型或函数，其形式是 $Y = X$。这是最简单的测量模型和函数，由于一般不需要计算测量结果的不确定度，所以一般没有必要写出或说出测量模型。但这并不是说就没有测量模型或函数。对于要计算结果不确定度的测量，即使是这种最简单的测量模型，我也强烈建议写出测量模型。像第六章第二节提到的关于上海市高考成绩不

[①] 在 VIM 的定义中，X 的下脚标用的是小写 n，为了和前面不确定度传导定律中的符号一致，这里用了大写 N。

确定度的概化理论研究，其英语单科的测量函数是 $Y = 150$ $(A_1X_1 + A_2X_2 + \cdots + A_NX_N)$，其中 $A_1X_1 + A_2X_2 + \cdots + A_NX_N \leqslant 1$，$A_1 + A_2 + \cdots + A_N = 1$，总分的测量函数不过是把各科的测量函数简单相加。[①] 即使应用正确，（多元）概化理论求出的也只是输入量的不确定度，经过公式（7.10）传导以后，单科总分（输出量）的标准不确定度就是合成不确定度。显然，以英语科为例，如果用标准差表示，那就得乘以 150（当然不是零点几，而是零点几的 150 倍）；如果用方差表示，那就得乘以 150^2。

二　测量不确定度的 A 类求值过程

测量不确定度的计算过程分一般的总体计算过程和过程中某个阶段的计算过程。

1. 求值的总过程

总过程始于测量模型的确立，终于测量模型中输出量的测得值的不确定度及其有效自由度的取得，或者终于扩展不确定度及其有关信息的取得。

测量不确定度的一般计算过程分四步，其中第四步是选择性的。这四步分别是

A. 写出测量模型或测量函数；

B. 计算函数中每一个输入量的不确定度及其自由度；

---

① 事实上，概化理论已经隐含了这些函数关系，只是在教育测量和心理测验中没有写出测量函数的习惯，因此，实践中容易造成误用。对于那些未读懂概化理论模型推导过程及其前提条件的应用工作者，难免会错误地使用。

C. 应用不确定传导定律（即公式 7.10）计算测量函数中的输出量的不确定度及其自由度，即合成不确定度及其有效自由度；

D. 如果有必要，根据有效自由度和测得值的分布信息确定包含因子，计算标准扩展不确定度，并说明包含因子和包含概率。

2. 求输入量不确定度的过程

根据现测数据求输入量表征值的不确定度一般分三步走：

A. 分析观测值，确定统计方法；

B. 求出观测值分布的方差或标准差及其自由度；

C. 求出输入量表征值的不确定度值，用方差表示，以便后续计算输出量表征值的合成不确定度。

其中第一步对观测值分布的分析最为重要，它涉及接下来要采用哪一种具体的统计方法。

A. 根据观测值确定统计方法。

一般说来，如果观测值的数目不多（如 10 以内），且分散性较大，除了检查是否有疏忽之外，可考虑用极差法。如果数据较多，可考虑用贝塞尔公式。如果有每次观测结果的残差，那就可以采用最小二乘法（具体例子见国家质量技术监督局计量司，2000：34）。

到底要用贝塞尔公式还是极差法，这取决于哪一种结果和实际更接近。这可以事先通过二次抽样或通过模拟的方法检验。

例如，要决定对人工评分结果用贝塞尔公式还是用极差法估计方差，可以让多个评分人员（如 60 个以上）对多个主观题答题结果评分，然后每次抽其中几个结果（根据面对的实际应用情况）计算输入量的表征值（一般用平均分或中位分），对比哪种结果更符合表征值的实际，然后就采用更符合实际的统计方法。显然，这一步是 A 类估计的关键。接下来的不过是单纯的数学计算。如果这一步决策不当，接下来计算出的结果的价值就会大打折扣。

B. 计算测得值的方差及自由度。

这一步是最简单的。如果确定用贝塞尔公式，那就把观测数据带入公式（7.4）就可以了。如果决定用极差法，那就用第 241 页脚注中介绍的方法。如果决定用最小二乘法，请参见（国家质量技术监督局计量司，2000：34）。

无论用哪种方法，结果都要用方差表示，因为这样方便之后的运算。如果用的是贝塞尔公式，方差的自由度是观测值的个数减 1。如果是其他方法，一定要注意相应的自由度，而不能用测得值的个数减 1。

C. 计算输入量表征值的不确定度及自由度。

这一步和第一步一样，需要一定的专业判断。判断的关键之一是，用中位值表征输入量还是用平均值；关键之二是决定用公式（7.5）、公式（7.6），还是（7.7）。

这三个公式有时是有选择的，有时是没有选择的（如电子设备的频率测量），是由测量的具体情况决定的。如果有可能，最好用公式（7.5）。公式（7.6）和（7.7）主要是防止极端值对不确定度估值的过大影响，但必须满足严格的适用条件，即不同测量对象的同类输入量的表征值的不确定度差距不大，或者理论上没有差距。

最后要指出，关于公式（7.5）、（7.6）和（7.7）的使用是非常灵活的。在估计方差时用了 n 个独立观测的结果，但在实际应用中用的不是 n 次独立观测，而是少于 n 次，这时公式（7.5）就变成了

$$s^2(\overline{x_i}) = \frac{1}{n'(n-1)}\sum_{j=1}^{n}(x_{ij} - \overline{x_i})^2 = u^2(X_i), n' \leqslant n \qquad (7.11)$$

如果实际用的是 1 次观测的话，公式（7.11）的结果就是公式（7.4）的结果。如果估计方差时用的是 n 次独立观测的结果，但在实际应用中却用了 n' 次独立观测（一般 $n'<n$），那么公式（7.6）和（7.7）就变成

$$\overline{s^2(\overline{x_i})} = \frac{1}{mn'(n-1)}\sum_{i=1}^{m}\sum_{j=1}^{n}(x_{ij} - \overline{x_i})^2 = \overline{u^2(X_i)}, n' \leqslant n \quad (7.12)$$

$$\overline{s^2(\overline{x_i})} = \frac{1}{mn'(n-1)}\sum_{i=1}^{m}\sum_{j=1}^{n}(x_{ij} - \overline{x_i})^2 = \overline{u^2(X_i)}, n' \leqslant n \quad (7.13)$$

公式（7.12）和（7.13）在网络主观题人工评分中可以采用。例如，先用 60 个评分人员独立评定 100 个考生的答题（即 $n=60$，$m=100$），从而计算出全体评分人员的平均不确定度。实际评分中，可以用 n' 个评分人员的评分结果的平均分作为考生的得分。如果采用一评，那么 $n'=1$；如果采用两评的平均分，那么 $n'=2$；如果采用三评的平均分，那么 $n'=3$；等等。

三 确定输出量表征值的不确定度

输出量的表征值就是测量标的量的测得值。确定输出量表

征值的不确定度的过程，一般包括合成标准不确定度的确定（determining combined standard uncertainty），有时也包括对扩展不确定度的确定（determining expanded uncertainty）。

1. 确定合成标准不确定度

确定合成标准不确定度的过程，就是对不确定度传导定律和韦尔奇－萨特思韦特公式的应用，即对公式（7.8）和（7.10）的应用。也就是在这个过程中，测量模型或函数才派上用场。公式（7.8）是用来估计合成不确定度的有效自由度的，公式（7.10）是用来"加权"合成不确定度的。在测量函数是线性函数或可以转化为线性函数的情况下，公式（7.10）中的偏导数系数，实际上就相当于各输入量表征值不确定度并入输出量表征值不确定度时的权重。

确定合成不确定度时一般可分三步。第一步先要判断测量模型中各输入量之间是否实验相关。如果不相关，就用公式（7.10）合成；如果相关，那还得计算相关系数，并按照 GUM 5.2 或 JJF 1095.1-2012 中建议的方法合成。限于篇幅，本书不讨论输入量相关时不确定度的合成问题，感兴趣的读者可参考上述两个文献。第二步是计算灵敏度系数，即求出输出量关于输入量的偏导数，并算出其平方值。第三步是计算灵敏度系数与输入量不确定度之积，并求出其算术平方根；同时，用公式（7.8）求出输出量的有效不确定度。如果测量函数是显著非线性的且不能转化为线性函数的，那么，还要计算二阶导数项。关于合成标准不确定度时的详细流程，可参考国家质量技术监督局计量司（2000：52）中的流程图。

例如，有一个最简单的语言考试，其测量方程是 $Y = 100X$

（即总分是 100 分）。假定测量结果的不确定度是 $u^2(X) = 0.0025$，那么，评分不确定度分量等于 $100^2 \times 0.0025 = 25$，总成绩（输出量）的不确定度 $u^2(Y) = 1^2 \times 25 = 25$。如果考试只有 1 道作文题，结果用 20 个人打分的平均分表征，打分范围是 0~1 分。如果评分结果的方差是用贝塞尔公式计算的，那么，该方差的自由度就是 20-1 = 19。由于输入量只有一个量，所欲合成不确定度的有效自由度也是 19。最终得出标准合成不确定度 $u_c(Y) = 5$，$\nu_{\text{eff}} = 19$。

2. 确定扩展不确定度

合成标准不确定度确定以后，不确定度工作的任务已经基本完成。但是，对于商业、工业和其他一些常见的涉及健康和安全问题的应用领域，有必要提供扩展不确定度，从而使某个区间的大量测量结果都可以归于某个测量标的量（GUM 6.2.3），从而避免对测量结果的过分解读，防止测量结果的误用和滥用。可以说，扩展不确定度的确定就是测量不确定度在实践中的具体应用。

扩展不确定度的计算非常简单，就是给扩展不确定度乘上一个叫作包含因子的系数。但是，如何确定这个系数并没有明确的一成不变的标准，既要考虑具体的应用问题，还要考虑行业的传统。扩展因子通常大于 1，一般在 2~3 取值。JJF 1095.1-2012《测量不确定度评定与表示》规定，如果报告扩展不确定度时不说明包含因子，则假定包含因子 $k = 2$，等价于 U_{95}，即 95% 包含区间的二分之一宽度。

要确定扩展不确定度，一般需要走下面四步：

A. 分析情况，决定有无必要报告扩展不确定度，如果有，
然后进入第二步；

B. 分析测量结果的应用需求，确定扩展不确定度的包含
概率；

C. 分析输出量的表征值（即测量标的量的测得值）的分布
情况，结合有效自由度，确定出包含因子 k（一般为 2 ~
3）；

D. 计算扩展不确定度的值，即 $U = k\, u_c\,(y)$。

不难看出，以上四步的关键是中间两步。关于包含概率的
确定始终是一个棘手的问题。但一般原则是，越是害怕测量结
果被误用和滥用，或者越要保护接受测量的人，那么包含概率
就越高，但一般不超过 99%。如果有效自由度足够大，如在 20
以上［这么做的理论依据是中心极限定理（有关该定理的例子
图象，请参考 Runyon, Haber, Pittenger & Coleman, 1996,
p. 370）。］，那么，$k = 2$ 就差不多等于 U_{95}（即 95% 的包含概
率），$k = 3$ 就差不多等于 U_{99}（即 99% 的包含概率）。[①] 如果有效
自由度不够大，如在 10 以下，那一定要分析标的量测得值的分
布情况。要根据具体分布确定 k 的取值。只有在测得值分布接
近正态分布的条件下，才允许使用 t 值表。

语言测量中个体考生测得分的分布未见有研究报道，但一

① 　这里只是应用中的常规约定。确切些说，假定测得值为 t 分布，要使 $k = 2$
时达到 95% 的包含概率，则有效自由度要在 60 以上，但要使 $k = 3$ 时达到
99% 的包含概率，则有效自由度只要在 15 以上就可以。这里的 k 实际上就
是 t 检验表中的 t 值。

般假定，$k=2$ 等价于 U_{95}。这个假定在多大程度上成立，这需要经验证据来回答。这里需要指出的是，团体分数呈接近正态分布，并不能推出个体的分数也同样接近正态分布。教育考试中的有效自由度可以做到很大［如通过合理使用公式（7.6）］，可以让它上百、上千，但不能保证个体的成绩就接近正态分布。

四 四个假想的语言测量例子

这里举几个假想的语言测量的例子。第一个是英语单词拼写，第二个是英语阅读理解，第三个是英语听力理解，第四个是英语演讲人工评分。这里之所以以英语为例，是因为大家更熟悉英语，并不意味着英语比别的语言更重要。

1. 英语单词拼写考试成绩不确定度的计算

假定这个拼写考试测量学生的英语单词拼写知识量 Y，该知识量用会拼写的单词占全部英语单词的比例来度量。假设考试由 100 个单词构成，每个单词只要完全拼写对都得 1 分，只要有任何差错都得 0 分（尽管这种计分方式很流行，但它的科学性和实用价值有限，这里这么做只是为了方便，没有任何推崇这种计分方式的意图）。这些单词都是随机从英语词汇中抽取的，同时假定有无数个英语单词（在实践中，只要所考到的单词在考试范围内的单词中占比足够小，如 1%，就可以认为该假定成立）。

第一步：写出测量模型或函数。

$$Y = f(X) = 100X$$

函数中的输出量就是会拼写的英语单词数量占全部英语单词总

数量的比例，常数 100 只是为了使结果不是纯小数。注意，这一步至关重要。这样就在概念上把测量函数和实践中的简便计分方式严格区分开来，为后续的分数解释和不确定度计算打下了基础。

第二步：计算输入量的不确定度及自由度。

这里有一个重要的概念需要树立：即做一个考题就是接受一次测量。这样，做 100 道题就等于进行了 100 次的独立实验观测。这样，考试后，对于每一个考生就得到一个由 0 和 1 构成的观测结果列。学生做对的单词数除以 100 就是结果列的平均值。带入公式（7.4）就可以求得该考生分数的方差。

为了便于计算，我们假定其中的考生甲拼对了 1 个单词，考生乙拼对了 99 个单词。这样，甲的分数列的平均成绩就是 0.01，乙的分数列的平均成绩就是 0.99。两个考生的成绩方差就都是

$$s^2(x_i) = \frac{1}{n-1} \sum_{j=1}^{n} (x_{ij} - \bar{x_i})^2 = \frac{1}{100-1} \times 0.0099 = 0.0001$$

自由度是 $\nu = 100 - 1 = 99$。如果用 100 次结果的平均值表征输入量，那么，表征值的不确定度是

$$s^2(\bar{x_i}) = \frac{1}{n(n-1)} \sum_{j=1}^{n} (x_{ij} - \bar{x_i})^2 = \frac{s^2(x_i)}{n} = \frac{0.0001}{100} = 0.000001 = u^2(X)$$

第三步：计算输出量的不确定度及有效自由度。

对测量函数求偏导数得灵敏度系数。

$$\frac{\partial f(X)}{\partial X} = 100$$

由于只有一个输入量，且测量函数是线性函数，故不确定度传导定律中的其他项均为零，且有效自由度也是 99，即 $\nu_{\text{eff}} = 99$。把灵敏度系数代入传导律（即公式 7.10）得

$$u_c^2(Y) = \sum_{i=1}^{N} \left[\frac{\partial f}{\partial X_i} \right]^2 u^2(X_i) = \left[\frac{\partial f(X)}{\partial X} \right]^2 u^2(X) = 100^2 \times 0.000001 = 0.01$$

于是得到标准合成不确定度 $u_c(Y) = 0.1$。

第四步：计算输出量的扩展不确定度。

如果决定要报告扩展不确定度，且把包含概率定为 95%，考虑到有效自由度较大，可以假定输出量的表征值呈正态分布，这样，包含因子就可以取 2，即 $k = 2$。于是可得扩展标准不确定度 $U_{95} = 0.2$。

有了这样的扩展不确定度值，就可以把考生甲的拼写成绩解释为，有 95% 的概率，该生的拼写成绩在 $1-0.2$ 和 $1+0.2$ 之间，即 $0.8 \sim 1.2$。考生乙的拼写成绩则在 $99-0.2$ 和 $99+0.2$ 之间，即 $98.8 \sim 99.2$。

这仅仅是两个极端的考生。了解概率论或抽样理论的读者会容易得知，对于一个拼对 50 个单词的考生，其合成标准不确定度大约是 5（这是在没有猜测条件下的最大可能值）。这样，该生的 95% 包含概率的扩展不确定度则会是 $U_{95} = 10$。于是，我们只能说这个考生的分数，有 95% 的概率落在 $40 \sim 60$ 分。这就清楚解释了为什么中间段考生的成绩浮动很剧烈。换句话说，不是中间段的学生不稳定，而是他们成绩中包含了更大的不确定性。这种不确定性是测量技术造成的，不是考生的能力造成的。

测量技术对中间段考生成绩造成的硕大不确定性不是不可能，而是很可能。如果采用选择型的题目，猜测还会引入另一个不确定度分量，从而使结果的不确定度更大。关于如何计算猜测引入的不确定度和猜测修正值，请参考席仲恩（2006：277~280）。如果是没有统一答案的论述性题目，还要考虑评分引入的不确定度分量，而且这个分量往往是最大的一个。关于这个分量会有多大，请参考刘远我和张厚粲（1998）发表在《心理学报》上的研究报告。

这就是为什么在本书中我一再强调一个事实：教育考试是一种很粗糙的、不确定度很大的测量！因此，在使用考试结果时，必须充分考虑考试结果（分数）的不确定性。不然，就是对考试结果的误用甚至滥用。

2. 英语阅读理解考试成绩的不确定度计算

阅读理解考试的问题要复杂一些。这里仅以段落阅读为例，并假定每个段落后有多道客观题，没有猜测因素。进一步假设：考卷只有两个很长的选段（像托福高考那样），第一个选段有19个题目，第二个选段有21个题目，每个选段的权重一样，每个题目的权重也一样，阅读考试的分数权重是40。下面，我们就来计算这个考试结果的不确定度。

第一步：写出测量模型或函数。

$$Y = f(X) = 40X$$

函数中的输出量是阅读与考题同类英语的理解成绩。这里假定两个选段是无数个同类段落中的任意两个。

第二步：计算输入量的不确定度及自由度。

这里要树立的重要概念是：阅读一个选段并回答其后的问题就是接受一次测量。这样，尽管考生要做 40 道题，但只是接受了两次测量：第一次测量做了 19 道题；第二次测量做了 21 道题。每一次测量的观测结果，就等于考生所做对该段落后题目的比例。学生两次测量的平均值就是两段成绩之和除以 2，而不等于学生做对的两段题目总数除以 40。带入公式（7.4）就可以求得该考生分数的方差。

为了便于计算，我们假定其中的考生甲答对了第一选段的 14 道题，第二选段的 12 道题，即甲的分数列是：$X_1 = 14/19$，$X_2 = 12/21$。于是，该生的平均成绩就等于 $7/19 + 6/21$。这样，该考生的成绩方差就是

$$s^2(x_i) = \frac{1}{n-1} \sum_{j=1}^{n} (x_{ij} - \bar{x}_i)^2 = \frac{1}{2-1} \times 2 \left(\frac{7}{19} - \frac{6}{21} \right)^2 = \frac{1}{2} \left(\frac{14}{19} - \frac{12}{21} \right)^2$$

自由度是 $\nu = 2 - 1 = 1$。如果用两次结果的平均值表征输入量，那么，表征值的不确定度是

$$s^2(\bar{x}_i) = \frac{1}{n(n-1)} \sum_{j=1}^{n} (x_{ij} - \bar{x}_i)^2 = \frac{s^2(x_i)}{n}$$

$$= \frac{1}{4} \left(\frac{14}{19} - \frac{12}{21} \right)^2 = \left(\frac{7}{19} - \frac{6}{21} \right)^2 = u^2(X)$$

第三步：计算输出量的不确定度及有效自由度。

对测量函数求偏导数得灵敏度系数。

$$\frac{\partial f(X)}{\partial X} = 40$$

由于只有一个输入量，且测量函数是线性函数，故不确定度传导定律中的其他项均为零，且有效自由度也是 1，即 $\nu_{\text{eff}} = 1$。把灵敏度系数代入传导律（即公式 7.10）。

$$u_c^2(Y) = \sum_{i=1}^{N} \left[\frac{\partial f}{\partial X_i} \right]^2 u^2(X_i) = \left[\frac{\partial f(X)}{\partial X} \right]^2 u^2(X) = 40^2 \times \left(\frac{7}{19} - \frac{6}{21} \right)^2$$

于是得到标准合成不确定度

$$u_c(Y) = = 40 \times \left(\frac{7}{19} - \frac{6}{21} \right) = \frac{440}{133} \approx 3.3$$

第四步：计算输出量的扩展不确定度。

如果决定要报告扩展不确定度，且把包含概率定为 95%。由于这里的自由度很小，即使可以假定输出量的表征值呈正态分布，那么，包含因子即使查 t 值表也不是 2，而是 $k = 12.706$。于是，得到该生的扩展标准不确定度 $U_{95} \approx 42$。

试想，总分只有 40 分，而 95% 包含概率的扩展标准不确定度比可能的总分还大，这是多么荒唐的结果！

如果用 5 段文章呢？即使每次测量结果分布的方差不变，但一方面表征值的不确定度会小很多，而且扩展因子也会小很多。就这个例子来说，5 段时的输入量表征值的不确定度为

$$s^2(\overline{x_i}) = \frac{s^2(x_i)}{n} = \frac{1}{2 \times 5} \left(\frac{14}{19} - \frac{12}{21} \right)^2 = \frac{2}{5} \left(\frac{7}{19} - \frac{6}{21} \right)^2 = u^2(X)$$

输出量的合成标准不确定度为

$$u_c(Y) = = 40 \times \sqrt{\frac{2}{5} \left(\frac{7}{19} - \frac{6}{21} \right)} = \frac{440}{133} \sqrt{\frac{2}{5}} \approx 2.1$$

由于 5 段时的自由度是 4，查 t 值表可得 95% 概率的包含因子为 $k=2.78$，因此扩展标准不确定度 $U_{95} \approx 5.8$。和 42 分相比，这是一个可观的提高。

这个结果的现实意义是显而易见的。首先，在制定阅读理解考试方案时，一定要在选段的多少和选段的长短之间寻找平衡点。由于考试时间的严格限制，选段过长就不能选很多的不同片段，选长段似乎是为了提高考试结果的确定性，但实际上很可能反而大大降低了结果的确定性程度。无论选段多长，数量怎么都不能少于 3 篇，最好在 5 篇以上。这是因为在选篇很少的情况下，t 值变化很灵敏。[①] 即随着自由度的增加，t 值会锐减（如果假定标的量呈正态分布，t 值就是包含因子）。

其次，对于中游的考生而言，参加托福这样的考试，因为选篇太少而导致考试成绩的不确定性很大，多考几次，总有一次成绩会很高。这不是因为考生能力提高导致的成绩提高，而是由于出题原因造成的不确定性。

3. 英语听力理解考试成绩的不确定度计算

假定这个英语听力理解考试由短小对话、较长对话和短篇三个部分 20 道题目组成：8 个短小对话，每个对话 1 个问题，共计 8 题；2 个较长对话，每个对话 3 个问题，共计 6 题；2 个短篇，每篇 3 题，共计 6 题。进一步假设：听力理解的成绩就是三个部分成绩的加权和，短小对话部分的权重是 8/20，较长

---

① 对于 95% 的包含概率，包含因子值和选篇数目之间的关系是

篇数	2	3	4	5	6	7	8	9	10
因子	12.71	4.3	3.2	2.8	2.6	2.5	2.4	2.3	2.3

对话部分的权重是 6/20，短篇部分的权重是 6/20，且每个题目的权重都一样。下面，就来计算这个考试结果的不确定度。

第一步：写出测量模型或函数。

$$Y = f(X_1, X_2, X_3) = 20\left(\frac{8}{20}X_1 + \frac{6}{20}X_2 + \frac{6}{20}X_3\right) = 8X_1 + 6X_2 + 6X_3$$

函数中的输入量 X_1、X_2、X_3 分别是短小对话听力理解、较长对话听力理解和短篇听力理解部分的成绩，输出量 Y 是英语听力理解成绩。

第二步：计算输入量的不确定度及自由度。

这里要树立两个重要概念：像这样的听力试卷构成实际上有 3 个独立的输入量；聆听一段对话或短篇并回答其后的全部问题是接受一次测量。这样，尽管考生要做 20 道小题，但只是接受了 8 次关于短小对话的测量、2 次较长对话测量、2 次短篇测量。接受短小对话听力测量时每次做 1 道题；接受较长对话听力测量时每次做 3 道题；接受短篇听力测量时每次也做 3 道题。

为了便于计算，我们假定其中的考生甲答对了短小对话部分的 6 道题；答对第一个较长对话的 2 道题、第二个较长对话的 1 道题；答对第一个短篇的 1 道题、第二个较长对话的 2 道题。这样，甲生的分数列是

$$X_1(x_{11}, x_{12}, x_{13}, x_{14}, x_{15}, x_{16}, x_{17}, x_{18}) = (0, 1, 1, 1, 1, 0, 1, 1)；$$
$$X_2(x_{31}, x_{32}) = (2/3, 1/3)；$$
$$X_3(x_{31}, x_{32}, x_{33}) = (1/3, 2/3)。$$

把考生关于三个部分的各次成绩带入公式（7.4）就可以求得考生三部分分数的方差和自由度。

$$s^2(x_{1i}) = \frac{1}{8-1}\sum_{j=1}^{8}(x_{1j} - \bar{x}_{1i})^2 = \frac{1}{7} \times \frac{3}{2} = \frac{3}{14} \text{，自由度 } \nu_1 = 8-1 = 7$$

$$s^2(x_{2i}) = \frac{1}{2-1}\sum_{j=1}^{2}(x_{2j} - \bar{x}_{2i})^2 = \left(\frac{2}{3} - \frac{1}{2}\right)^2 + \left(\frac{1}{3} - \frac{1}{2}\right)^2 = \frac{1}{18} \text{，}$$

$$\text{自由度 } \nu_2 = 2-1 = 1$$

$$s^2(x_{3i}) = \frac{1}{2-1}\sum_{j=1}^{2}(x_{3j} - \bar{x}_{3i})^2 = \left(\frac{1}{3} - \frac{1}{2}\right)^2 + \left(\frac{2}{3} - \frac{1}{2}\right)^2 = \frac{1}{18} \text{，}$$

$$\text{自由度 } \nu_3 = 2-1 = 1$$

如果用多次测量结果的平均值分别表征三个输入量，那么表征值的不确定度分别是

$$s^2(\bar{x}_{1i}) = \frac{s^2(x_{1i})}{n} = \frac{3}{14 \times 8} = \frac{3}{112} = u^2(X_1)$$

$$s^2(\bar{x}_{2i}) = \frac{s^2(x_{2i})}{n} = \frac{1}{18 \times 2} = \frac{1}{36} = u^2(X_2)$$

$$s^2(\bar{x}_{3i}) = \frac{s^2(x_{3i})}{n} = \frac{1}{18 \times 2} = \frac{1}{36} = u^2(X_3)$$

第三步：计算输出量的不确定度及有效自由度。

对测量函数求偏导数得灵敏度系数

$$\frac{\partial Y}{\partial X_1} = 8, \quad \frac{\partial Y}{\partial X_2} = 6, \quad \frac{\partial Y}{\partial X3} = 6$$

由于有三个输入量，还得计算每一个输入量对输出量所贡献的不确定度，即不确定度分量 u_1^2、u_2^2、u_3^2。

$$u_1^2 = \left[\frac{\partial Y}{\partial X_1} \right]^2 u^2(X_1) = 8^2 \times \frac{3}{112} = \frac{12}{7}$$

$$u_2^2 = \left[\frac{\partial Y}{\partial X_2} \right]^2 u^2(X_2) = 6^2 \times \frac{1}{36} = 1$$

$$u_3^2 = \left[\frac{\partial Y}{\partial X_3} \right]^2 u^2(X_3) = 6^2 \times \frac{1}{36} = 1$$

由于测量函数是线性函数，故不确定度传导定律中的其他项均为零。把灵敏度系数代入传导律（即公式7.10）得

$$u_c^2(Y) = \sum_{i=1}^{N} \left[\frac{\partial f}{\partial X_i} \right]^2 u^2(X_i) = \frac{12}{7} + 1 + 1 = \frac{26}{7}，$$ 即标准合成不

确定度为 $u_c(Y) = \sqrt{26/7} \approx 1.93$。把以上数据带入公式（7.8）求有效自由度得

$$\nu_{eff} = \frac{u_c^4(Y)}{\sum_{i=1}^{N} \frac{u_i^4(X_i)}{\nu_i}} = \frac{(\sqrt{26/7})^4}{\frac{(\sqrt{12/7})^4}{7} + \frac{1^4}{1} + \frac{1^4}{1}} \approx 5.7 \approx 5$$

第四步：计算输出量的扩展不确定度。

如果决定要报告扩展不确定度，且把包含概率定为95%，也可以假定输出量的表征值呈正态分布，那么查 t 值表得包含因子 $k = 2.571$。于是，得到该生的扩展标准不确定度 $U_{95} = 2.571 \times 1.93 \approx 4.96 \approx 5$。

根据测量函数求出该生的听力得分表征值为12分，即 $Y = 8X_1 + 6X_2 + 6X_3 = 8 \times \frac{6}{8} + 6 \times \frac{1}{2} + 6 \times \frac{1}{2} = 6 + 3 + 3 = 12$。于是，这个考生的分数就可以简单地表示为12±5分。

这个例子仅仅相当于一个总分为20分的听力考试。如果把

这个结果按比例放大到常规的 100 分的尺度之上，那么该生的考分就变成了 60 分，而扩展不确定度也变为了 25 分，该生的考试结果就会是 60±25 分。也就是说，让这个考生不断参加同类同样难度的考试，其 95% 次的成绩将在 35 分和 85 分之间。而且，这里还不包括择答型题目的猜测效应对不确定度的贡献。换句话说，实际的不确定度只会比这里得出的结果更大，不会更小。

这个结果再一次表明，包括语言测量在内的教育测量结果的不确定性是非常大的，因此不可以轻易以几分之差就对考生的未来做出决断，甚至十几分、二十几分的差距都不足以为据。我的一个学生曾经两次参加英语专业四级考试，都没有通过。由于与自己能否毕业有直接关系，学生的压力很大，并决定放弃接下来的八级考试。我告诉该学生不要悲观，放松心情迎接八级考试。最后，该生一次就顺利通过八级考试，而且还高出及格分几分。这其中的功劳不是我的鼓励，而是不确定度的科学规律在起作用。我之所以鼓励该生参加八级考试，是因为计量学知识让我知道，由于主观题多，八级考试的不确定度远大于四级考试，即使一次失利，还有下一次机会。运气很少会连续四次把天平都偏离同一个考生（有些学校规定，学生最多只能参加两次四级考试、两次八级考试）。

4. 英语演讲成绩的不确定度计算

和其他任何主观题的人工评分一样，英语演讲的评分结果很难达到定距量的标准，也很难做到与前面的考生的表现无关。但是，为了更简单地说明不确定度的计算过程，这里假定评分结果是定距性的，也不受前面考生表现的影响；同时也假定所有选手必须就事先规定的同一个题目发表自己的演讲。这样，就可以把学生演讲成绩的不确定度源泉锁定在人工评分这一个方面。这里我们用了一组经典数据。这组数据 Rajaratnam，Cronbach 及 Gleser（1965，p. 48）和 Brennan（2001，p. 270）在说明多元概化理论的用法时都用过，席仲恩（2005：185～189）在揭示不确定度理论与多元概化理论的关系时也用了它。这样，读者就可以比较不确定度理论和多元概化理论。为了减少计算的麻烦，第八章在揭示信度系数与不确定度之间关系时还会用到这组数据。

为了使这组数据更贴合语言测量的语境，席仲恩（2005：185~186）假定了一个具体语言测量环境：有 8 位学生参加一场外语演讲比赛；比赛从流利、说服力以及语法三个不同方面评分；其中 2 位裁判独立分别评流利分，4 位裁判独立分别评说服力分，2 位裁判独立分别评语法分；用不同裁判的平均分作为各部分的成绩（表征）；流利和语法部分的权重都是 25%（或 0.25），说服力部分的权重是 50%（或 0.50）；评分的尺度是 0~10 分。

此次假想的外语演讲比赛的结果汇总在表 7-2 中，其中，流利栏为流利项的得分，说服力栏为说服力项的得分，语法栏为语法项的得分。下面就试着计算这八位选手成绩的不确定度。

表 7-2　一场虚构外语演讲比赛的数据

学生	流利（f）		说服力（p）				语法（g）	
J	x_{f1}	x_{f2}	x_{p1}	x_{p2}	x_{p3}	x_{p4}	x_{g1}	x_{g2}
1	4	5	3	3	5	4	5	7

学生	流利（f）		说服力（p）				语法（g）	
2	2	1	2	3	1	4	4	6
3	2	4	4	7	6	5	8	7
4	1	3	5	4	5	5	4	5
5	3	3	6	7	5	7	8	9
6	1	2	5	6	4	4	5	6
7	3	5	6	8	6	7	7	8
8	0	1	1	2	0	4	7	8

第一步：写出测量模型或函数。

$$Y_j = f(X_{1j}, X_{2j}, X_{3j}) = 0.25X_{1j} + 0.50X_{2j} + 0.25X_{3j}$$

函数中的输入量 X_{1j}、X_{2j}、X_{3j} 分别是第 j 位参赛选手流利项、说服力项以及语法项成绩的表征，输出量 Y_j 是第 j 位参赛选手的总演讲成绩的表征。

第二步：计算输入量的不确定度及自由度。

为了计算每个参赛选手的输入量的不确定度，先计算出每一个选手（用下标 j 表示第 j 个学生，$j = 1, 2, \cdots, 8$）的每一个输入量的表征值（即每个侧面的平均分）如下：

$$X_{1j} = \overline{x_{fj}} = \frac{1}{2}(x_{fj1} + x_{fj2}) = 4.50/1.50/3.00/2.00/3.00/1.50/4.00/0.50$$

$$X_{2j} = \overline{x_{pj}} = \frac{1}{4}(x_{pj1} + x_{pj2} + x_{pj3} + x_{pj4}) = 3.75/2.50/5.50/4.75/6.25/4.75/6.75/1.75$$

$$X_{3j} = \overline{x}_{gj} = \frac{1}{2} \left(x_{gj1} + x_{gj2} \right) = 6.00/5.00/7.50/4.50/8.50/5.50/$$

$$7.50/7.50$$

等号后的第一个数值是 $j = 1$ 时（即第一个选手）的结果，第二个数值是 $j = 2$ 时（即第二个选手）的结果，余类推。

把选手三个方面的各位裁判的打分带入公式（7.4）就可以求得选手每个方面分数的方差和自由度。为了符号意义的一致，这里把公式（7.4）中表示测量次数的下标 j 改为 k，用下标 j 表示学生（选手）。

$$s^2(x_{1ji}) = \frac{1}{2-1} \sum_{k=1}^{2} (x_{1jk} - \overline{x}_{1ji})^2 = \frac{1}{2}(x_{fj1} - x_{fj2})^2, \text{ 自由度 } \nu_1 = 2-1 = 1$$

$$s^2(x_{2ji}) = \frac{1}{4-1} \sum_{k=1}^{4} (x_{2jk} - \overline{x}_{2ji})^2 = \frac{1}{3} \sum_{k=1}^{4} (x_{pjk} - \overline{x}_{pj})^2, \ \nu_2 = 4-1 = 3$$

$$s^2(x_{3ji}) = \frac{1}{2-1} \sum_{k=1}^{2} (x_{3jk} - \overline{x}_{3ji})^2 = \frac{1}{2}(x_{gj1} - x_{gj2})^2, \ \nu_3 = 2-1 = 1$$

如果用多个裁判打分的平均值分别表征第 k 个选手的三个输入量（流利、说服力、语法），那么，表征值的不确定度分别是

$$s^2(\overline{x}_{1ji}) = \frac{s^2(x_{1ji})}{k} = \frac{1}{2 \times 2}(x_{fj1} - x_{fj2})^2 = \frac{1}{4}(x_{fj1} - x_{fj2})^2 = u^2(X_{1j})$$

$$s^2(\overline{x}_{2ji}) = \frac{s^2(x_{2ji})}{k} = \frac{1}{4 \times 3} \sum_{k=1}^{4} (x_{pjk} - \overline{x}_{pj})^2 = u^2(X_{2j})$$

$$s^2(\overline{x}_{3ji}) = \frac{s^2(x_{3ji})}{k} = \frac{1}{2 \times 2}(x_{gj1} - x_{gj2})^2 = \frac{1}{4}(x_{gji} - x_{gj2})^2 = u^2(X_{3j})$$

对于主观题的人工评分，由于可以假定评分结果的不确定

度与评定的内容（即演讲表现）无关，可以考虑用公式（7.6）计算 8 位选手三个方面评分结果分布的平均方差、平均不确定度及自由度。即

$$\overline{s^2(x_{1ji})} = \frac{1}{8 \times 2} \sum_{j=1}^{8} (x_{fj1} - x_{fj2})^2，自由度\ \nu_1 = 8\ (2-1) = 8$$

$$\overline{s^2(x_{2ji})} = \frac{1}{8 \times 3} \sum_{j=1}^{8} \sum_{k=1}^{4} (x_{pjk} - \overline{x}_{pj})^2，自由度\ \nu_2 = 8\ (4-1) = 24$$

$$\overline{s^2(x_{3ji})} = \frac{1}{8 \times 2} \sum_{j=1}^{8} (x_{gj1} - x_{gj2})^2，自由度\ \nu_3 = 8\ (2-1) = 8$$

$$\overline{s^2(\overline{x}_{1ji})} = \frac{1}{8} \sum_{j=1}^{8} \frac{s^2(x_{1ji})}{k} = \frac{1}{8 \times 4} \sum_{j=1}^{8} (x_{fj1} - x_{fj2})^2 = \overline{u^2(X_{1j})}$$

$$\overline{s^2(\overline{x}_{2ji})} = \frac{1}{8} \sum_{j=1}^{8} \frac{s^2(x_{2ji})}{k} = \frac{1}{8 \times 4 \times 3} \sum_{j=1}^{8} \sum_{k=1}^{4} (x_{pjk} - \overline{x}_{pj})^2 = \overline{u^2(X_{2j})}$$

$$\overline{s^2(\overline{x}_{3ji})} = \frac{1}{8} \sum_{j=1}^{8} \frac{s^2(x_{3ji})}{k} = \frac{1}{8 \times 4} \sum_{j=1}^{8} (x_{gj1} - x_{gj2})^2 = \overline{u^2(X_{3j})}$$

把表 7-2 中的数据代入以上的公式就可以得到表 7-3 的结果。为了便于参考，把第二步的结果与第三步的结果一同放在表 7-3 中。

第三步：计算输出量的不确定度及有效自由度。

对测量函数求偏导数得灵敏度系数

$$\frac{\partial Y_j}{\partial X_{1j}} = 0.25，\quad \frac{\partial Y_j}{\partial X_{2j}} = 0.50，\quad \frac{\partial Y_j}{\partial X_{3j}} = 0.25$$

对于每一个选手的三个输入量，计算出各自输入量对其输出量所贡献的不确定度，即不确定度分量 u_{1j}^2、u_{2j}^2、u_{3j}^2。

$$u_{1j}^2 = \left[\frac{\partial Y_j}{\partial X_{1j}}\right]^2 u^2(X_{1j}) = 0.25^2 \times \frac{1}{4}(x_{fj1} - x_{fj2})^2$$

$$u_{2j}^2 = \left[\frac{\partial Y_j}{\partial X_{2j}}\right]^2 u^2(X_{2j}) = 0.50^2 \times \frac{1}{4 \times 3}\sum_{k=1}^{4}(x_{pjk} - \bar{x}_{pi})^2$$

$$u_{3j}^2 = \left[\frac{\partial Y_j}{\partial X_{3j}}\right]^2 u^2(X_{3j}) = 0.25^2 \times \frac{1}{4}(x_{gj1} - x_{gj2})^2$$

同理，由于测量函数是线性函数，所以不确定度传导定律中的其他项均为零。把灵敏度系数代入传导律（即公式7.10）得

$$u_c^2(Y_j) = \sum_{i=1}^{3}\left[\frac{\partial f_j}{\partial X_{ji}}\right]^2 u^2(X_{ji}) = u_{1j}^2 + u_{2j}^2 + u_{3j}^2$$

相应的标准合成不确定度为 $u_c(Y_j)$ 和 $\overline{u_c^2(Y)}$。把有关数据带入公式（7.8）求每个选手的有效自由度

$$\nu_{j,eff} = \frac{u_c^4(Y_j)}{\sum\limits_{i=1}^{3}\dfrac{u_{ji}^4(X_{ji})}{\nu_{ji}}} \approx 3/4/4/2/3/4/3/3$$

以及全体选手平均方差时 8 位选手的共同有效自由度

$$\nu_{eff}(\bar{u}_c) = \frac{\overline{u_c^4(Y)}}{\sum\limits_{i=1}^{3}\dfrac{\overline{u_i^4(X_i)}}{\nu_i}} = \frac{0.138^2}{\dfrac{0.03125^2}{8} + \dfrac{0.079425^2}{24} + \dfrac{0.02734^2}{8}} \approx 39.8 \approx 39$$

由于共有 8 位参赛选手，所以把以上的计算结果汇总在表 7-3 中和表 7-4 中，以便读者参考。其中表 7-3 是关于不确定度计算过程的，而表 7-4 主要用来说明不确定度的应用，即如

何根据测量标的量测得值的不确定度信息来估计测得值的可能取值范围。

表 7-3　外语演讲比赛评分结果的不确定度计算

学生	流利方差	说服力方差	语法方差	流利不确定度	说服力不确定度	语法不确定度	合成不确定度
j	$s^2(x_{1ji})$	$s^2(x_{2ji})$	$s^2(x_{3ji})$	$u^2(X_{1j})$	$u^2(X_{2j})$	$u^2(X_{3j})$	$u_c^2(Y_j)$
1	0.5000	0.9167	2.0000	0.2500	0.2292	1.0000	0.1354
2	0.5000	1.6667	2.0000	0.2500	0.4167	1.0000	0.1823
3	2.0000	1.6667	0.5000	1.0000	0.4167	0.2500	0.1823
4	2.0000	0.2500	0.5000	1.0000	0.0625	0.2500	0.0938
5	0.0000	0.9167	0.5000	0.0000	0.2292	0.2500	0.0729
6	0.5000	0.9167	0.5000	0.2500	0.2292	0.2500	0.0885
7	2.0000	0.9167	0.5000	1.0000	0.2292	0.2500	0.1354
8	0.5000	2.9167	0.5000	0.2500	0.7292	0.2500	0.2135
	$\overline{s^2(x_{1i})}$	$\overline{s^2(x_{2i})}$	$\overline{s^2(x_{3i})}$	$\overline{u^2(X_1)}$	$\overline{u^2(X_2)}$	$\overline{u^2(X_3)}$	$\overline{u_c^2(Y)}$
	1.0000	1.2708	0.8750	0.5000	0.3177	0.4375	0.1380
ν_i	8	24	8	8	24	8	39

第四步：计算输出量的扩展不确定度。

假定决定报告比赛结果的扩展不确定度，且把包含概率定为 95%，并进而假定输出量的表征值（即每位选手的总分）呈正态分布。于是，查 t 值表得 3 位选手的包含因子 k 的取值为 2.766，4 位选手的包含因子为 3.182，1 位选手的包含因子为 4.303。于是，根据 $U=ku_c$ 计算出每位选手的扩展标准不确定度

U_{95}（见表 7-4）。由于可以假定裁判的评分不确定度与选手的演讲表现没有关系，且对不同选手打分的不确定度差不多。因此，可以认为 8 个选手的分数可以共享同一个不确定度（平均标准合成不确定度 0.37 分）。由于平均不确定度的有效自由度为 39，查 t 值表得 95%包含概率的包含因子 $k = 2.023$。最后求得 8 位选手的平均标准拓展不确定度 0.75 分（见表 7-4）。

表 7-4　不确定度应用示例

学生	$u_c{}^2 (Y_j)$	$u_c (Y_j)$	ν_{eff}	k_j	k	U_{95}	$\overline{U_{95}}$	Y_j
1	0.1354	0.37	3.50	3.182	2.023	1.17	0.75	4.500
2	0.1823	0.43	4.28	2.766	2.023	1.18	0.75	2.875
3	0.1823	0.43	4.28	2.766	2.023	1.18	0.75	5.375
4	0.0938	0.31	2.08	4.303	2.023	1.32	0.75	4.000
5	0.0729	0.27	3.97	3.182	2.023	0.86	0.75	6.000
6	0.0885	0.30	4.95	2.766	2.023	0.82	0.75	4.125
7	0.1354	0.37	3.50	3.182	2.023	1.17	0.75	6.250
8	0.2135	0.46	3.94	3.182	2.023	1.47	0.75	2.875
均值	$\overline{u_c^2 (Y)}$	$\overline{u_c (Y)}$						
	0.1380	0.37						
	39	39						

从表 7-4 中的左起第 3 列中不难看出，8 位参赛选手的总得分的标准不确定度（即合成标准不确定度）差距的确很小，第 8 位选手的标准不确定度最大（0.46 分），第 5 位选手的最小（0.27 分）。因此是可以用 8 人的平均方差来估计不确定度的，

这样可以大大增加自由度，从而提高对不确定度估计结果的把握度。

对比表 7-4 的右起第三列和第二列不难发现，第二列的扩展标准不确定度值明显小于第三列的。同样一组数据，采用不同的方法，得出的结果往往会有明显的差异。因此，本书一再强调，测量结果（包括不确定度在内）的得出过程必须透明，必须能够让有资质的他人可以追踪整个过程。

对比表 7-4 与 Rajaratnam，Cronbach 及 Gleser（1965）和 Brennan（2001，pp. 270-272）可以发现，表 7-4 中的每位选手的合成不确定度的平均值（0.1380），正是多元概化理论中的所谓"绝对误差"的方差分量。从表 7-4 中还可以发现，0.1380 不仅是它同列的上面八个值的算术平均值，还是同行的前面三个值通过不确定度传导定律传导的结果。即

$$\overline{u_c^2(Y)} = \frac{1}{8} \sum_{j=1}^{8} u_c^2(Y_j)$$
$$= 0.25^2 \overline{u^2(X_1)} + 0.5 \overline{u^2(X_2)} + 0.25 \overline{u^2(X_3)} = 0.1380$$

如果不是从三个方面分别评分，而是每个裁判都打一个笼统的总分，那么，这个原本用多元概化理论解决的问题就成了一元概化理论或经典信度理论都可以解决的问题。这也从另一个角度说明，经典信度理论和概化理论所探索的，在很大程度上就是测量结果的平均不确定度。但平均不确定度的使用是有严格条件的，即对于不同考生而言，他们考试成绩的不确定度可以假定是基本相等的。但这条假定，除了人工评分以外，在其他情况下是远远不能满足的。

需要注意的是，表 7-3 和 7-4 中的数据都精确到了小数点后三位或四位，这只是计算过程的需要，并不是报告结果的要求。其实，对于教育测量这样含有粗大不确定度的结果，报告时测量结果宜粗不宜细。分数最好取整数，标准不确定度也最多取两位小数。另外，本例中的平均不确定度，它的算术平方根就是经典理论中的"测量标准误"（Standard error of measurement，简写为"SEM"）。

表 7-3 和 7-4 中结果的计算似乎很复杂，其实非常简单。只要用 Excel 表格，5 分钟之内结果就全部出来了。而如果使用专业的概化理论统计软件，5 分钟连前期的编程准备工作都做不完，而且很容易出差错。

五　一个真实的语言考试例子

上述例子基本是试卷的一个部分。现在举一个完整英语试卷的例子。由于上面例子中已经有了较为详细的计算过程，本例只写出测量函数，而省略全部的计算过程。从前面的四个例子的讨论中不难看出，教育测量的最大问题就是没有明确写出测量方程。而且，在有高速计算机和众多统计软件的今天，计算过程已经变得非常简单。

这个例子就是第一代大学英语四级考试的范型卷（见杨惠中，Weir，1998：200~223）。和前面的讨论一样，我们首先假定有一个明确定义的英语成绩，[1] 并进而假定客观多项选择题没

---

[1]　任何用一个值表征的量都是明确定义的量。但是，明确不一定正确。日常经验告诉我们，把一门语言的听、读、词汇语法及写用一个单一的标量来定义是不够正确的。至少语言技能是一个矢量。

有猜测效应，或者猜测效应可以忽略不计；还假定每个小题目的难度或重要性一样。

由于不涉及计算，测量函数中省略了关于考生的下标 j。于是，第一代大学英语四级考试的范型卷的测量方程式就是

$$Y = f(X_1, X_2, X_3, X_4, X_5, X_6) = 10X_1 + 10X_2 + 40X_3 + 15X_4 + 10X_5 + 15X_6$$

其中，输入量 X_1、X_2、X_3、X_4、X_5、X_6 分别代表短小对话听力理解、短文听力理解、阅读理解、词汇语法、完形填空，以及短文写作成绩，10、10、40、15、10、15 分别代表各部分的成绩权重。下面，我们就一一分析这六个输入量的情况。

短小对话听力理解 X_1。考卷有 10 个短小对话，每个后面有一个问题。假定这 10 个对话是无数个同类短小对话的任意代表（随机样本）。由于短小对话由 10 个独立的对话组成，要把听每一个对话并回答其后的问题作为一次独立的对话听力测量看待。这样，对话听力成绩的表征值就是 10 个对话的平均成绩或中位成绩，对话部分的自由度就是 $10-1=9$，灵敏度系数就是 10。

短文听力理解 X_2。考卷有 3 篇短文，每个后面有 3~4 个问题。假定这 3 个短篇是无数个同类短篇听力的任意代表。虽然短篇听力部分有 10 个问题，但由于只有 3 个短篇，所以要把听每一个短篇并回答其后的问题作为一次独立的短篇听力测量看待。这样，短篇听力成绩的表征值就是 3 个短篇的平均成绩或中位成绩，短篇部分的自由度就是 $3-1=2$，灵敏度系数是 10。这里的关键是，不能把做每一道题当作接受一次独立的测量，因为短篇才是独立的单位，而题目不是。

阅读理解 X_3。考卷有 4 篇选文，每篇后面有 5 个问题。假

定这 4 篇选文是无数个同类短篇材料的任意代表。虽然每个短篇都有 5 个问题，实际上这是没有必要的。阅读部分要把阅读每一个短篇并回答其后的问题作为一次独立的阅读理解测量看待。这样，阅读理解成绩的表征值就是 4 个选篇成绩的平均值或中位值，这部分的自由度就是 4 - 1 = 3，灵敏度系数是 40。这里的关键也是，不能把做每一道题当作接受一次独立的测量，因为选篇才是独立的单位，而题目并不独立。

完形填空 X_5。考卷有 1 篇选文 20 个填空题目。假定这 1 篇选文是无数同类英语文本的任意代表。即使这样，这部分也只能看作一次独立的测量，无论测的是语法、词汇，还是阅读理解。由于是一次测量，就只能用它的结果来表征输入量的值。但遗憾的是，这部分的自由度就是 1 - 1 = 0，灵敏度系数是 10。这里的问题是，根据试卷上的答题结果无法估计测量结果的不确定度，或者说根据试卷上的答题结果估计出的测量结果的不确定度是无穷大。这个问题并不是无法在计量学上解决，而是首先要认识问题的存在。公式（7.7）就是解决这个问题的方案：先把多篇同类完形填空施测于一组受试，然后分不同的分数段计算出各段的平均方差。该平均方差就是用一篇完形填空题测量的不确定度估计。在选择受考时一定要考虑，每个分数段要有足够的人头。因此，受考的完形填空成绩最好能够呈矩形或均匀分布。

短文写作 X_6。考卷有 1 道独立题目。这里要注意的是考虑不考虑题材和体裁的效应问题，或者是否通过标准化使得题材和体裁效应对语言成绩和与之伴随的不确定度的贡献量可以忽略不计。如果不能，那就只能假定一个题目是无数同类英语写作题目的任意代表。这样的写作也只能看作一次独立的写作技能测量。由于是单次测量，就只能用它的结果来表征输入量的值。同样遗憾的是，这部分的自由度也只能是 $1-1=0$，灵敏度系数是 15。这里的问题同样是，根据试卷上的答题结果无法估计测量结果的不确定度，或者说根据试卷上的答题结果估计出的测量结果的不确定度是无穷大。如果能假定题材和体裁效应可以忽略不计（托福高考、SAT、GRE 普通考试都是这样做的），那么作文考试的计量学问题就简化为评分问题。评分又分为整体印象评分和分项评分。如果是分项评分，那么情况就和前面的演讲比赛相同。如果是整体印象评分，演讲比赛例子中的流利、说服力、语法等任何一个方面都相当于它。如果评出的分就是写作部分在全卷分数中的权重（即在 0～15 分之间打分），那么，只要把测量函数中写作成绩的权重"15"改成"1"即可。如果采用的是单次评分法，那还得用公式（7.7）计算评分结果的不确定度和自由度。和完形填空不同的是，要把同一个题目多个学生的作文给多名评分人员独立评分。然后计算这么多评分员评出的这组考生每个人成绩分布的方差，并求出全组考试方差的平均值及自由度，进而估计出一评时的成绩不确定度。

只要能写出一套试卷的测量函数，就可以写出其他任何试卷的测量函数。关键是要有测量函数的概念和意识。如果没有测量函数的意识，包括语言测量在内的教育测量分数，很难取得必要的计量学价值。测量函数的核心价值，就是使测量过程透明化，从而使测量结果能够受到监督，使结果可以让他人重复、可以让他人理解、可以让他人敢于使用。

第八章

不确定度与信度

信度并不是一个国际通用的计量学概念。到底是什么的信度，这在教育和心理测量中至今仍没有辩论清楚。从计量学的角度看，所谓信度理论，不过就是教育测量和心理测验学界探索测量不确定性问题的另类理论和技术。这套由行为计量工作者独创的理论和技术，由于脱离了主流计量学的发展轨道，没有使用严格的国际通用计量学词汇和术语，因此场面非常混乱。虽然有关信度理论的著述颇多，但共识却很少。

本章从测量不确定度这个理论和技术视角，利用国际通用计量词汇和术语，对信度理论和技术加以剖析，从而建立起信度理论与不确定理论之间的桥梁。通过这座桥梁，使更多的语言测量工作者了解不确定度理论，并进而放弃一直沿用的来自教育测量和心理测验的信度理论。因为，通过第七章读者已经看到，对于描述测量结果的不确定性问题，当代不确定度理论已经发展出了一套更完善、更直接、更简便的方法，完全可以取代传统的信度理论和技术。虽然信度系数仍有一定的应用价值，但求信度系数的路线要颠倒过来，要从不确定度到信度系数，而不是从信度系数到不确定度。

第一节　信度理论的混乱场面

汉语中的"信度"一词，是英语"reliability"的中文翻译，在其他领域这个英语词的翻译是"可靠度"，并且有严格的操作性定义（一般用特定现象或结果出现的概率或可能性定义）。信度理论是经典教育测量和心理测验理论的核心，其最新版本是概化理论以及项目反应理论中的信息函数。

一　"歧义"的源头

第七章第一节中已经提到，关于根据公共考试成绩进行排序的不确定性问题，数量经济学家 Edgeworth 早在 1888 年和 1890 年就两度发表论文讨论，但之后未见教育和心理学界的计量工作者继续他的讨论。教育测量和心理测验界一般把"信度"一词在本领域的最早使用追溯到斯皮尔曼（Spearman，1904a，1904b）1904 年发表在《美国心理学报》第 15 卷上的两篇论文。在这两篇论文中，斯皮尔曼提出了用一个系数来修正因为测量结果中的评分不确定性造成的相关系数衰减，即使把相关系数修正到"1"也可以。这个时候，这个今天称作信度系数的

东西还孕育在衰减校正公式

$$\rho_{XY} = \frac{r_{XY}}{\sqrt{\rho_X \rho_Y}} \tag{8.1}$$

之中。在公式（8.1）中，ρ_X 和 ρ_Y 就是变量 X 和变量 Y 测量结果的信度系数，ρ_{XY} 是 X、Y 这两个变量之间的真正联系（相关系数），r_{XY} 是根据有问题（即含有不确定性）的测量结果计算出的 X、Y 两个变量之间的相关系数。这就是斯皮尔曼提出信度系数的初衷。由于 $\rho_X \leqslant 1$，$\rho_Y \leqslant 1$，所以 $\rho_{XY} \geqslant r_{XY}$。

　　据斯皮尔曼（Spearman，1910），他关于修正相关系数的提议受到了皮尔逊（Karl Pearson，1857-1936）等人的批评。批评的核心是通过公式（8.1）修正后相关系数的值可能会超过 1，这在理论上是不允许的。[①] 我试过斯皮尔曼 1904 年文章中的数据，的确修正后出现了相关系数大于 1 的情况。但斯皮尔曼（1910）坚持这只是误差引起的，因为根据观察数据算出的相关系数也有误差。具体讲，斯皮尔曼 1910 年发表在《英国心理学报》第 3 卷上的文章——*Correlation Calculated from Faulty Data* ［用问题数据计算出的相关］，就是对为什么要校正相关系数的论证以及对公式（8.1）的数学证明（在附录中）。由于要系统论证并证明，就必须给出信度系数的数学公式。这个公式现在叫斯皮尔曼—布朗公式。原因是，同期刊物上的威廉·布朗（William Brown）的文章（即 Brown，1910）也用到了这个公式。

---

① Spearman（1910）在回应反对用信度系数校正相关系数部分讲，反对校正是由于 Pearson 等对他的误解造成的。虽然斯皮尔曼一直指的是观测误差，而皮尔逊却解读成抽样误差。其根源是，皮尔逊主张用积矩相关系数，斯皮尔却认为在心理学中，很多时候应该用秩次相关系数。

把信度系数计算的这个公式称为斯皮尔曼-布朗公式是不恰当的。第一，斯皮尔曼的文章（Spearman，1910）是专门研究信度系数的，而布朗的文章（Brown，1910）却是一篇实证研究报告，只是在报告测量结果的表格注释中给出了信度系数的计算公式。第二，斯皮尔曼是用信度系数修正相关系数的，而布朗是用信度系数描述测量结果的可信程度的；如果按照斯皮尔曼的提议用途，这个所谓的信度系数应该叫"衰减修正系数"，而按照布朗提议的用途，这个系数应该叫"信度系数"。第三，斯皮尔曼当时考虑的不确定性来源是人工评分（当时叫 error of observation［观测误差］），而布朗考虑的不确定性来源则是题目抽样（因为他用的是客观题目，所以未对相关系数进行修正）。[1] 第四，Brown（1910，p. 321）明确指出，斯皮尔曼所谓的"信度系数"应该更恰当地叫作"个体相关系数"（coefficient of individual correlation），言下之意是，他用来衡量两组相同题目测量结果之间相关性的系数才应该叫信度系数。第五，对于人工评分，严格测验条件是能够满足的，对于内容抽样，严格测验条件是不能满足的。[2] 第六，这也许是最重要的一点，斯皮尔

---

[1] 内容抽样就是第七章中的等不确定度条件，即对于一组考试或测量对象，他/它们的测量结果的不确定度没有实质性差异。有关抽样问题请参见本章最后一节"余论"。

[2] 布朗（Brown，1910，p. 299）的信度是用折半法计算的。为了推导出折半公式，布朗假定四个测量结果的标准差相等且等于标的量的标准差，同时还假定四个测量结果两两之间的协方差相等且等于标的量的方差。而这些严格的条件，内容抽样是无法满足的。关于内容抽样结果的不确定度，请参考劳德及诺威克（Lord & Novick，1968，Part 6），伯克（Berk，1980，1984），席仲恩（2005：164~170）。

曼针对的测量是心理测量，而布朗的例子是教育测量；前者可以不考虑内容抽样，后者主要涉及内容抽样。[①]

可见，信度系数的计算公式只是作为副产品提出的，而且一开始关于什么是信度就没有达成一致意见，并对信度系数赋予了两项性质不同至今仍然让人混淆的使命：（1）修正相关系数；（2）衡量测量结果的质量。关于第一项任务，信度系数可能完成，但不能通过公式（8.1）直接修正而完成。关于第二项任务，信度系数根本就没有能力完成。正因为信度系数还有一定的应用价值，我们本章才讨论它。关于第二项任务，在其他领域普遍用不确定度来完成，在教育和心理领域，也不例外。

总之，斯皮尔曼的初衷可取，公式推导的条件能够满足，但方法不可行；布朗的初衷不可取，公式推导的条件不能满足。所以，虽然两人提出的公式形式一样，但斯皮尔曼的公式可以有效使用，而布朗的公式却不能。[②]

二　形形色色的信度

可能由于信度系数叫起来不方便，加之后来关于信度系数研究的焦点集中在衡量测量结果及测量工具的质量方面，于是

[①] 例如，在第七章的例子中，答对 99% 和 1% 的考生的成绩估计不确定度远远小于答对 60% 考生成绩的不确定度。这就是内容抽样的现实。但是，在很多心理测量中，不同的题目不过是同一个问题的不同表述方式。这样，整套题目实质上就是同一个问题的重复，而不是不同内容的随机抽样。这种情况下，不同题目测量结果之间的差异就等价于斯皮尔曼的"观察误差"，而实际上是测量条件（不同的刺激）引起的测量结果的不确定性。

[②] 需要特别指出的是，斯皮尔曼寻找的是关于信度系数的最小上确界，而后来的信度研究者却寻找信度系数的最大下确界。

"信度系数"就变成了"信度"。随着时间的推移，信度离斯皮尔曼的初衷越来越远，越发沿着布朗的提议方向发展。

1937 年，库德和理查森（Kuder & Richardson）发表了一篇题为 *The Theory of the Estimation of Test Reliability* 的几乎纯数学文章，提出了一系列的信度系数估计公式，其中"公式 20"和"公式 21"是学界对库-理两项成果的称谓，广为今人所知。这篇文章对信度理论的影响至今犹在。前不久关于 psychometrics 是 不 是 datametrics 的争论（见 Sawislowsky，2000a，2000b；Thompson & Vacha-Haase，2000），至今未见一方妥协。一方坚持不是测验或考试的信度，而是测量结果（即分数）的信度，另一方则坚持，就是测验的信度。席仲恩（2005：280~294）根据实际使用情况，把"信度"分为两大类：（1）是什么的信度（reliability of）；（2）为什么的信度（reliability for）。

1. 是什么的信度

根据席仲恩（2005：281~288），可以把是什么的信度归纳为：是测验信度、是测验结果信度、是内部一致性信度、是形式等价信度。

测验信度是传统用法（如 Kuder & Richardson，1937；Sawilowsky，2000），测量结果信度是部分学者的新主张（Thompson，1994；Vacha-Haase，1998），简称"测量的信度或测量的精度"（American Psychological Association，American Educational Research Association，& National Council on Measurement in Education，2014，p. 33）。从计量学的角度看，测验的信度如果是指测量工具的精度的话，那就该用精密度（precision），而精密度用输入量测量结果分布的标准差或变异系数度量，测量结果的不确定度则是

输出量表征值分布的标准差或变异系数。如果测量函数最简单的形式是 $Y=X$，且用观测值的平均数来表征标的量的测得值，那么，如果用方差表示，测量结果的不确定度一般就是测量工具精密度的 n 分之一。

内部一致性信度也许是最误导人的信度。内部一致性本来是关于试卷结构分析的一个术语，可能是克伦巴赫（Cronbach，1951）那篇关于阿尔法系数文章的关系，却把它和信度不幸地联系在一起。事实上，传统地用相关系数求信度系数的方法（包括斯皮尔曼-布朗公式），都可以叫内部一致性法。也就是说，"内部一致性"只是一种计算信度系数的方法，与关于什么没有关系。但是，用内部一致性方法求信度系数是有严格条件的，即各部分之间相关系数或协方差的平均值必须大于零，不然，信度系数就会出现奇特值。例如，Thompson（2003）就没有满足这个条件，对一组数据，用库-理公式 20 或克伦巴赫阿尔法公式算出的信度系数为-7，对于另一组数据，算出的信度系数是-2.30，而按照定义，信度系数的值域是 0~1。所以，所谓内部一致性信度，严谨些讲应该是：用内部一致性方法算出的信度系数值，而内部一致性方法就是通过计算相关系数或协方差及其平均值的方法。当然，内部一致性还可以用协方差的平均值来量度。但是，不管是用相关系数量度，还是用平均协方差量度，都不应该是大家熟知的组间相关系数或协方差的平均值，而应该是大家不熟悉的组内相关系数或共同协方差的平均值。

关于形式等价信度的概念是克伦巴赫（Cronbach，1947）提出的，而且他一直都是在这个意义上使用信度系数的（而其他测量工作者几乎都是在其他意义上解读克伦巴赫阿尔法系数的，即所谓的下确界说），包括阿尔法系数和后来提出的概化系数。这里所谓的形式等价是一个很抽象的概率抽样概念。意思是，如果用两份这样的试卷考同一批考生，两次成绩的相关系数的期望就会很高。换句话说，克伦巴赫希望大家这样来解读阿尔法系数或概化系数：如果用一组题测量结果算出的阿尔法系数是 x，那么，再从同一个（无限大的）题库中抽出同样数量的题目考同一组考生，这样无限进行下去，所得出两两考试结果之间的相关系数平均值或期望值就是 x。可见，这与复本信度完全不一样。如果用严谨一些的语言讲就是：测量不确定度源是题目抽样情况下的测量结果的信度系数。

2. 为什么的信度

根据席仲恩（2005：288～294），可以把为什么的信度归纳为：是为校正相关系数衰减用的信度，是为估计集体测量结果平均标准不确定度用的信度，是为估计受考真分数而用的信度。还应该再加上一个目的：是为衡量测量结果质量用的信度。

尽管校正相关系数衰减这个目的是斯皮尔曼设计信度系数的初衷，但由于过度修正的缘故，后来很少有人使用信度系数校正相关系数。

从第七章已经看到，估计考生集体测量结果的平均标准不确定度现在可以完全不用信度系数，而用公式（7.6）就可以。

估计受考的真分数（即真分数的点估计），是我们为信度系数保留的唯一用途。但这种使用仅限在研究之中。这时，考生就不再是自己本人，而是同类被试的一个典型代表。显然，这时解释考生个体的成绩就失去了意义，而只能解读团体的成绩。

对比回归分析中的确定系数（coefficient of determination）和信度系数就不难发现，确定系数的平方就是信度系数（见 Runyon，Haber，Pittenger & Coleman，1996：288-292）。这层关系就是用信度系数估计真分数的统计学基础。

用信度系数来衡量测量结果的质量存在至少两个问题。第一，根据信度系数的定义，一组学生真分数分布的方差越大，信度系数就越高。也就是说，信度系数高很可能是考生团体之间的差异大造成的，而不是测量结果的质量高造成的。第二，如果考生团体成员之间的差异很小，很可能出现负信度系数，就像上面的例子一样。

3. 其他信度

显然，以上的归类只是为了讨论的方便，远没有穷尽信度一词在教育测量中的用法，如分（或折）半信度、评分者信度（包括评分者间和评分者内信度）、稳定性、概化系数、依存指数、信噪比、容差率（tolerance ratio）、绝对误差、相对误差、差异分信度、决策一致性、信息量、客观性（objectivity，运动计量学中用）等。由于我认为应该废弃这些不成体系的个性化用法，而在 VIM 通用概念和通用词汇术语（ISO/IEC，2007）的基础上发展能满足教育和心理测量特殊需要的计量概念和词汇术语，所以对以上概念就不一一展开且加以评论。

即使是术语"信度系数"，我也主张废弃，并提议采用"测得值修正系数"这一称谓，简称"修正系数"。这样，名实就更加相符，顾其名便知其义，可以有效防止专业概念的误用或滥用。因此，在本章余下的部分，如无特别说明，遇到"信度系数"时，请读者按照"测得值修正系数"或"修正系数"来理解。之所以用传统用法，主要是为了指称的方便。

第二节　信度定义和计算中的问题

信度理论中的问题主要是语言使用不够严谨而导致的问题。为了方便，本节从定义和计算两个视角透视信度理论中的问题，以防信度理论在实践中的误用和滥用。

一　信度定义中的问题

信度可以用文字来定义，也可以用数学公式来定义。前者旨在揭示所定义对象的质，后者旨在计算所定义对象的量。

1. 信度的文字定义

用信度系数定义的信度：信度是关于测量结果一致性程度的量度。这种一致性可能是关于不同时间的一致性，也可能是关于由等价项目组成的不同试卷间的一致性，也可能是关于不同评分者间的一致性，也可能是关于不同次决策的一致性，也可能是关于以上几种因素不同组合情况下的一致性。这种一致性通常用信度系数（一般用相关系数）表示。

用测量标准误定义：信度是关于测量结果偏离真值大小的量度。这种量度通常用测量的标准误来表示。

用信度系数表示的信度并不能直接反映测量结果的误差，也不能反映测量结果的不确定度，而必须结合受考的分数分布情况，才能知道一组考生测量结果的不确定度平均值。用测量标准误定义的信度本来就不是信度，而是由误差引起的测量结果的不确定度（参考第七章）。

2. 信度系数的形式化定义

在经典真分数理论中，关于信度有三个等价的定义，分别叙述如下。

定义一：信度就是一个受考团体在给定测试中的真分数和观察分数的积矩相关系数的平方。

设 r_{xx} 为信度系数，t 为真分数，x 为观察分数，ρ_{tx} 为真分数和观察分数之间的相关系数，则

$$r_{xx} = \rho_{tx}^2 \tag{8.2}$$

定义二：信度就是一个受考团体在给定测试中某试卷上的观察分数和该试卷的任意一个平行试卷上的观察分数的积矩相关系数。

设 r_{xx} 为信度系数，x 为在某试卷上的观察分数，x' 为该试卷的任意平行试卷上的观察分数，$\rho_{xx'}$ 为在该试卷上的观察分数和它的任意平行试卷上的观察分数之间的相关系数，则

$$r_{xx} = \rho_{xx'} \tag{8.3}$$

定义三：信度就是一个受考团体在给定测试中的真分数方差占观察分数方差的比例。

设 r_{xx} 为信度系数，t 为真分数，x 为观察分数，S_T^2 为受考团体真分数的方差，S_E^2 为受考团体误差分数的方差，S_X^2 为受考团体观察分数的方差，则

$$r_{xx} = \frac{S_T^2}{S_X^2} = \frac{S_X^2 - S_E^2}{S_X^2} = 1 - \frac{S_E^2}{S_X^2} \tag{8.4}$$

在经典真分数理论中，公式（8.2）、（8.3）和（8.4）被认为是等价的，不过等价是有条件的。这个条件就是严格平行测试，即对于同一组受考，如果他们的数量很大或者无穷大，他们在关于同一标的量的不同试卷上的成绩的均值和方差相等，在同一试卷上的成绩真值（即通常所谓的真分数）与误差值不相关，在甲试卷上的成绩真值与乙试卷上的误差值不相关，在不同试卷上的成绩与另外一个标的量的测量结果之间的相关系数相等。

其实，这些条件只是当时推导公式时的要求，而大多数的实践是满足不了的。现在看来（如 Cronbach, Gleser, Nanda & Rajaratnam，1972），这些条件不过是用组间相关系数替代组内相关系数时的要求。但当时很少有人了解组内相关系数。在介绍斯皮尔曼-布朗公式之后，再进一步介绍组内相关系数。在此之前，还得分析一下以上三个公式的用途。

公式（8.2）可以告诉我们信度系数能够用来干什么。具体而言，信度系数可以用来估计被试的所谓真分数，即回归分数。公式（8.3）现在看来没有什么用处。公式（8.4）在教育测量和心理测验中是用来估计团体测量结果的平均不确定度的，现在我们可以倒过来，用团体测量结果的平均不确定度来估计信度系数。

二　信度系数计算中的问题

教育测量文献中有很多信度系数的估计公式，这里我们没有必要一一评论。鉴于斯皮尔曼-布朗公式和克伦巴赫阿尔法系数的重要历史地位，这里只介绍这两个公式。然后，介绍如何

用不确定度估计信度系数，

可以用文字来定义，也可以用数学公式来定义。前者旨在揭示所定义对象的质，后者旨在计算所定义对象的量。

1. 斯皮尔曼-布朗预测公式及其局限

设 r 为原试卷测量结果的信度系数，r_{xx} 为长度改变后试卷的测量总结果的信度系数，n 为原试卷的长度（独立项目数），N 为长度改变后的试卷的长度（独立项目数），则

$$r_{xx} = \frac{Nr}{n+(N-n)r} \qquad (8.5)$$

注意，在计量过程中，要把试卷中的独立题目看作一次独立的测量。在听力和阅读考试中，独立题目就是对话或者段落的个数，而不是小题的个数。

公式（8.5）的核心是独立题目的个数和 r 的计算。教育测量和心理测验中的平行测验条件，就是为了用组间相关系数计算这个 r 而设定的。如果当时的研究者认识到这个 r 是组内相关系数并知道组内相关系数是如何定义的话，所谓的严格平行条件、真分数相等条件或真分数本质上相等条件就没有必要提出。

为了计算方便，可以把 r 改为 $n=1$ 时的信度系数，这样就可以直接使用组内相关系数。这时，公式（8.5）就变为

$$r_{xx} = \frac{Nr}{1+(N-1)r} \qquad (8.6)$$

公式（8.6）中的 r 就是组内相关系数。那么，什么是组内相关系数呢？

　　组内相关系数就是一组被试两两测量结果之间积矩相关系数的平均值，但计算协方差时用的平均值不是每次测量结果的平均值，而是全部 n 次测量结果的平均值，这个平均值叫大平均值（grand mean）。稍加思索就会发现，只有当一组人每次测量结果的平均值都相等时，各次测量结果的平均值（独立单位平均分）才等于大平均值。这就和三组人各组的平均值相等时，各组的平均值就等于三组人全部的平均值一样。

　　需要指出的是，现代文献中介绍的都是组内相关系数的简化计算式（即方差分析式），而不是它的定义式。只有 Fisher（1925）才有组内相关系数的定义式。由于我们改用了不确定度途径计算信度系数，所以，没有必要进一步介绍组内相关系数的公式。这里只介绍多组数据条件下的两组数据的组内相关系数。

　　设 x_{11}，x_{12}，$\cdots$，x_{1n} 为第一组观察分数；x_{21}，x_{22}，$\cdots$，x_{2n} 为第二组观察分数；$\cdots\cdots$；x_{m1}，x_{m2}，$\cdots$，x_{mn} 为第 m 组观察分数，则第一，二，$\cdots$，m 组观察分数的平均值分别为

$$\bar{x}_{1n} = \frac{1}{n}\ (x_{11} + x_{12} + \cdots + x_{1n}),$$

$$\bar{x}_{2n} = \frac{1}{n}\ (x_{21} + x_{22} + \cdots + x_{2n}),$$

$$\cdots\cdots$$

$$\bar{x}_{mn} = \frac{1}{n}\ (x_{m1} + x_{m2} + \cdots + x_{mn});$$

m 组全部分数的大平均值为

$$\overline{\overline{x}} = \frac{1}{m}\ (\overline{x}_{1n} + \overline{x}_{2n} + \cdots + \overline{x}_{mn})$$

m 组全部分数的共同方差（common variance）为

$$\sigma^2_{common} = \frac{1}{m}\left(\frac{\sum_{i=1}^{n}(x_{1i}-\overline{\overline{x}})^2}{n} + \frac{\sum_{i=1}^{n}(x_{2i}-\overline{\overline{x}})^2}{n} + \cdots + \frac{\sum_{i=1}^{n}(x_{mi}-\overline{\overline{x}})^2}{n}\right)$$

$$= \frac{1}{mn}\sum_{j=1}^{m}\sum_{i=1}^{n}(x_{ji}-\overline{\overline{x}})^2$$

m 组全部分数中第 j 组和 k 组之间的共同协方差为

$$\sigma_{common}(x_{j*},\ x_{k*}) = \frac{1}{n}\sum_{j\neq k,\ i=1}^{n}(x_{ji}-\overline{\overline{x}})(x_{ki}-\overline{\overline{x}})$$

那么，第 j 组和 k 组之间的组内相关系数为

$$\rho_{组内}(x_{j*},x_{k*}) = \frac{\sigma_{common}(x_{j*},x_{k*})}{\sigma^2_{common}} \tag{8.7}$$

　　如果把公式（8.7）分子中换成所有组之间共同协方差的平均值，那么就得到 m 组结果的组内相关系数。在分析试卷的有效性时，可以用共同协方差或组内相关系数度量试卷的内部一致性（请比较公式8.10）。

　　严格地讲，在组内相关系数中就没有组别的必要，这里用了不同组之间是为了和组间相关系数形成对比。这里之所以提出组内相关系数的定义式，是因为教育和心理测量文献中关于组内相关系数的误传和误解很多。其中最典型的错误是把组内相关系数解释为"真分数方差占观测分数方差的比例"（如 McGraw & Wong，1996）。这样解读带来的问题是，

把组内相关系数等同于信度系数。这显然是错误的。组内相关系数经过斯皮尔曼-布朗预测公式提升之后才等于信度系数。

2. 克伦巴赫阿尔法系数的计算公式

这个系数可能是教育测量和心理测验中研究最多、使用最多的公式，但也是误解最多、错误最大的一个公式。虽然被错误地称作内部一致性信度，但它并不是内部一致性的好量度。

经典表示式：设 α 为克伦巴赫 α 信度系数，S_i 为一组受考在一份试卷的项目 i 上的标准差，S_t 为这组受考在该试卷总分上的标准差，n 为试卷项目的个数，则

$$\alpha = \frac{n}{n-1}\left(1 - \frac{\sum S_i^2}{S_t^2}\right) \tag{8.8a}$$

式中的 $\sum S_i^2 = S_1^2 + S_2^2 + \cdots + S_{n-1}^2 + S_n^2$，即每个项目的标准差的平方之和。

我之所以把公式（8.8a）叫克伦巴赫阿尔法系数的经典表示式，是因为一般文献上都介绍过这个公式。但是，它只是一个简化计算式，克伦巴赫（Cronbach, 1951）还用了一个平均协方差式。由于这两种表示式与信度的定义式差异很大，无法发现其中的问题。为了揭示公式中的问题，下面引出阿尔法系数的当代表示式：方差分量式。

方差分量式：设真分数的方差分量是 $\sigma^2(p)$，项目的方差分量是 $\sigma^2(I)$，相对误差的方差分量是 $\sigma^2(\delta)$，测量结果的方差是 $\sigma^2(p) + \sigma^2(I) + \sigma^2(\delta)$，则阿尔法系数的方差分量表

示为

$$\alpha = \frac{\sigma^2(p)}{\sigma^2(p) + \sigma^2(\delta)} \tag{8.8b}$$

比较（8.4）与（8.8b）就不难发现，公式（8.8b）的分子是真分数的方差，但分母并不是观察分数的方差，而是比观察分数的方差少了一个 $\sigma^2(I)$。也就是说，只有当 $\sigma^2(I) = 0$ 时，克伦巴赫阿尔法系数才是信度系数。换句话说，信度系数的方差分量表示式应该是

$$\rho_{TX} = \frac{\sigma^2(p)}{\sigma^2(p) + \sigma^2(I) + \sigma^2(\delta)} \tag{8.9}$$

显然，这个错误是概念上的错误，而不是简单的算式上的错误。公式（8.9）就是概化理论中的依存指数。如果结合 Cronbach（2004）仔细阅读克伦巴赫（Cronbach, 1951）那篇关于阿尔法系数的论文就不难发现，那篇论文本身就是对一个错误概念的证明：阿尔法系数等于弗拉纳甘分半信度公式（Flanagan formula）的所有可能分半结果的平均。[①] 而平均的理由是，不同的分半会得到不同的信度，即信度系数缺乏唯一值的问题。对于同一组数据，用同一个公式，不同的人会做出不同的分半，这样就会得到很多差别很大的信度。但这里忽略了一个重要的概念问题：不同的分半得出差别较大的不同结果，

---

① 弗拉纳甘公式和克伦巴赫阿尔法系数的形式一样（请与公式 8.8a 和 8.10 比较），即 $r = \frac{2}{2-1}\left(1 - \frac{S_a^2 + S_b^2}{S_t^2}\right) = 2\left(1 - \frac{S_a^2 + S_b^2}{S_t^2}\right) = \frac{4S_{ab}}{S_t^2}$。

这表明分半公式已经失效；因为分半公式成立的前提是，不同的分半不造成有意义的差别结果。

由于阿尔法公式是库–理公式 20 的一般形式，由此推论公式 20 也是错误的。从库德和理查森 1937 年的论文中可以发现，公式 20 有两个目的。第一个目的是作为公式 14 的近似；第二个目的是为公式 21 推导做铺垫（Kuder & Richardson，1937：158）。[①] 库德、理查森给出的公式 14 的使用条件：there is reason to believe that the inter-item correlations are approximately equal［有理由认为，项目间的相关大约相等］。（到底实践中怎样才算大约呢？这只好由实践工作者自己判断）事实上，公式（8.9）就是库–理公式 21 一般形式的方差分量表示。换句话说，库–理公式 21 是信度系数。

尽管库德、理查森把文中公式适用的情景分成四种，但只有三组不同的条件或假定（其他方面只是需要的数据不同而已）。

ⅰ. 项目间相关系数矩阵的秩为 1；

ⅱ. 项目间相关系数矩阵的秩为 1，且所有组之间等相关；

ⅲ. 项目间相关系数矩阵的秩为 1，且所有组之间等相关，所有项目的难度一样。

以上条件或假定在不涉及内容抽样时是很可能满足的，一旦涉及内容抽样，没有一个可以满足。严格平行的首要一条是，不同次测量的内容完全一样。下面继续讨论 Cronbach（1951）。

---

① 尽管 Kuder 及 Richardson（1937）前后涉及 22 个公式，其实都是为推出公式 21 服务的。这从文章最后的讨论中看得清清楚楚。尽管库德、理查森把公式 21 看得很重，但后来的研究者却把注意力放到了公式 20 之上。

　　Cronbach（1951）只是证明，阿尔法公式是所有可能分半信度系数的平均值。他想解决的问题是不同的分半会产生不同的信度系数。但不同分半产生不同信度系数的原因是，实际数据不能满足公式要求的条件。换句话说，如果不同的分半产生不同的信度系数，分半公式就已经失效。设计一个公式来计算所有失效结果的平均值，这个值作为信度系数的值也是失效的。实际上，这里的问题还是各组平均数不等因此不能替代大平均数的问题。如果相等，$\sigma^2(I)$ 就等于 0，组间相关系数就和组内相关系数相等。

　　方差分量分解是概化理论的核心。通过方差分量，已经清楚地显示，克伦巴赫阿尔法系数不是信度系数，而是信度系数的近似，其近似的程度、逼近的方向，就取决于 $\sigma^2(I)$ 的大小和正负。理论上，$\sigma^2(I)$ 只能取 0 值或正值，因此它高估了信度系数。由于用库-理公式 20 估计出的信度系数一般大于用库-理公式 21 估计出的信度系数，而公式 21 是信度系数，所以库-理公式 20 高估了信度系数。这个结论与 Kuder 及 Richardson（1937）文章的结论不一致。库德、理查森（1937：159）认为，公式 21 一般低估信度系数，从不高估信度系数。而以上得出的结论是，公式 21 既不低估也不高估信度系数，它就是信度系数，即信度系数的无偏估计。

　　上面分析了阿尔法系数作为信度系数的问题，下面谈谈它作为内部一致性量度的问题。Cronbach（1951：304）文章中的公式 16 就是阿尔法系数的协方差表示，即

$$\alpha = \frac{n^2 \, \overline{S_{ij}}}{S_t^2} = n^2 \, \frac{\overline{S_{ij}}}{S_t^2} \tag{8.10}$$

其中分子上的平均值就是各项目之间的协方差的平均值。把问题转化一下就是，能够用协方差和方差与项目的数量平方之积衡量内部一致性吗？如果不固定项目的个数，这岂不是项目越多项目间的一致性越高。如果固定项目的个数，且固定总分的方差，那就成了项目两两之间的协方差的平均值越高，项目之间越一致。对比公式（8.9）和（8.7）就不难发现，衡量内部一致性需要的是组内相关系数，而不是阿尔法系数。因为用的是共同方差和共同协方差，组内相关系数不受组间（即项目间）均值差异的影响，而且还不受项目数量的影响。换个角度说，如果用组内相关系数表征内部一致性，那么系数高，组内一致性一定高。但是，如果用阿尔法系数表征内部一致性，那么系数高，也许组间的平均一致性高，也许是题目的个数多。在谈到组内相关系数的应用时，费谢尔（Fisher, 1925）明确指出，该相关系数是用来衡量内部一致性的，不过他用的是similarity［相似性］一词。其实，相似性就是内部一致性的别名。

组内相关系数只是内部一致性的相对量度，如果需要绝对量度的话，可以用共同协方差。

以上，通过斯皮尔曼-布朗预测公式和克伦巴赫阿尔法系数，已经饱览了经典信度理论的混乱场面和应用局限（即条件不能得到足够满足）。此外，以它们为代表的经典信度理论还有一个致命的局限，那就是只能解决一个输入量的问题，即只能用于最简单的、测量函数是 $Y=X$ 或 $Y=AX$ 的情景。如果是多个输入量的线性测量函数，那就需要概化理论，特别是多元概化理论。如果涉及非线性的测量函数，如项目反应理论，概化理论也不能应用。由于篇幅的关系，本书不系统讨论这些问题。接下来，就来分析一下信度理论的结果。

第三节 信度理论的尴尬结果

信度理论中的问题主要是概念选择和语言使用不够严谨导致的。就概念而论，信度理论中主要使用的是统计学概念，而不是计量学概念。就语言使用而言，信度理论一直与主流计量学脱轨。为了警示信度理论工作者和教育及心理测量实践工作者，本节分析一些信度理论的尴尬结果。

一 内部一致性尴尬

前面在谈到内部一致性时主要讲了两个重要意思。其一是，内部一致性是计算信度系数的一种路径或方法，即通过相关系数或协方差计算信度系数。其二是，内部一致性是试卷结构分析中的概念。关于第一层意思，不能把路径或方法当作结果；关于第二层意思，不能把测量工具的属性当作测量结果的属性。严格地讲，内部一致性是需要验证的品性，属于试卷效验[①]的内容，而不应该和测量结果的不确定性问题混为一谈。克伦巴赫阿尔法系数、它的同类系数以及斯皮尔曼－布朗预测公

---

① 效验在国内一般称"效度"。由于我主张废止"效度"一词的使用，因此本书未使用这个术语。由于效验主要是测量仪器制造或质量检验的内容，因此，本书没有设专章讨论。感兴趣的读者可参考《教育测量纵览》（*Educational Measurement*）第三版和第四版的第二章以及美国三会《教育和心理测验标准》（*Standards for Educational and Psychological Testing*）的 1999 年版或 2014 年版。

式，就是因为混淆了这几个重要概念，因此引起了很多尴尬结果。

1. 阿尔法系数引起的尴尬

克伦巴赫阿尔法系数因 Cronbach 1951 发表的题为《阿尔法系数与试卷的内部结构》的论文而得名。时至今天，它不仅是全部信度系数中使用最多的一个，而且其他信度系数使用之和也远没有它一个多。Hogan 等（2000）的调查显示，克伦巴赫阿尔法占所有信度系数的 66.5%，其余的 8 种信度系数和未指明的一共才占 33.5%。考虑到库-理公式 20 是它的特例，还有未指明的信度系数很可能多数也是克伦巴赫阿尔法系数，可见它被误用和滥用的程度有多么严重。

尽管克伦巴赫（Cronbach，2004）认为，阿尔法系数之所以如此走红，是因为它名字的魅力，而不是它内容自身。名字固然重要，但我认为，还有其他更重要的原因。其一是，教育和心理计量学家用的是难懂的统计学概念和术语，大多数实践工作者根本就不懂这些概念和术语。试问，有几个教育和心理学工作者知道"矩阵的秩为1"是什么意思。其二是，阿尔法系数以经典式表示后很容易计算。对于实践工作者，反正我懂不了，就选一个容易计算的了事。这样一代一代地传下来，老师传学生，同事传同事，就造成今天的滥用局面。库德和理查森推导公式 21 的目的就是为了简化斯皮尔曼-布朗公式的计算。可以推测，如果克伦巴赫 1951 年没有用公式（8.8a），而是只用了公式（8.8b）或（8.10），很可能不会造成阿尔法系数的泛滥。因为，早在 1951 年之前的 1941 年，库德-理查森公式 20 的另一种一般式就已经出现，这就是何亚特（Hoyt，1941）

的方差分析式信度系数计算公式①。

阿尔法系数引起的尴尬与克伦巴赫一贯的学术主张有关。克伦巴赫是少有的把"信度"和"效度"混在一起研究的心理计量学家，如 Cronbach（1988），Cronbach 及 Meehl（1955）。即使 Cronbach（1951）的题目告诉读者，这是一篇典型的"效度"研究文章。而该文赋予阿尔法系数的三条主要意义中，只有一条是信度方面的（即阿尔法系数是所有可能分半信度的平均），其他两个都是"效度"方面的：阿尔法是第一因子饱和度等价指数的近似量度，阿尔法是项目间同质性的函数。

2. 负信度系数尴尬

根据内部一致性路线计算信度系数，有时会出现负信度系数。如果求信度系数的目的是进一步计算所谓的测量标准误，那么，一旦信度系数为负值，就无法用它求测量标准误。

克伦巴赫阿尔法系数也会出现负值（见席仲恩、汪顺玉，2007），同一组数据用斯皮尔曼-布朗预测公式计算也很可能得到负值。不过，克伦巴赫对负值的解释主要是"效度"方面的。克伦巴赫（Cronbach，1954，p.345）建议，如果出现负相关系数或协方差，研究人员应该检查测验是否包含应该分开测量的相关因子。他认为负分半相关并不意味着测验与自身负相关，而是两半给出了不一致的结果；测验内部一致性为零时会出现负信度（Cronbach，1954：342）。

其实，用公式（8.8b）和（8.9）都很容易解释负阿尔法系

---

① 何亚特的阿尔法系数表示式为 $\alpha = \dfrac{MS\,(p) - MS\,(pi)}{MS\,(p)}$。

数和负信度系数，用不确定度也很容易解释。在公式（8.8b）和（8.9）中，只要观测分数的方差分量小于分母后面两项之和时，就会出现负阿尔法或信度系数。这是因为，在实际的估计过程中，只能先估计出分母的最后一项，然后再估计出公式（8.9）分母中的第二项，最后通过观察分数方差分量与后两项之和的差才能估计出分子上的真分数。如果用方差分析解释就是，当组内均方和大于组间均方和时就会出现负信度系数。如果用不确定度解释就是，如果一组（人的）测量结果的平均不确定度大于该组测量结果的方差的话，信度系数就会为负值。

需要指出的是，如果是为了求所谓的测量结果标准误，无论是在概化理论中还是在不确定度理论中，信度系数已经没有必要。因为，在这两种理论中，在计算信度系数之前，已经得到了所谓的"测量标准误"。特别是在不确定度理论中，用公式（7.6）直接就算出了教育和心理测量中千方百计寻求的所谓"测量标准误"，而且远比克伦巴赫阿尔法公式简单。最关键的是，在主流计量学中，关于公式（7.6）的使用有明确的计量学条件，即每一个标的量的测量不确定度没有实质性的差异。而这个条件，只适用于人工观测来源的不确定度，也就是斯皮尔曼的"观察误差"，内容抽样一般是不能满足这个条件的。

二 行业规范制定中的尴尬

前面的讨论一直强调信度问题的混乱。鉴于这种混乱，制订行业的标准或技术规范就理所当然。由于测量本身的复杂性以及教育和心理测量的特殊性，技术标准应该涉及很多具体的具有操作性的内容。但是，由于教育和心理测量独辟蹊径，长期和国际主流计量学以及仪器校准行业脱离，无法享用其他行业的成熟经验和统一规范。下面就结合美国三会（American Psychological Association ［APA/美国心理协会］，American Educational Research Association ［AERA/美国教育研究协会］，& National Council on Measurement in Education ［NCME/全国教育测量委员会］，2014）共同颁布的《教育和心理测验标准》分析一下自己行业规范的困境。为了讨论方便，下面把三会标准简称为"《标准》"。

1. 概念与术语上的尴尬

概念和术语是一个学科的基本沉淀。教育和心理测量最缺的就是这样的沉淀，因此对交流带来很多障碍。

例如，在《标准》的术语表中，把信度和精密度等价，作为同一个术语 reliability/precision 定义。具体为，给一组受考的测验分数在重复应用一个测量规程中的一致程度，因此可以推断对于个体受考是可靠且一致的；对于一个给定组，分数中没有测量随机误差的程度。[①] 这样的定义是无法理解的。第一，一组受考的分数的信度怎么可以用来推断个体的分数是可靠且一致的呢？第二，为什么非得一组考生，为什么一个考生不行；难道自适应考试就不存在结果的不确定性问题？第三，"没有随机误差的程度"的具体意思不明。更引人注目的是，在《标准》的第 33 页，却没有按照这个定义使用 reliability 一词。而是说

---

① The degree to which test scores for a group of test-takers are consistent over repeated applications of a measurement procedure and hence are infered to be dependable and consistent for an individual test taker; the degree to which scores are free of random errors of measurement for a given group.

[大体意思]："信度"这个术语在测量文献中一直有两种用法。一种是指信度系数，另一种是泛指重复测验中分数的一致性，不管该一致性是如何估计或报告的（如用标准误、信度系数本身、概化系数、误差/容差率、信息函数，或各种分类一致性指数）。

这里的问题显然是因为赋予了 reliability 太多的内容造成的。如果按照斯皮尔曼的用法，信度只指信度系数，这个系数只适用于人工评分的情况，且只用来对相关系数进行修正，那问题就清楚了。

从前面几章的讨论中我们已经知道，GUM 和 VIM 的推出就是为了澄清国际计量方面的混乱局面的。根据 VIM 提供的词汇和术语基础，传统的"信度"问题可分三个方面：（1）测量工具制造中的不确定性问题；（2）测量结果表征值（即分数）中的不确定性问题；（3）测量结果使用中的不确定性问题。第一方面的不确定性信息应该由工具制造商（相当于试卷开发方）一般在说明材料中提供，是供第二方使用的；第二个方面的不确定性信息一般由测量实施者提供，是供第三方使用的。第二方的部分信息可能整合了来自第一方的不确定度信息，而且，提供信息的方式应该适合第三方的使用情况，包括使用能力（例如扩展标准不确定度就是考虑到使用者缺乏足够的概率分布知识）。第三方面的不确定性信息是，第三方在使用测量结果时，要充分考虑测量结果中的不确定性，以免过度解读测量结果。本书主要涉及的是第二种，简要举例说明第三种，偶尔提到第一种。

又如，术语表中对"测验"一词的定义与《标准》第 33 页的使用也没有多大关系。术语表的定义是：[测验是] 一种求值装置或规程（An evaluative device or procedure），由此，能得到受考在特定域中行为的系统样本，并用标准化的过程给出分数。《标准》第 33 页一开始就说［大体意思］：广义上，测验是设计用来引发反应的一组任务或刺激（a set of tasks or stimuli），这些所引发的反应提供了受考在特定域中的行为或作业样本。读这样的文献，对于一个严肃的读者来说，无异于被欺骗。

2. 分类时的尴尬

信度也许是教育和心理测量中最复杂的部分。在新版的《标准》中有明显地反映。2014 年的新《标准》正文有 13 章，其中第一章是效度，第二章是信度。效度一章共 25 条具体标准，分为三个主题类别。但是，信度一章仅仅 20 条具体标准，但被分为八个主题类别：（1）对测验规程重复情况的具体说明；（2）信度/精密度的计算；（3）信度/概化系数；（4）影响信度/精密度的因素；（5）测量标准误；（6）决策一致性；（7）团体均值的信度/精密度；（8）信度/精密度的支撑材料。

尽管设计了八大主题，但问题远没有说清楚。例如第 8 主题组：信度/精密度的支撑材料。对于工具制造方、测量方和测量结果使用方的要求一般是很不一样的[①]。一般对于第一方要求最高最多，对第二方要求次之，对第三方要求很少。对于一般的涉及测量的科学研究而言，第二方和第三方合二为一，偶尔也三方合一（不主张这样）。只有对于社会实践中的教育和心理

---

① 现行三会《标准》1985 年版之前的 1954 年版、1966 年版和 1974 年版主要是针对工具制造方的，从 1999 年版开始强化对测量结果使用方的要求，现行版更是加强对使用方的要求。

测量，通常是第一方和第二方合二为一，而把第三方独立出来。就最后一二方合一的社会考试为例。有关的不确定度支撑材料必须满足两个基本的要求：（1）能够让有资质的学界人员重复不确定度的得出过程，且能独立计算出所报告的不确定度值；（2）能够让目标使用者（教育决策者或教学一线的老师）正确使用考试结果。而《标准》2.19根本没有这些基本的要求，而只要求把"每一种计算分数信度/精密度的方法描述清楚，并用适用所用方法的统计量表示"[①]。这里又出了语言问题：方法怎么能用统计量表示呢？这里要表示的意思是"计算出的信度/精密度要用和计算方法适配的统计量表示"。就不确定度的表示方式而言，核心不是与计算方法适配，而是让结果使用者可以且正确使用结果。至于与方法的适配与否，这要由有资质的学界人士来鉴别。而关键是怎么才算能够让学界鉴别呢？这就是一般实证报告类论文的"方法材料"加"结果"部分的内容。

实际上，ISO/IEC共同颁布的关于测量不确定度表示的文件篇幅，已经远超过《标准》的全部，难怪《标准》的第二章无法把问题说清楚。一则问题本身就复杂，需要系统拆解，慢慢地一一搞清楚；二则行业与主流隔绝，很难有足够力量完成这项艰巨任务。

三 学术界的尴尬

按理说，像教育和心理测量这样不确定度如此粗大的测

---

① Each method of quantifying the reliability/precision of scores should be described clearly and expressed in terms of statistics appropriate to the method (Standards, p. 47).

量，就没有必要围绕不确定性的刻画方法问题单独展开如此系统的研究。精度测量追求的是基本单位小数点若干位后的不确定度，而教育测量分数中的不确定度，往往是基本单位的几倍甚至几十倍。对于这样的测量，如果不是用于科学研究，知道一般的经验就足够了，没有必要计较太多。例如，一份由 100 道独立客观题构成的试卷，如果可以假定试题是很大总体中的一个随机样本，那么，答对 50 道题左右的人，其分数在上下 10 分内变化是常事，怎么改善不确定度的估计方法也不能改变这种实际。但学界却不顾这样的实际，继续研究本没有必要研究的所谓信度方法，而且置测量实际于不顾。

直至现在，关于克伦巴赫阿尔法系数和斯皮尔曼校正公式的讨论仍在继续（如 Bentler，2009；Green & Yang，2009；Revelle & Zinbarg，2009；Sijtsma，2009），而该系数，如前所述，本身就是一个明显的错误。但这些研究好像不是对阿尔法系数和斯皮尔曼公式的发展，而更像是在展示研究人员刚刚掌握的一种新的统计工具。斯皮尔曼最早用的是相关系数，后来库德和理查森用到矩阵代数，克伦巴赫先是用方差和协方差，后来也用到回归和方差分量分解，现代的研究者又开始用结构方程建模。这样的研究，只能把本来就不清的信度研究这潭水越搅越浑。不是教育学家和心理学家越来越远离教育或心理统计方法，而是教育或心理统计学家越来越置教育与心理测量的实际于不顾。

第四节　信度系数的不确定度进路

沿着不确定度进路计算信度系数简单、明了、快捷。本节分两种情况。一种是已知合成不确定度的情况，一种是从原始数据开始。请注意，计算信度系数是为了在研究中修正数据，而不是为了描述数据的质量。对于非研究用的测量数据，没有必要计算所谓的信度系数。为了避免混淆，以下改称信度系数为"测得值修正系数"，简称"修正系数"。

一　已知团体中每位成员成绩的合成不确定度

第一步：计算团体用方差表示的合成不确定度的平均值；
第二步：计算团体成绩的方差；
第三步：1－第一步的结果÷第二步的结果＝修正系数。
即

$$r_{XX} = \frac{S_T^2}{S_X^2} = 1 - \frac{\text{团体平均不确定度}}{\text{团体测得值的方差}} \qquad (8.11)$$

式中的"团体平均不确定度"就是团体中各个成员的测量结果用方差表示的不确定度的平均值；"团体测得值的方差"就是团体中各个成员的测量结果的分布方差。

不难看出，第三步就是公式（8.4）的应用。例如第七章第四节的外语演讲比赛。把演讲比赛换成作文评分或翻译评分都可以。团体合成不确定度的平均值为 0.1380（见表 7-3），团体成绩的方差为 1.6786，带入公式（8.4）得 1－0.1380÷1.6786

≈ 0.92。

这个结果就是 Brennan（2001：270-272）用多元概化理论得到的依存指数 Φ。不过，Brennan 还计算了概化系数，考虑到概化系数不过是阿尔法系数的别名，且阿尔法系数是错误的，所以，概化系数也是错误的，不需要计算。

二　已知团体中每位成员的原始测量数据

第一步：使用公式（7.6）计算团体成员在每个输入量表征值上的不确定度平均值；

第二步：用不确定度传导定律计算团体成员在输出量表征值上的合成不确定度平均值；

第三步：计算团体成绩的方差；

第四步：1-第二步的结果÷第三步的结果=修正系数。

三　小结

为了研究，一般没有必要计算并报告每位受试的具体测得值及其伴随的不确定度，只要计算并报告团体数据的统计量及团体平均不确定度就可以了。可见，第一种方法是针对二手数据或已有数据而言的，第二种方法是针对专为本次研究所测量得到的数据而言的。

第五节　修正系数的应用

前面已经讲过，修正只能对观察不确定度（即斯皮尔曼所谓的"观测误差"）引起的效应进行修正，不能对内容抽样不确定度引起的效应进行修正。

修正系数等于真值方差与测得值方差之比，而这个比也同时是一元线性回归的确定系数。联系到回归值就等于真值的估计，这样就可以用下面的公式修正测得值：

$$Y_{j,correct} = \overline{Y} + r_{XX}(Y_j - \overline{Y}) \qquad (8.12)$$

其中 $Y_{j,correct}$ 就是第 j 个受试的修正后值，$\overline{Y}$ 是团体受试的平均值，r_{XX} 为修正系数，Y_j 为第 j 个受试的测得值。

例如，根据表 7-2 求得八位选手的测得分分别为 4.500、2.875、5.375、4.000、6.000、4.125、6.250、2.875，那么，他们修正后的分数分别是 4.500、3.005、5.3050、4.040、5.880、4.155、6.110、3.005。

不难看出，修正公式是通过提低降高均值不变的方法修正测得值的。所以，所要修正的值必须满足这样的基本条件：中间值容易测准，两端值不容易测准。如果不满足这个条件，修正就是错误的。如何才能知道该条件是否满足呢？只有从研究经验中找答案。

鉴于即使人工评分也不一定能满足中间值的不确定度小，两端值的不确定度大，修正系数的用途是非常有限的。对于多项选择型题目的内容抽样，由于情况正好相反，即中间分数的不确定度高，两端分数的不确定度反而更小，而且小很多，所以是不能用修正系数对结果修正的。具体而言是，答对率在 38% 左右的人的成绩的不确定度最高，越两端的分数不确定度越小。具体不确定度的变化情况，请参阅席仲恩（2006：279~280）中的公式（5.14）和（5.15）。

第六节 余论

前面在讨论不确定度与信度之间的关系与渊源问题时，为了不分散注意力，有些棘手的议题尽量要么放在脚注之中，要么轻描淡写，要么避而不谈。本书中一直回避的问题就是抽样问题。在本章最后一节，就简单谈谈我对这个问题的看法。要回答的核心问题是：教育和心理测量是抽样检验还是计量？我的看法是，既可以按抽样问题处理，也可以按计量问题处理，但结果是一样的，所不同的只是语言和术语上的差异，是表述上的易懂和难懂。

如果用抽样技术中的一套术语描述，目前的教育和心理学界普遍还不具备基础，因为抽样技术出现较晚，目前尚未进入教育学和心理学的课程体系，而主要集中在质检领域使用。由于计量术语接近日常生活语言，普通读者更容易理解。而抽样技术中的术语比较抽象，普通读者不容易理解。我的博士论文《语言测试分数的导出、报道和解释：对 TEM 的几点建议》和2006 年的著作《语言测试分数的导出、报道和解释》都主要是从抽样技术的视角，以语言测试为例，对测量问题进行的研究，感兴趣的读者可以参考。

一 传统与现状

由于学科所关注问题的关系，抽样检验一直在教育和心理的定量研究界被误解。早在 1953 年古德曼对 Gullisken（1950）经典论著 *Theory of Mental Tests* 的评论中就明显反映出来。如果说当时的一篇书评并不能说明什么，那么克伦巴赫等（Cronbach，Gleser，Nanda & Rajaratnam，1972：7-8）对古德曼那篇书评的大段引用和认同性评论，就足以表明教育和心理学界对抽样技术的陌生。

那篇书评的一项重要内容是：传统的抽样涉及的问题是人的选择（selection of people），而心理测量涉及的是题目的选择（selection of items）。在纯统计意义上，关于什么的抽样都还是抽样。无论抽样的内容是猪、是马、是人、是题目、是测量结果、是货物，这些统统都是抽样。无论是经典理论还是概化理论，都陷入了这个概念困境，一直未能自拔。这里看似关于抽样内容的问题，实际上并不是关于抽样的内容问题，而是由于同类问题在不同领域使用了不同的术语或名字而影响了交流的结果。

在行为科学界，习惯上用的是假设检验这个更抽象的名字，而在质检领域，却采用了抽样检验这个更直接、更通用的名字。前者演绎出了研究设计这门理论和艺术，后者促成了抽样技术、质量控制理论及技术的发展和进步。前者在科学研究界广为使用，后者在工业生产和社会管理中广泛使用。如果把产品是否达标看成假设，抽样检验就变成了假设检验。在研究中我们讲参数检验和非参数检验，在抽样检验中则一般讲计量抽样和计数抽样。

还有一点很重要。在科学研究界，假设检验大多数为双尾检验，即关于是否显著不同问题的检验。但在质检中，假设检验基本是单尾检验，即关于是否等于大于某个值，或者小于某个值的检验。在科学研究中，达到某个事先设定的标准就得出有显著差异的结论。但在质检中，达到某个事先设定的标准就得出合格的结论。

例如，比较两个考生的分数是否显著不同就是一个双尾检验；比较一个考生的成绩是否显著低于另一个考生的成绩就是一个单尾检验。推断一个考生的成绩是否显著达标也是一个单尾检验。第九章在讨论分数的解释时会系统讨论这样的问题，席仲恩（2006，第 6 章）也系统讨论了这个问题。也正是在这个检验中，测量的不确定度才真正派上了用场。

如果能转换到这个角度上，即把测量结果的量的解释看作假设检验或质量检验，那么读者就会自然发现，传统的所谓分界分信度系数、差异分信度系数都会失去作用。在第一章关于测试的定义就是从这个角度做出的。我也是在这个广泛的视野下看待包括语言测试在内的教育和心理测试的。也就是说，在本书的语言体系中，严格区分了测量和测试这两个概念。只是在指称时，有时不得不采用传统用法，不过在这种语境中不容易引起混淆。

二　为什么选择计量学路径？

关于这个问题，在本节开始部分已经做了简单回答。鉴于问题的重大性，这里拟从两个方面再进一步回答。一方面要说明为什么我不主张选择抽样检验路径，另一方面还要说明为什么我主张选择计量学路径。

1. 为什么不主张选择抽样检验路径

前面已经说过，我之前的两部著作都主要是沿抽样检验路径研究问题的。① 因为用抽样技术分析教育和心理测量问题，对于研究者来说更容易、更简单、更省事。如果使用抽样检验的话语体系，把产品换成考生，把产品的检验品性或检验内容换成考生的成绩或能力，再把抽样误差换成测量误差，问题基本就解决了。

和质量检验中的问题相比，教育和心理测量中的计量问题是最简单不过的。经典理论都不能解决的测量不确定度问题，抽样技术中的简单随机抽样误差就解决了；多元概化理论中也未能很好解决的问题，一个分层抽样就解决了。如果再加上序贯抽样（检验），自适应考试问题也解决了。至于批次、抽样框架、抽样决断中的两类错误控制这类抽样技术中的专业问题，教育和心理测量基本不涉及。抽样技术之所以成为一门独立的应用统计分支，主要是为了解决后面的问题（相当于研究设计）。行为测量中用到的，不过是普通的统计学知识而已。

测量本身就是一个很单纯、很基础的实验活动，不需要太多的概率和统计知识。而质量检验是一个非常复杂的管理活动，不仅涉及生产过程中的质量控制，还涉及商业贸易活动的控制与管理。抽样技术中基本术语都是为了方便讨论自身领域中的专门问题而设计的，这会对本领域以外的非专业人员带来很大的沟通障碍。因此研究问题时，作为研究者自身可以先用抽样技术中的术语，但是发表研究结果时，必须首先考虑读者的话语体系。一项让读者读不懂的研究结果，是一项尚未完成的

---

① 在讨论中我有时使用"抽样技术"，有时使用"抽样检验"。这是无奈的抉择。在强调一般原理和统计技术时用了"抽样技术"，在强调和突出实践应用时，用了"抽样检验"。

研究。

教育和心理测量的很多结果是让普通的教师、学生、家长、雇主或管理人员使用的，而他们中 99% 以上的人是没有抽样检验知识的，是不懂抽样检验话语的。

出于以上方面的考虑，我不主张选择抽样检验的路径来讨论教育和心理测量问题，更不主张用概率论的话语体系讨论教育和心理测量问题，因为概率论的话语体系几乎是纯数学的，更难理解。劳德（Lord，1955）的强真分数理论和项目反应理论（Lord，1980）、腊希的测量模型（Rasch，1960/1980），都是用概率论的话语体系表述的。所以，它们都很难读懂，并引起了很多的误读（对此，将在第十章中讨论）。

2. 为什么主张选择计量学路径

测量是人类的基本活动，它渗透了人们生活的几乎各个方面。计量学是关于测量理论和实践的专门领域，因此它必须面对如何让普通人理解测量结果的问题。经过几千年的发展和探索，现在已经形成一套内部比较协调的、能够让不同领域研究者接受和理解、能够较好防止普通读者误解的国际通用话语体系。如果在此基础上建立具有本学科特色的专门话语体系（见《VIM 国际通用计量概念和词汇》），应该是最简单、最高效的路径。

例如，如果用抽样检验语言，通常的 70 分就得表述为：在有关的知识或能力或技能总体（population）或宇宙（universe）中，根据你对此次随机样本的反应结果的推断，你的×××方面的总体或宇宙（universe）成绩代表为 70 分，有 $x\%$ 的概率在 $70\pm U$ 分之间。成绩用户会问：什么是总体成绩，什么是宇宙成绩，为什么不全测，什么是随机样本，等等这些都是很专业很抽象的概念。如果用计量学语言，则为"你的×××方面的成绩是70±U分"。这简单了很多，也容易理解。

但是，教育和心理测量的确是抽样。于是，这就需要系统的概念翻译，把抽样检验中的概念和术语变换成等价的计量学概念和术语，并使有关信息守恒。例如，总体分数变成了标的量，抽样不确定度变成了测量不确定度，分层抽样变成了多输入量的线性测量函数，样本方差计算公式变成了贝塞尔公式，等等。

诚然，计量学和抽样技术也有一个小小的隔阂，即总体或抽样宇（宙）的有限性问题。在计量学中，一般假定总体或抽样宇为无限大，但现实中，总体和抽样宇并不是无限大，而是有限大。理论上，这会影响不确定度的估计结果。但实践中通常没有意义，主要是教育和心理测量的不确定性非常大。对于一些总体不是很大的情况，只要用有限总体因子$(1-n/N)$修正一下不确定度就可以了。其中n为样本大小，N为总体大小。考虑到教育和心理测量中经常忽略没有多大影响的不确定性源，而且总体的确切值也不知道，这个修正因子可以忽略不计。在总体大概值知道的情况下，如果总体和样本之比值不是很大时，可以用有限总体因子修正不确定度，特别是对于以研究为目的的教育测量。由于修正因子的最大值是1，所以修正后的不确定度会适当小一些。

选择了计量学的话语体系后，我们就没有必要为一些通用计量学术语而头疼，也不会因为话语体系的不同而让我们对其他领域的计量学成果视而不见、听而不闻。

三　信度理论的死结

由于受到实证研究的影响，经典信度理论和概化理论始终抱着人（即概化理论中的 p）的抽样不放。这样，不仅把简单的列抽样变成了复杂的矩阵抽样，而且得出的不确定度也只能是团体不确定度的平均值。而这个平均值，对于内容抽样显然是无效的。因为，对于不同水平的考生，测量结果的不确定度相差是很大的，一个考生的标准不确定度可能是另一个考生标准不确定度的 5~6 倍。

再说说经典理论中的斯皮尔曼-布朗预测公式。在计量学中用 S^2/n 来提升不确定度，而斯皮尔曼-布朗预测公式则用 $r_{xx} = nr/[1+(n-1)r]$ 或者 $r_{xx} = Nr/[n+(N-n)r]$ 来提升相关系数。然后，再用提升后的相关系数（这时叫信度系数）代入公式 $S_E^2 = S_x^2(1-r_{xx})$ 来求 S^2/n 的平均值。只有平均值是无法得到个体值的，但已知个体值是很容易得到平均值的。而我们所需要的，往往就是这个个体值。前者的依据是中心极限定理，且只需要根据贝塞尔公式计算一个方差；后者为求相关系数，不仅要计算很多的方差，还要计算更多的协方差，而且还得不到想要得到的东西——个体测量结果的不确定度。此外，遇到了负的平均相关系数，一切皆失效。

那么，如何打开这个死结呢？让 $p=1$，即把团体变成个体。

这样，复杂的矩阵抽样就简化成了列抽样，复杂的相关系数计算就简化成样本方差的计算，用结果除以 n 再开个根号就是个体的标准不确定度。还可以一步到位。在 Excel 表格中输入"$=[var（数据 1：数据 n）/n]^0.5$"指令，就直接得到测量结果的标准不确定度。选中结果单元格，向下一拖（假定考生在同一列中）就得到了所有考生的测量结果的标准不确定度。而且还不受负相关系数的困扰。

第九章

测量结果的记录、报告与使用

　　测量活动以结果的报告为终，使用以测量结果的报告为始；重要的测量活动还需要对阶段结果有详细的记录，从而使测量过程能够接受核查，结果能够接受验证。测量是面向结果使用的人类活动。在第六章第三节中，已经根据测量结果用途分析了需要报告的测量结果内容。作为那一节的继续和扩展，本章将以不同的结果使用者为参照，进一步探索测量结果的记录、报告和使用问题。本章系统参考了 AERA，APA 及 NCME（2014）共同颁布的美国《教育和心理测试标准》的第 1 章、第 2 章、第 5 章、第 6 章和第 9 章。为了行文简练，泛引时不予注明，特引时用"美国三会标准""三会《标准》""《标准》"。

第一节　测量阶段结果的记录原则

要区分测量阶段结果的记录与试卷开发过程的记录。开发过程记录的目的，是能够检查、核查、评估试卷的有效性，帮助用户正确选择和使用试卷，防止用户误用和滥用教育和心理测量。前者是传统效度核查的内容，属于测量系统分析（measurement system analysis［MSA］）的基础素材；后者属于传统信度分析的范围，属于不确定度分析的材料源泉。测量阶段结果的记录目的，则是核查和评估试卷使用过程或分数得出过程的有效性。阶段结果记录又分为关于原始结果的记录和对重要阶段结果以及得出过程的记录。

一　原始结果的记录

原始结果记录的目的，就是为之后的测量信息提取做好资源准备。对于教育测量而言，原始结果通常有原始反应结果和原始观测结果两种。记录原始结果的关键就是要在一定的时间段内，保持原始结果的原貌不变。

1. 原始反应结果

原始反应结果就是考生的原始答卷或作业音频或音视频记录。这些都是得出测量结果的素材，是全部测量信息的源头或"矿石"。对于原始反应结果的保存介质，可以是纸质的，也可以是电子的或数字化的。保存期必须长于测量结果的有效期。由于原始反应素材中含有受考的个人信息，因此，必须严格使用条件，确保个人信息的安全。

　　每一个受测对于每一个输入量的每一个诱发任务或刺激的原始反应材料，是测量活动所获得的基本素材，是一切后续测量工作的基石，必须完整保存。否则，关于输入量的表征值的得出就无法核查和验证。由于这些素材是输入量观测值分布描述统计量的源泉，失去了它，输入量的表征值就成为无源之水。关于原始结果的记录最为简单，却最为重要。

2. 原始观测结果

　　原始观测结果是对受考反应进行量化的初步结果，这才是严格意义上的测量原始材料。对于选择型题目或其他客观题目，原始观测结果就是对考生的原始项目反应结果的正/误判断结果及其赋值。要以独立的项目为单位。可能有些项目是只有一个题目或观测点的简单项目，有些是包含多个题目或观测点的复杂项目。对于简单项目，原始观测结果包括对题目反应的正误判断结果（一般用 1 表示"正"，用 0 表示"误"）及其赋值（又称权重）；对于复杂项目，原始观测结果既包括对每个题目或观测点反应的正误判断结果（一般用 1 表示"正"，用 0 表示"误"）及其赋值，也包括对项目观测值的计算。一般是计算题目或观测点赋值的平均值，而不是总值。计算总值只是一种简化计算的途径，并没有计量学意义。

　　原始观测结果是计算项目反应赋值的直接基础。通常，如果是简单项目，对于反应结果的赋值就是项目的权重；如果是复杂项目，对于反应结果的赋值就是各题目反应赋值的平均值。没有这样的结果，就无法核验项目反应赋值的有效性，因此必须保留。为了防止杜撰或篡改数据，必须保留原始结果，保留的介质可以是传统的，也可以是现代电子的。

日常生活测量和非日常生活测量的重要区别就是要用一个或几个表征值表示测量结果，而不是用一次直接观测的结果作为测量结果。为了使表征值的得出可以连续追溯，每个重要阶段都必须记录在案。在获得测量的原始数据之后，接下来就是计算输入量的表征值以及与之伴随的不确定度。

二 输入量表征值及其不确定度得出过程的记录

输入量的表征值计算是对测量原始数据的第一次统计处理。通常，就是从项目观测值中获得一个代表值，由它代表输入量的值。既然是代表值，就有一个代表性问题，即该值在多大程度上代表了输入量。这就是输入量的不确定度问题。通常用项目观测值的平均值或中位值作为表征值。

记录中必须载明用的是平均值还是中位值。此外，还要载明表征值的不确定度及其获得的方法，包括不确定度获得过程中的每个重要阶段的结果，以保证不确定可以由有资质的第三方独立重新求得。记录中必须明确说明，不确定度是用 A 类方法求得的还是用 B 类方法求得的，且具体说明是 A/B 类方法中的哪一种具体方法。还要记录与不确定度相系的自由度 ν。为了后续的计算方便，输入量的不确定度要用方差表示。

例如，如果用的是 A 类方法中的贝塞尔公式，那么，计算所得的方差值以及自由度就是两个非常重要的结果，应该记录在案。如果使用的是极差法，就应该记载极差值以及与之对应的 C 系数和自由度。

三 输出量表征值及其不确定度得出过程的记录

输出量的表征值就是测量目标量的代表值或测得值，也叫测量结果。如果是直接测量，输入量同时也是输出量，输入量的表征值就是输出量的表征值，输入量表征值的不确定度也是输出量表征值的不确定度。但是，对于数量更多的间接测量，输入量就不简单地等于输出量。因此，需要对输出量的表征值及其不确定度的计算过程明确记录。以下内容是从 GUM 第七章中提炼出来的。

1. 对输出量表征值计算过程的记录

首先，如果有可能，要记录计算表征值所用的测量函数或测量模型。即使无法用数学模型或公式表示，也要用简单明了的语言描述表征值的计算过程。即使直接测量或单输入量的间接测量，也要写出测量函数（如 $Y=X$ 或 $Y=AX$）并记录在案。不然，测量结果的追溯就会遇到困难而不得不中断。然后，把输入量代入测量函数计算出输出量的表征值，或者用文字清楚描述由输入量得出输出量的整个过程。很多教育测量结果让会用的人不敢用、不会用的人滥用的重要原因之一，就是没有明确给出测量函数。测量函数是使测量过程透明的必要条件，没有它，测量结果的有效性就会被画上一个大问号，所以不可或缺。如果测量函数不是公认的模型，那么函数模型建立的过程还需要记录在案。

测量函数的一般式或通式为 $Y=(X_1, X_2, \cdots, X_N)$，测量模型的通式是 $f(Y, X_1, X_2, \cdots, X_N)=0$。但是，记录中要用函数或模型的具体式，而不是通式或一般式。

本书多处已经强调过但这里还要强调的是，教育和心理测量结果的获得过程不够透明的根本原因就是不报告测量函数。记录是报告的基础。

2. 对输出量表征值不确定度计算过程的记录

输出量表征值的不确定度就是合成不确定度，有绝对合成不确定度和相对合成不确定度之分。记录中要说明是哪一种。求合成不确定度一般不仅要用到测量函数，还要求出每个输入量的灵敏系数。不确定度合成的方法，就是应用不确定度传导定律，把不确定度从输入量上传递到输出量上。因此，要记录下每个输入量的灵敏系数以及具体所用的不确定度传导公式。如果是非线性的测量函数，或者如果输入量之间相关，那么还要说明合成不确定度是几阶近似，或者有关的相关系数是如何计算的。

记录中要有输出量全部不确定度分量的清单，即 $u_1^2 = ?$，$u_2^2 = ?$，$\cdots$，$u_N^2 = ?$。对于线性测量函数且输入量不相关的情况，输出量的不确定度分量值就等于灵敏度系数的平方乘以相应输入量表征值的不确定度。

如果用的是扩展不确定度，那么记录中还要说明包含因子、包含概率，以及扩展区间的二分之一宽度。此外，还要记录下扩展不确定度确定的依据，即输出量表征值的分布情况。最常用的是 t 分布。

合成不确定度最终要以标准差的形式表示，表示中合成标准不确定度要带上单位（一般与输出量的单位一致）。

3. 有效自由度计算过程的记录

有效自由度的来源和计算过程都是记录的内容。对于多输入量的间接测量，最终输出量表征值的不确定度的总有效自由度，是输出量表征值各不确定度分量的数值及其自由度的函数，而不是各不确定度分量自由度的简单代数和，所以计算过程要详细记录以供核验。

特别需要指出的是，在教育和心理测量的传统实践中没有这一项内容，但应用中却假定总有效自由度为无穷大（这样就把确定包含区间时所需要的 t 值变成了 z 值）。这个假定在实践中往往是不能够满足的。其结果就等价于低估了测量结果的不确定度。

第二节　测量最终结果的报告原则

测量最终结果的报告，简称"测量结果的报告"，就是决定把测量过程的哪些信息和从测量过程中获得的哪些信息提供给可能的结果使用者，并根据可能使用者的条件，结合他们的可能用途和可能的误用，决定以什么样的形式或方式把拟传递的信息表示出来，从而使信息能够有效地传达给结果使用者。换句话说，测量最终结果的报告就是对测量所获得素材的信息开发提炼，核心是信息设计、提取和加工，包括信息分层、信息过滤、界面艺术等。可见，结果报告更多的是一种沟通的艺术，更少的是一种测量的技术。

但在设计信息之前，首先需要知道测量结果使用者的情况。因为所有的信息报告，都是为了满足一定读者或使用者群体的一定需求。不针对任何读者群体的信息报告不是报告，而是工作"日记"。

一　可能的结果使用者

和其他教育和心理测量结果的使用者一样，语言测量结果的使用者各种各样。为了方便，这里把测量结果的可能使用者分为测量对象、教育工作者、学术工作者、雇主、决策者、公众、法律工作者等。不同使用群体消化测量结果的能力是不同的。

1. 测量对象

测量对象的差别很大。有些可能是教育或心理测量学专家，有些可能是计量学专家，有些可能是普通的学生甚至学生的监护人，有关法律法规可能赋予了他们对关于自己的测量结果的特定知情权。任何形式的结果报告单，都无法满足每一层次测量对象的需求。所以，只能以某个层次的对象为参考决定报告内容和形式。可以像药品使用说明那样，用"谨遵医嘱"之类的语言，把没有能力解读结果的测量对象引向有资质的专业人士，从而使他们能够获得必要的援助或咨询。测量对象有可能通过法律援助来维护自己的有关权益。

根据美国三会《标准》（p. 139），测量对象一般并不构成严格意义上的使用者，这就和称量苹果的重量而苹果不是结果使用者一样。但是，通常出于情感安抚，还不能不考虑他们。在教育测量或考试中，受考一般可分为个体受考和团体受考或机构或法人受考，关系人一般有监护人和代理人。

个体受考及其监护人。作为考生及其监护人，他们一般并不具备教育和心理测量学知识，也不知道计量学术语，而只有普通的测量常识。特别是，他们很可能通过用日常生活中的几何量或物理量测量，来类比高级行为或心理量的测量，他们并不了解高级心理量测量结果中所包含的巨大不确定性和抽样检验的实质。除了他们主动要求的以诊断为目的的测量外，在很多情况下，他们并不一定就是测量结果的真实使用方，很可能只是必要的知情方。对于这组群体，报告结果时要力防他们对结果的误读或过分解读。因此，给他们提供的信息宜粗不宜细，也许定性信息更好。

机构受考及其代理人。机构受考与个体受考的最大区别是，机构可以通过自己的代理人理解、消化测量结果中所包含的信息。由于代理人一般应该是有相关资质的计量学专家，因此可按照准学术界来考虑。为了避免测量信息的滥用和个人测量信息的泄露，提供给机构受考的结果应该是团体（如市、县或校）或子团体（如大学中的院、系）的平均值，而不能是个体的具体值。因为，个体测量结果对于它们来说是无关信息。

2. 教育工作者

作为非测量目标时的教育工作者，他们是以实践决策为目的的教育测量结果的主要使用方和利益有关方。他们关心自己的学生，关心学生对自己所教学科的学习情况，希望改进自己的教学方法，提高自己的教学效果。尽管这个测量结果使用群体的信息消化能力较强，但其中的大多数并不了解教育测量学的概念术语，特别是基础教育阶段的教育工作者。但是，如果大规模标准化诊断性考试的结果信息不能被教学一线的教师理解和使用，这显然是对考试资源的浪费。因此，尽管他们一般不是大规模诊断性教育考试的发起方，但考试结果的报告也应该充分考虑这部分结果使用者。

由于他们长期工作在教学一线，对教育教学语言比较熟悉，所以，针对这部分使用者的信息，应该用非专业性的教育教学语言撰写，而应该避免用那些专业性很强的教育和心理测量术语表述。对他们中的大多数人来说，像信度系数、概化系数、依存指数、精密度、项目反应理论、标准误等术语，无异于一门陌生的外国语。

3. 学术工作者

学术工作者是教育和心理测量结果的重要使用者。有些学术工作者使用测量结果开展有关科学研究，有些通过分析有关测量结果的有效性来发现新的测量方法，有些还可能通过对测量项目的分析来质疑测量的合法性以及测量结果使用的有效性，监督测量或考试各个阶段的质量，维护公共考试的公平性和公正性，防止公共考试权力的误用和滥用。

公共考试越重要，风险等级越高，需要接受监督的内容和方面就越多。由于教育测量的特殊性，全社会也只能通过学术界来实现对教育考试的质量以及公平公正性的监督。由于研究和监督的需要，学界通常最需要的就是考试结果的原始记录。任何公共考试的结果都不能以任何理由拒绝学术界对于考试原始素材的调用。第一节中关于原始素材和各个阶段测量结果的详细记录，就是为学界的调用做准备。

考试主办方只能设置学界使用原始素材的条件，要求学者做出一定的承诺，但不得以保密为借口拒绝学者。可以说，任何拒绝学界调用原始素材的公共考试，其自身的有效性就已经失去。因为，不接受第三方监督的考试，其有效性无法得到核实或检验。而未接受第三方检验的宣称只是自称或许诺，通过第三方核验的结果才能作为事实证据。以为研究收集数据为目的的测量也一样。

考试主办方需要保密的，应该是考题的内容（如果题目需要重复使用的话）和考生的个人信息，而不是考生对于题目的反应结果。不接受学界监督的公共考试，应该是考试霸权，是对考试公权的滥用。为研究收集数据的测量也一样，所不同的是测量不涉及公权的滥用或霸权问题。

任何形式的公共测量，包括公共考试，都必须接受学术界的监督，都应该做到能够让学术界监督，且尽量方便学术界的监督。

4. 其他各方

作为测量，结果的关注方就比较单一，但作为高报偿的考试[1]，包括升学考试、毕业考试、证书考试等，关注的方面就会很复杂。除了以上三个方面之外，通常还有雇主、决策者、公众、法律工作者等。

雇主主要关心的是证书考试的有效性，而不一定关心考试其他的方面。因此，证书考试的结果报告应该回应雇主所关心的问题，即持证人在多大程度上能干什么的问题。职业证书应该包括但不限于这些内容。

决策者主要与教育考试有关。决策群体一般并不熟悉教育测量的专业语言或行话，也不关心考试的内容细节和考试结果的质量细节，而只关心一些宏观概况。因此在诊断性或以评价为目的的教育考试结果报道中，必须有一部分供教育决策者参考。

---

[1]　国内教育考试文献中一般把高报偿考试叫"高风险"考试。

普通公众关心的也是公共教育考试，特别是以描述现状为目的的学业成就考试。由于公众可能用这类考试结果行使对有关方面的问责，针对普通公众考试结果的发布一定要用日常生活语言，要避免没必要的误解，更不能蓄意误导公众。

法律工作者关注的主要是公共考试各方的权利和义务，关心公共考试的公平性和公正性问题。在表述考试的目的和考试结果的适用范围以及考生的条件等时，一定要考虑可能引起的法律后果。

三 结果报告的一般原则

无论是对于哪一种测量，在报告结果时都应该遵循一些通用的原则，从而使结果报告既能满足使用要求，也能避免没有必要的误解和误用。

1. 与目的融洽原则

测量结果的报告要和测量的目的相融洽。第一，报告的对象要和测量的目的相融洽。例如，关于研究的测量结果要报告给学界，关于大纲执行情况的公共考试结果要报告给有关政府部门。大学英语四、六级考试的结果就应该报告给政府主管部门，而不是学生。第二，报告的内容要和测量的目的相融洽。例如，报告给政府管理部门的信息，应该是考试结果的宏观信息，报告给雇主的信息应该是技能信息。第三，报告的形式要和目的相融洽。例如，报给雇主的就不能只是一个分数，也不能是长篇的结果描述。第四，报告的内容详略要与目的相融洽。一般情况下，用于研究和诊断的结果报告最详细，用于升学和资质认证的考试的结果报告较粗略。第五，结果报告的单位应该与测量的目的相融洽。这包含两层意思。其一，结果表示所选用的单位是使用人所常用的单位；其二，单位的大小要和测量结果的不确定度相匹配。因为这样可以防止考试结果的过度解读。

2. 主次分明原则

通常，一项重要测量或公共考试结果的使用者不止一类。特别是与教育决策有关的公共考试。即使是用于科学研究的测量，其结果面对的也不是一类读者，至少也有三类读者：同行读者、近行读者、外行读者。对于高报偿的大规模的公共考试，涉及的方面会更多。因此，信息报告应该主次分明，要在突出主要使用者需求的基础上兼顾其他的使用者。可以通过信息的板块化在同一个层级满足不同的使用者群体，也可以通过分层的方式满足不同群体的信息需求。

如果采用板块化的方式，要明确标识出不同板块所针对的结果使用者。如果采用分层的方式，越顶层的信息要越精简，越通俗易懂。

3. 信息分层原则

信息分层就是在不同的层级提供不同形式、不同类型和不同数量的信息。这条原则的目的是，通过对测量结果的信息进行分层，对信息赋予一定的结构，使信息的使用效率更高，效果更好。

如果把结果报告看作一个层级结构，那么处在不同层级上的信息被加工的深度不同。通常越是处在顶层信息就越精炼、越单一，被加工的程度也越深，被衍生的次数也越多，因此信息的含量就越少，理解起来所需要的专业知识也越少。相反，越是处在低层，信息就越原初，被加工的程度越浅，被衍生的次数也越少，因而信息的含量也就越丰富多样，理解起来所需要的专业知识也越多。

就像不同板块的信息是为了满足不同的使用者群体一样，不同层级的信息也是为了更好地满足不同群体的差异需求，并有效地防止因消化能力不同而引起的信息误解和误用。

4. 信息相对充盈原则

这条原则说的是，提供给不同结果使用者的信息，相对于他们的使用需要要适当多一些。这样，在使用测量结果进行决策时，使用者就会有更多的选择。GUM 7.14 明确要求，在报告测量结果及其不确定度时，宁愿错在提供了太多的信息，也不要错在提供了太少的信息。

四 结果报告的具体原则

和其他的教育和心理测量结果一样，语言测量的结果可能是用来做科学研究的，也可能是用来做实践决策的。由于这两种测量结果的用途所面对的使用者不同，所以对结果报告的具体要求也不相同。下面，就针对定量科学研究和实践决策的不同要求，分类简述各自结果报告开发的一些具体原则。

1. 面对科学研究的测量结果报告原则

由于研究报告的主要读者群体是同行研究人员，他们一般都具有很强的信息处理能力，且非常在意结果的得出过程，因此，提供给他们的测量结果要：第一，满足重要阶段追溯的需求；第二，满足重新计算结果的需求。

要满足第一个需求，就必须提供每个重要阶段的计算结果，一般应该包括：

（1）测量函数或对标的量的完整操作性定义；

（2）标的量的估计值及其合成不确定度；

（3）（如果适配）标的量的相对合成不确定度；

（4）与合成不确定度相系的有效自由度；

（5）每个输入量的估计值及其不确定度连同两者的获得方法和自由度。

显然，满足第二个需求需要原始观测数据。如果数据不大，应该放在同一个文件中。如果数据太大，原始数据要放在数据电子档案馆中，以便感兴趣的读者调用。

2. 面对实践决策的测量结果报告原则

面对实践决策的测量结果的使用者对测量信息的消化能力差别很大，加之测量的报偿又往往很高，如升入高一级学校或获得某种证书，所以，防止结果的误用和滥用就非常重要。因此，要对测量结果严格分层，严加管理。一般要分结果（成绩）单或证书、结果使用或解释指南、支撑研究报告、测量结果的原始素材。

在设计成绩单或证书时，一般应该注意以下几个原则性的问题。

（1）用语要通俗易懂，没有歧义，而且无歧视或偏见；

（2）界面要友好，要图文互济；

（3）结果描述与结果解释要兼顾；

（4）要有明确的使用范围；

（5）要在显著位置以凸显的方式，明确警示可能出现的具体不当或错误使用行为；

（6）要有具体的测量时间和结果的有效期限；

（7）要有具体的责任方；

（8）要包含充分的不确定度信息。

以上问题看似是常识，却经常被忽视，如"语言无歧视或偏见"。成绩单上的"不及格、及格、优良、优秀"都是带有歧视或偏见的语言。又如，证书上不提供"持证人能够做什么"，就是只有描述信息没有解释信息。用于常模参照解释的成绩不提供常模信息，也是没有解释信息。特别是最后一条，经常在国内考试的成绩单中找不到。一般的做法应该是，要么提供不确定度信息（包括有效自由度），要么采用粗分标报告分数。

结果使用或解释指南既是对成绩单的补充，也是对成绩单解释的指导。由于指南是一种专门的技术文件，所以它的设计和开发相当专业。限于篇幅，本书不予详述。感兴趣的读者可参考有关技术传播文献，如 Markel（2015），Gurak 及 Lannon（2014）。支撑结果使用的研究报告，其撰写和一般的技术报告或实证报告的写作一样，感兴趣的读者可参考《APA 格式》第6 版和 Day 及 Gastel（2016）。

第三节　测量结果的解读原则

对测量结果的解读就是对测量结果信息的使用，是把隐含在测量结果报告中的信息的潜在价值转化为使用价值的过程，其重要性怎么说都不为过。为了方便，这里把解读分两大类来讨论。一类是对以研究为目的的测量数据的解读，另一类是对服务于实践决策的测量结果的解读。但无论是哪一类解读，都应该注意一些共同的事项。

一　结果解读应注意的共同事项

1. 要有量和质的意识

无论教育和心理测量结果是用来做研究的，还是用来做实践决策的，解读不仅涉及量方面的解释，也涉及质方面的解释。而计量学关涉的是量方面的问题，而质方面的解读需要专业或行业经验。量的解读是质的解释的基础，质的解释是量的解读的深化和延伸，两者不可以相互替代。解读测量结果时，既不能只停留在量的层面，也不能只做质的解释而不顾量的计量学属性。

传统的统计检验只能解决量方面的问题，但不能解决质方面的问题。例如甲组受测的平均词汇是 2567 个通用词，乙组受测的平均词汇是 2569 个通用词。只要样本足够大，两者的差异一定会显著，但这有实质意义吗？显然没有。

2. 要有不确定性意识

对于教育和心理测量结果的解读，要充分考虑测量结果中的不确定性成分，不能只看到标的量的表征值，还要看到表征值的不确定度。要时刻牢记，教育和心理测量结果中不仅含有不确定性，而且不确定性的程度还很高。基于测量结果的任何结论，都不能超出测量不确定度的许可范围。有不确定度意识就是要有概率意识，要有风险控制意识，要有犯错误的准备和防范措施。日常生活中的测量不是没有不确定性，而是结果的不确定度相对于应用而言没有实质意义。例如买水果蔬菜时几克甚至十几克的不确定度就没有实质意义。

和测量标的量的表征值相比，测量不确定度中包含的信息量更大。本质上，统计检验、质量控制等都是对不确定度信息的使用。不确定度信息使用的核心是相对性或适度，最忌讳绝对、过度和欠度。

3. 要正确使用"客观"

要注意区分"客观性"与"不确定性"。"客观"的意思是"符合实际，不随意愿而改变"，而不是"确定"。不确定度本身就是关于测量最终结果不确定性的客观量度，是不以人的意志为转移的客观信息和信号。任何测量都必须客观，即使关于主体愿望的测量也要客观，但绝大多数的重要测量结果都是不确定的，这是事实。

在严格的表述中，只有"客观"，没有"客观事实/现象"；只有"主体"和"客体"，没有"主观世界"和"客观世界"。所谓的"主观世界"不过是"主体自我意识"的粗糙说法，"客观世界"是"主体之外存在的总和"。"客观规律""自然规律"之类的表述都是不严谨的表述。

4. 要区分模糊性与不确定性

在解释的用词中，要严格区分模糊概念（用语）与不确定性概念。模糊概念的内涵不清楚、不够明确，而不确定性是一个很清楚、很明确的概念。要防止用模糊语言表述不确定性概念。"典型持证人员能够……"是模糊语言，而"95%以上的持证人员能够……"则是描述不确定性的语言。测量结果可以是不确定的，但不能是模糊的。计量语言要尽可能明确，不允许任何蓄意的含糊其词。

5. 要有资质意识

解读人对于自己所解释的内容要有足够的专业知识，主要包括但不限于教育或心理计量学知识和本专业的知识。解读人不应该对自己不懂的内容进行解释。解读人员的专业素养是测量结果正确使用的基础或前提。没有基本的计量学（包括概率论和统计学）知识，就不具备理解测量结果量的必要条件。同样，不具备语言教育的专业知识或实践经验，就不具备理解测量结果质的必要条件。

有资质是指实质意义上的资质，而不是职业证书意义上的资质。由于科学研究和教育测量的泛在性，不可能要求每个结果解读人都持证上岗，而要靠每个实际解读人的自律。

6. 要有法律和伦理意识

在解读结果时，要有充分的法律意识和职业伦理意识。这是结果解读/释人的社会责任。既不能对结果中的信息视而不见或选择性解释，也不能添油加醋或蓄意或授意误导。不实事求是地解释结果和篡改研究结果一样，是一种学术不端行为。

特别是由于教育和心理测量的对象往往是人，解读用语要避免歧视性或带有偏见的语言。

二　为科学研究而解读测量结果

对测量结果的解读能力是科学研究的基本能力。任何个体或团体的研究能力，都超不过自己的数据解读能力。对科研数据的解读分为量的解读和质的解释。量的解读通常在论文的"结果"部分进行，质的解释通常在"讨论"部分开展。两种解读有一些共同的事项需要注意。

1. 要有"错误"控制意识

在解读数据时，定量研究者要有意识地去控制第 I 类错误和第 II 类错误。与受试取样不确定性联系的是 I 类错误，又称 α 错误或假真错误；与测量结果不确定性联系的是 II 类错误，又称 β 错误或假假错误。假真错误与显著性水平的设置有关，提高显著性水平就可以降低犯假真错误的概率；假假错误与检验的力度（power）有关，即检验力度 $= 1 - \beta$，降低假假错误就是提高检验的力度。

降低假假错误的途径通常有两种：一是增大受试样本，二是降低测量不确定度的影响。到底应该采取哪种途径，这需要综合评估研究的资源。但这些评估和决策都应该在研究的设计阶段进行。

由于常用的统计检验方法在建立模型时并没有考虑来自测量这个源泉的不确定性对检验力度的影响，所以，检验的实际力度会比实验设计中所预期的要小。因此，要达到预期的检验力度目标，需要在数据使用阶段开发利用测量所获得的数据信息，使测量不确定度对继而进行的统计分析的第 II 类错误降低下来。20 世纪初斯皮尔曼提出信度系数的动因，就是为了把相关分析的第 II 类（假假）错误降低下来，因为教育和心理测量的不确定度非常可观，其效应需要修正或校正。不仅相关分析面临这样的问题，其他任何涉及协方差、方差的检验，也都存在类似的问题。这个修正或校正就是在降低第Ⅱ类错误，就是在提高检验的力度。

2. 要挖掘控制"假假错误"的方法

斯皮尔曼衰减公式（参见公式8.1）只是控制相关分析第Ⅱ类错误的方法之一，"测得值"的回归修正（参见公式8.12）也是一种方法。既然有两种方法，那就得了解这两种方法的适用条件。遗憾的是，在实证研究界，这两种修正方法或模型很少为研究者所知。因此，这两种控制第Ⅱ类错误的方法形同虚设。知识存在的价值就是被知晓、被赏识。

由于教育和心理量测量的不确定度远高于一般物理化学或生物医学量的测量的不确定度，因此如何利用测量不确定度信息来提高统计检验力度是本领域特有且棘手的问题。首先，研究者应该意识到问题的存在和问题的严重性及特殊性。只有认识到问题的严重性之后，才会意识到修正的必要性。其次，才会挖掘已有的修正方法，并发展出新的修正方法。只有认识到问题的特殊性之后，才能珍惜本学科的点滴经验。

第八章中把传统的信度系数改称修正系数，目的只有两个。一个是防止信度系数的误用，另一个是标明信度系数的用途或功能。至于是用来修正检验结果，还是在检验之前用来修正统计模型的输入数据，我倾向于后者。

3. 不要止步于统计检验

统计检验结果显著（即零假设被拒绝）并不是定量分析的结束，而是结合学科实际进行进一步定量分析的前提和开始。只有在检验结果不显著的情况下，才可以终止定量分析于显著性检验。

统 计 显 著 （statistically significant） 并 不 等 于 实 质 显 著
（substantially significant），但统计上不显著，讨论是否实质上显
著就失去了意义。至于如何分析实质显著性，这是具体学科研
究中的问题，而不属于计量学的问题，因此不要在计量学中找
答案，而要在本学科的鉴别标准或传统中找答案或创造新的
答案。

三 为实践决策而解读测量结果

实践决策中的测量结果通常用成绩单或证书的形式表示。
因此，为实践决策解读测量结果就变成了如何解读成绩或证书。
由于为实践决策服务的教育测量通常也叫考试，考试结果通常
叫成绩或分数。在以下的讨论中，在不会引起误解的前提下，
会经常用成绩或分数代替测量结果。由于证书解读比较简单，
因此和分数解释并在一起讨论。

1. 要有大不确定性意识

教育考试分数中有很大的不确定性，这是事实，任何解读
考试结果的人都必须尊重这个基本事实。而这个事实也许是教
育考试的发起方、教育行政管理方、一线的教师、考生及监护
人、普通大众最难理解和接受的，也是他们最容易误解和忽视
的。教育考试结果的误用和滥用大多与缺乏对成绩中的硕大不
确定性的认识有关。对于团体的平均成绩，随着团体的增大不
确定性的影响会显著降低，但对于考生个体的成绩，硕大的测
量不确定度是降不下来的，只有面对这个事实。

团体平均成绩的不确定度与个体成绩不确定度之间的数量

关系是，团体=个体÷n，其中，"团体"指团体平均成绩用方差表示的不确定度，"个体"指团体中个体成绩用方差表示的不确定度的平均值，n指团体中个体的数量。可见，如果团体由100个个体组成，团体平均成绩的标准不确定度只是个体平均标准不确定度的1/10。一般情况下，对于选择型题目，大多数个体成绩的95%包含量的扩展不确定度都在6%～12%分（100分的卷子，不确定度大多数在6～12分），相对扩展不确定度在7%～30%之间。

这样就引出两个问题。一个是区分个体成绩与集体成绩，另一个是不确定度的成本与极限问题。

2. 要注意区分个体成绩和团体成绩

在教育考试分数的解读中应注意区分个体成绩和团体平均成绩。对于项目评价、专业验收这类以机构或法人为对象的考试，需要解读的是团体成绩，而不是个体成绩。对于证书、升学、学业诊断之类的以个体为对象的考试，需要解读的才是个体的成绩。

对于团体成绩的解读，和科学研究中的数据解读一样，在本节"二"中已经提出三个方面的注意事项，这里无须重述，有需要的读者可以参考。需要注意的是，科研解读不存在滥用结果的问题，而实践解读会涉及结果滥用的问题。但结果滥用问题的本质是权力滥用问题，需要通过制度来防范。学术界所能做的就是阐明滥用的标准，指出滥用的社会危害。

由于个体成绩的不确定度要大得多，解读时可能会遇到很多棘手的问题。为了防止考试结果的误用或误伤，应该事先做好充分准备。要技术地、艺术地、耐心地把适合结果信息接收方的信息，以适当的方式有效地传递给对方。要时刻牢记，不能把测量不确定度引起的效应归咎到学生身上，从而错怪学生，打击了学生的学习积极性，尤其是面对敏感个体时。

3. 要有不确定度的成本和极限意识

由于大部分考试结果使用者并不了解教育考试是一种大不确定性的测量活动，可能会提出"为什么不降低测量不确定度"，或者"我要求主考方降低分数的不确定度"之类的问题。解读分数时，应该让结果使用者知道，降低测量不确定度是要花很大成本的，而且很多时候，各方面的条件会限制进一步降低不确定度的。

例如，如果用 100 道独立项目测得考生的成绩是 50 分（即答对了 50 道等权重的题目），该成绩的标准不确定度大约是 5 分。要把该生成绩的标准不确定度降低到 0.5 分，那就需要连续考这个学生 10000 道题目。显然，这几乎是无法做到的。即使做到了，该生的 95% 包含率的扩展标准不确定度也接近 1 分，即该生的成绩估计也在 49~51 分；如果要把包含率提高到 99%，那该生的成绩则在 48.7~51.7 分。

而且，这仅仅是内容抽样一个方面的不确定度分量，如果把考试环境和考生体力引起的不确定度分量再包括进来（连续做 10000 道题考生的体力很难不发生变化，随着一天中时段的变化很难保证考生的答题能力不发生波动），实际的测量不确定度还要大，也许大很多。如果是作文或其他类似的主观题目，要把评分结果的不确定性范围降到 4%，即 100 分中的 4 分，那么，即使让 100 个合格的评分人员分别独立打分，然后用他们的平均分作为考生的成绩代表，也远不可能实现该目标。

4. 要灵活使用不确定度信息

解读考试成绩时，要尽量避免因语言使用不当而伤害学生。要多使用正面的语言鼓励学生，而不是用负面的语言来打击学生的学习积极性。作为一个概念，不确定性是一把典型的双面利刃。用好了，它可以促进教学；用不好，则可能破坏教学。面对一个情绪低落的学生，把成绩低归咎于不确定性比归咎于学生的不努力也许会更好；面对一个骄傲自满的学生，把好成绩归咎于不确定性比归咎于学生的努力或天才也许会更好。

5. 要严防过度解读

由于缺乏对教育考试分数是大不确定性分数这一基本计量事实的了解，过度解读考试成绩是常态，而不是个例。仅凭几分甚至零点几分之差让某个学生获奖且奖金不菲，让有些学生获得机会而让其他学生失去机会，这些都是典型的对考试分数过度解读的事例。平均级点成绩本来是为了防止过度解读考试成绩的，但如果精确到小数点后几位，那就是过度解读。

如果按照测量系统分析的基本约定，即测量系统的精密度不大于 1/5 或者 1/10 的公差（相当于考试中的分类标准），那么，用满分 100 分的试卷把学生分成三类是不可能的。还以上面那个 50 分的学生为例。由于标准不确定度约等于 5 分，99% 包含率的扩展不确定度约等于 13 分（$t = 2.63$，$\nu = 99$），那么，不同类别之差最少应该大于 13×5 = 65 分。意思是，如果扩展不确定度是 13 分的话，只有当这个考生与另外一个考生的成绩（100 分制）相差 65 分时，把他们分为两个类别才是安全的。

测量系统分析的目的之一是，评价测量系统是否满足精密制造的需求。借用那里的精神（即精密度不大于分差的 1/5 或 1/10），分析考试的不确定度可以评价考试成绩的不确定度能否满足对考生分类的需要。如果不能，就只好把拟区分的类别数目减小。不是说想分多少类就能够分多少类的，要根据成绩的不确定度决定类别的数量。由此，得出这样的结论：即使取整数位，若把考生成绩分成 5 个等级会太细，也许 3 个等级更好。根据以上原则，几乎可以肯定专业英语四、八级考试的不确定度，是不允许把考生分成"不及格""及格""良好""优秀"四个等级的，"及格""不及格"两个类别也许是极限。当然，此时的及格分肯定不是 60 分，而会明显高于 60 分，至少不会低于 75 分。

以上的讨论揭示，单纯根据一次考试的分数对学生个体进行决策是很危险的。为了降低风险，需要参考其他方面的更多证据材料。

6. 不要迷信证书和考试成绩

鉴于教育和心理测量结果中的硕大不确定性以及目前业界对于该事实的认识还不够充分，在解读职业证书和考生成绩时，不能机械绝对。不是持证人的有关能力一定高于无证人，也不是成绩排在稍微靠后的候选人就一定比排在前面的能力差。如果无证人或排在后面的候选人有其他方面的证据充分显示自己可以胜任有关职位的工作，而且不与当地的法律法规冲突，雇主没有必要错失良机，失去一个能胜任工作的良才，更不能因为没有获得某项非职业证书或非专业考试成绩排名靠后而把明显的良才拒之门外。这不仅仅是雇主的损失，也是对申请人的不公平和不公正。

"分数面前人人平等"不是"得同样分数的人都应该有同样的机会被录用",而是说,在没有其他证据或其他条件相同的情况下应该给予他们相同的机会。如果有其他证据显示两者能力很可能不同,或者两者的其他条件差异很大,还是以"分数面前人人平等"处理,这是典型的分数滥用。

7. 不要轻易把分项成绩合并起来解读

分项成绩中所含的有用信息远大于总成绩,因此,不要随便把分项成绩合并起来解读。即使考试主办方提供了总分,一般也不要过分关注总分,而要挖掘分项分中的有用信息。前面已经指出,除非是竞争性排序,否则不要使用总成绩。

8. 不要解读不可解读的结果

鉴于教育考试的大不确定性实际,可以解读的结果必须要么分数足够的粗,要么分数不确定度的得出过程足够的细。否则,测量结果就不可解读。面对这样的测量结果,受邀的解读者可以拒绝解读。具体讲就是,不要解读不提供不确定度信息的考试结果。

即使证书,也可以看作最粗的分数或带有特定包含率的解读。如果不了解证书的包含率情况,也不要硬去解读它。计量学解读主要是对测量结果不确定性信息的使用,没有不确定性信息的结果,就不是供计量学解读的结果。考试的成绩或证书是高度凝练和多层信息过滤后的结果,是提供给没有计量学知识的使用者的。如果要从计量学角度解读,就得从其他文献中获得有关的不确定度信息,例如从手册、指南、说明中寻找。

9. 粗分数与细分数

在解读关于个体的考试成绩时，要注意区分粗分数和细分数。粗分数是包含了不确定度信息的供非专业计量人员使用的分数，是为了防止结果误用而设计的分数，它充分反映了考试成绩的区分率。因此，不可以过分解读。对粗分数过度解读的具体表现形式就是，把分数精确到小数点后两位及以上。即使在合成过程中，也最多精确到小数点后 1 位。合成后的粗分数尽量取整，最大取 .3，.5，.7。

细分数解读时一定要使用结果的不确定度信息，包括合成不确定度和有效自由度。在工程技术领域，一般把不提供有效自由度理解为有效自由度足够大。但是在大规模的语言考试中，有效自由度一般都不会很大，因此，解读成绩时应该尽量有具体值。

10. 用于竞争性评价的测量结果可能有诈

只要有竞争（包括评比）就可能有作弊或欺诈。竞技运动员服用兴奋剂、吹黑哨、找人代考、找人助考等，这些都是典型的作弊。尽管作弊现象主要靠制度来消除，但是，作为计量工作者，自己要时刻警惕结果中的"水分"。要认识到对于竞争性的考试，作弊是最大的分数不确定性来源。如果发现分数中有异常，应该进一步分析异常效应的造因。

例如，原本相关度很高的两部分成绩出现了背离。例如，一个语法词汇成绩很低的学生，其阅读成绩很高；一个听力成绩很高的学生听写成绩却很低。遇到这样的可疑情况，就需要出示进一步的证据而不是视而不见，或者简单以"作弊"论处。

四　分数解读举例

为了进一步展示如何在教育实践决策中解读个体的分数，下面举三个例子。第一个是达标（又称标准参照）解读的例子，第二个是差异解读的例子，第三个是排序（又称常模参照）解读的例子。

1. 成绩的达标解读举例

已知考生甲在某达标考试中得了 67 分，标准合成不确定度为 7.8 分，有效自由度为 16。经过有关专家研究决定，该达标考试的及格线为 60 分，且要求有 95% 以上的概率（或可能性）达标才能够通过。请问，该生能通过吗？

解读：假定该生的成绩为正态分布。查 t 值表得知，对于自由度为 16，95% 显著性水平单尾检验的临界值为 1.75。1.75 × 7.8 = 13.65 ≈ 14 分，60 + 14 = 74 分。也就是说，对于一个标准合成不确定度为 7.8 分、有效自由度为 16 的考生，只有当其考试分数达到 74 分及以上时，该生才有 95% 以上的可能性及格。由于该生考了 67 分，因此，按照规定该生未通过考试。

显然，对于不同的考生，由于其成绩合成不确定度不一样，与之相系的有效自由度也不一样，所以，他们达到标准所要求的成绩也不一样。并不是说一个考生得了 60 分以上就可以认定该生通过了考试，也并不能说任何一个 74 分以上的考生都能达标。

以上过程就是一个单尾的 t 检验的变种。已知 t 值（1.75）、t 检验公式的分母（7.8）以及分子中检验标准（60）而求样本的平均值 x，即 1.75 = (x−60) /7.8。解这个方程得 x = 73.65 ≈

74 分。具体公式请参考席仲恩（2006：342）。

2. 成绩差异解读举例

继续用上面那个例子。除了以上信息外，我们还知道该生上次在同类同样难度的考试中得了 58 分，且上次成绩的标准合成不确定度为 8 分，有效自由度为 15。请问，该生这次考试的成绩有显著提高吗？

解读：假定该生的成绩为正态分布。查 t 值表得知，对于自由度为 31，95% 显著性水平单尾检验的临界值为 1.70。$1.70 \times \sqrt{(7.8^2 + 8^2)} = 1.7 \times 11.2 = 19.04 \approx 19$ 分。也就是说，当这个学生第二次考试成绩比第一次考试成绩高出 19 分时，才可能有 95% 以上概率高于第一次。鉴于该生第二次成绩只比第一次高出 9 分，还不能判定该生第二次的成绩有 95% 以上的概率高于第一次。

以上过程就是一个独立样本的单尾 t 检验的变种。不过，这里的样本是考生的成绩样本。由于假定 $\mu_1 - \mu_2 = 0$，把数值代入检验公式得，$[9 - (\mu_1 - \mu_2)] / 11.2 = 0.80 < 1.7$，未达到 .05 的显著性水平。换句话说，还不能得出结论说，第二次成绩显著高于第一次成绩。具体公式请参考席仲恩（2006：344）。

3. 成绩排序解读举例

已知考生甲在旧大学英语四级考试中得了 77 分，标准合成不确定度为 5 分，有效自由度为 16。我们就来对这个成绩进行常模参照解读。

解读：由于该生得了 77 分，不确定度为 5 分，有效自由度为 16，查 t 值表得 95% 置信区间或包含率的扩展不确定度为

2.12×5＝10.6 分。即有 95% 的可能，该生的成绩在 77±10.6 分之间，即在 66.4～87.6 分。根据第五章中的表 5－17，该生有 50% 的概率高于约 68% 的常模集团考生的成绩，或者，如果把该生的成绩与常模集团考生的成绩相比，有 95% 的可能排在 30%～90% 的某个位置，即该生有可能只高于 30% 的常模集团考生，也有可能高于 90% 的常模集团考生。

显然，如果没有测量结果的不确定度和自由度信息，我们就无法对该生的成绩做如此具体的解释。

第十章

语言测试余论

读完前九章的读者可能会问，为什么本书没有讨论大部分语言测试著作所讨论的内容？回答是，大部分语言测试论著是把测量工具制造和测量这两类不同性质的问题混在一起处理，而本书所研究的重心是关于量的定义、获得及其使用，而并没有包括测量工具的制造和测量系统的分析。这样做可以更加突出测量的基础性和计量理论及技术的通用性，而这个基础正是包括语言测试在内的教育和心理测试最薄弱的部分。确立了这个基础之后，再分析行为测量工具和测量系统就会更方便，因为关于测量工具制造以及测量系统的分析都要涉及测量问题。作为本书的结尾，本章将粗略介绍一下测量工具制作和测量系统分析中的几个概念，简评经典测试理论（包括概化理论）和现代项目反应理论。

第一节 测量工具制造与测量系统分析

尽管在行为测量界经常把试卷叫测量工具，但是试卷编制只是测量工具制造的重要内容之一，绝不是全部内容，有时甚至并不怎么重要。严格地说，试卷不过是用来诱发受考反应的一组刺激，而对这组刺激的反应结果才是测量中的观测目标。鉴于行为测量的复杂性，应该从系统的角度来分析测量工具和测量过程。这一节，将简析哪些传统概念属于工具制造的内容，哪些传统概念属于测量系统分析的内容。

一 测量工具制造

项目编写（包括答案）、评分标准的制定、项目分析、试卷构成表、试卷生成、试卷结构、卷面设计、分值分配、分数等值或链接、使用说明和解释材料的开发等，这些都是测量工具制造的内容。

项（题）目编写既是一门内容选择的技术，又是一门语言表述的艺术。这项任务通常是在行为计量学专家的指导下，由学科专家来完成的。计量学专家设计题目，学科专家根据计量专家提供的题目设计蓝图编写项目。题目的答案或参考答案以及评分标准的制定，一般是学科专家的任务。关于项目编写，请参考 Ebel（1951），Wesman（1971）。

项目分析要完成两项任务。第一项是，通过计量学专家和学科专家之间的互动来改进项目的质量；第二项是，计量学家通过对合格项目的分析，标定项目的参数。在完成第一项任务的过程中，计量学专家通过实验获得关于项目的定量和定性信息，并把有关的信息反馈给题目编写人员，作为他们进一步修改题目的参考意见。对于主观评分题，评分标准也是项目分析的内容。完成第一项任务的焦点是项目的区分度参数和干扰项。完成第二项任务的焦点是项目答案项的答对率，并从答对率中计算出项目所代表的标的量的值。这个值传统上很有误导性地被叫作项目难度。关于项目难度，请参考席仲恩（2003b，2006）；关于项目答对率与项目区分度之间的关系，请参考席仲恩（2003a）；关于项目的评审和编辑，请参考 Baranowski（2006）。

试卷构成表，又称试卷细目表，是试卷的总图，通常由学科的权威专家制定。构成表的核心是各部分的时间分配、权重以及题型。有了构成表，试卷的生成就是一件可以由一般技术人员完成的任务。试卷的结构分析是传统的有效性分析（即效度研究）的内容，它涉及试卷的内部一致性分析、不同构念之间关系、试卷所测与校标之间的关系等。最令人误解的是内部一致性分析。因为它把有效性问题和不确定性问题混为一谈，即把"效度"和"信度"揉在一起。卷面设计工作则既需要一定的行为计量学知识，也需要一定的版面设计艺术，还需要基本的版面编辑学知识。关于试卷设计和细目表，请参考 Schmeiser 及 Welch（2006）；关于试卷的版面设计，请参考 Campion 及 Miller（2006）。

每个项目的分值分配应该由计量学家根据项目分析的结果确定，而不能由学科专家决定。项目的分值是计量的基础。如果让学科专家决定了项目的分值，考试这个测量也就失去了计量的基础，也只能沦为所谓测量，得出的分数也就没有多少计量学价值。

　　分数的等值和链接是测量仪器调试的内容，也是仪器校准的内容，其目的是统一测量单位或标准，消除系统误差或偏差。等值涉及两项基本内容。一个是等值关系，即像 1 千克＝2 斤或 $y=ax$ 或 $y=ax+b$ 这样的简单关系；另一个是等值的实验设计，这个非常复杂。该实验设计的核心，是如何控制测量不确定度对等值结果的影响。等值实验不需要多少计量学知识，但需要很多的实验设计和统计学知识。关于等值实验设计，请参考 Kolen 及 Brennan（1995，2004）。

　　使用说明书（手册）和结果解释材料，应该由专门的技术传播专家设计和撰写。试卷使用说明书不仅包括如何使用试卷或施考、如何计算分数，更重要的是如何解释结果以及为什么这样解释的理论依据和实验证据，即传统的效度或有效性证据和依据。不仅要有证据，还要有获取证据的详细过程和实验，包括实验过程、实验方法以及实验结果。手册一般是供有一定资质的专业计量工作者使用的，而不是供没有计量学资质的学科专家使用的。结果解释材料一般是为学科专家或其他非计量学专家使用的。但无论是手册还是解释材料，一般都应该包括基本的测量不确定度信息，否则，每一个具体的成绩报告单上都应该包括有关的不确定度信息。关于技术支撑材料或使用说明书的撰写，请参考 Becker 及 Pomplun（2006），AERA，APA，及 NCME（2014：123–129）。

二 测量系统分析（效验）

如果把托福或大学英语考试 CET 看作一个测量加决策的过程，那么，关于成绩获取的过程就构成一个测量系统。对于这个测量系统是否能够满足接下来的决策的精度要求（即分数使用）的分析就叫测量系统分析。这个过程包含了传统效验的部分内容，而且还增加了不少新的概念。测量系统分析是对测量过程中各种重要变异源的分析，是对整个测量过程的综合评价。概化理论或方差分量分解在这里可以应用。

对于语言测量，评分员的评分质量和评分标准的质量以及成绩的跨时间稳定性等，都是测量系统分析的内容。测量系统分析的四个重要概念是稳定性、精密度、重复性以及复现性。其他与测量工具或系统性质及质量有关的概念，请参考 VIM 的第四章（ISO/IEC，2007，4.1~4.31）。

1. 稳定性

根据 VIM 4.19 的定义，测量仪器的稳定性（stability of a measuring instrument），简称"稳定性"（stability），是关于测量仪器随着时间的推移而保持自身计量学属性不变的品性。稳定性可以用多种方式来量化，常用的两种方式：（1）计量学属性变化特定的量所要经过的时间段，即用时间长短来度量；（2）经过特定的时间段后计量学属性所要变化的量，即用属性（的变化多少）来度量。换句话说，稳定性要么用"多长时间保持不变"表征，要么用"一定时间后发生了多大变化"来表征。

不难看出，评价试卷或人工评分的稳定性时应该用稳定性，而不应该用信度系数。因为信度系数随着时间之外的其他变量的变化而变化，而且信度系数本身就很难用来解释信度这个概念，而更适合于解释衰减或修正这两个概念。

2. 精密度与准确度

测量的精密度（precision）和准确度（accuracy）是两个不同的概念。根据 VIM 4.15 的定义，"精密度"是测量精密度的简称，是对一组相同物体或相似物体在指定条件下重复测量所得到的一系列指示值或测得值的接近程度的量度。在数值上，精密度通常用不精密度来表示，如用指定测量条件下的标准差、方差或变异系数来表示。指定条件可能是重复测量条件，可能是期间精密度条件，或者复现性测量条件。测量精密度是用来定义测量重复性、间隔测量精密性以及测量复现性的。准确度是质而不是量，它指的是标的量的测得值与真值的接近程度（VIM 4.13）。不得用"测量的准确度"来表示测量的真实度，也不能用测量的精密度表示测量的准确度，尽管准确度与真实度和精密度都有联系。简而言之，精密度是一个量，准确度不是量而是质。

在评价评分员的评分质量时，应该用精密度，而不是信度系数。因为信度系数（包括概化系数和依存指数）既随着评分内容差异的增大而提高，也随着评分次数的增加而提高，所以不能用来独立衡量评分员的评分质量。评价评分标准的质量时，也应该用精密度，而不是信度系数，原因同上。

3. 重复性与重复性条件

测量的重复性（measurement repeatability）简称"重复性"（repeatability）。根据 VIM 2.21 的定义，重复性是在一组测量重

复性条件下的测量精密度。又根据 VIM 2.20 的定义，测量的重复性条件（repeatability condition of measurement），简称"重复性条件"（repeatability condition），是一组包括相同测量规程、相同操作人员、相同测量系统、相同操作条件、相同测量地点的测量条件；在这种条件下对相同或相似测量对象在短时间内进行的多次反复测量叫重复性测量。重复测量结果分布的标准差或变异系数就是测量重复性的量度。一般情况下，测量的重复性低于测量的不确定度，即重复性的值要大于不确定度的值。

对于语言测量而言，考虑到记忆效应的存在，对于内容抽样而言，传统的纸笔考试很难满足重复性条件，但机助型考试较容易满足重复性条件。对于人工评分则容易满足重复性条件：只要每次把上次评过答卷的顺序重新排一次就可以了。

显然，重复性可用来衡量客观题的猜测度、主观题评分标准的操作性或质量以及评分人员的评分质量或培训达标情况。重复性与信度系数相比的优势，就是精密度与信度系数相比的优势。

4. 复现性

测量的复现性（measurement reproducibility）简称"复现性"（reproducibility）。根据 VIM 2.25 的定义，复现性是在一组测量复现性条件下的测量精密度。又根据 VIM 2.24 的定义，测量的复现性条件（reproducibility condition of measurement），简称"复现性条件"（reproducibility condition），是一组包括不同测量地点、不同操作人员、不相同测量系统的测量条件，在这种条件下对相同或相似测量对象进行的多次反复测量叫复现性测量。复现性测量结果分布的标准差或变异系数就是测量复现性的量

度。同样，测量的复现性一般低于测量的不确定度，即复现性
的值要大于不确定度的值。而且，复现性一般低于重复性，即
复现性条件下的测量精密度要低于重复性条件下的测量精密度。

对于语言测量而言，任何一次考试，即使对于内容抽样，
都能很好地满足复现性条件。所以，对项目等价性的分析、对
人工评分中评分员之间一致性的分析、对评分标准的质量或可
操作性或歧义性的分析等，都可以用复现性。同样，复现性相
对于信度系数的优势，就是精密度相对于信度系数的优势。不
难发现，在评价试卷和评分时，需要的是精密度，而不是信度
系数，更不是一个笼统的信度。

第二节　经典测验理论与概化理论

由于概化理论是经典理论在信度方面的解放和拓展（见
Cronbach，Rajaratnam & Gleser，1963），因此，本节把它们放在
一起简略地加以评述。先简评经典测验理论，然后再简评概化
理论。由于概化理论没有单独的项目分析理论，即概化理论和
经典理论共享同一套项目分析理论，所以，关于经典项目分析
理论的评述也适用于概化理论。本节的评述只是概念上的简单
评述，而不是技术细节上的分析。本节的评述主要是从普通计
量学的角度来看经典理论和概化理论，其中也借鉴了部分现代
项目反应理论的观点。

一　经典测验理论简评

经典测验理论，有时也过分夸张地叫作经典测量理论，由

项目分析理论、信度理论以及效度理论构成。由于经典理论通常只是在和项目反应理论对比时才使用，而项目反应理论又没有自身独立的效度理论，即并没有区分经典理论和项目反应理论的效度理论，而只有一个笼统的效度理论，所以，这里只分析项目分析理论和信度理论。

1. 项目分析理论

经典测验理论中的项目分析理论由两个项目参数构成，一个是项目难度（item difficulty），另一个是项目区分度（item discrimination）。这两个参数都存在明显的不足。

在经典理论中，项目难度通常是用易度指数（facility index），即常模集团的答对率来量度的，加上经典理论不在项目指数上等值，所以，项目难度随着常模集团的水平的不同而异。因此，难度并不能独立衡量项目的难易程度。常模集团的水平高了，项目的易度指数就高了，项目的难度就小了；常模集团的水平低了，项目的易度指数就低了，项目的难度就大了。当然，这个问题并不是不能解决。事实上 Rasch（1960，1980）和席仲恩（2003，2005，2006）都解决了这个问题。只要用易度指数的倒数作为项目或子项目难度，并在难度上等值就解决了问题。

此外，经典理论中的项目难度参数还有另外一个更为严重的问题：项目难度参数形同虚设。即在计算分数时并没有考虑项目的难易程度，而是统统等权处理。这就引起一个很大的计量学问题：虽然测量对象的能力或水平没有变化，但是，在理论上，用容易题测出的能力或水平高，用难题测出的能力或水平低。为了解决这个问题，经典理论选择了总分等值的路径。

由于是总分等值，所以无法根据经典理论进行自适应考试。

经典理论的项目区分度问题更多。第一，没有一个统一的定义，文献中见到的项目区分度有 50 多种（谢小庆，1988：71；Anastasi & Urbina，1997：182）。因此，不同的定义之间缺乏必要的可比性。第二，把项目的区分度和区分力混为一谈，很容易误导应用，使应用人员错误地把"区分力大"解读为"区分度高"。第三，把区分度的定义和常模集团捆绑在一起。结果，同一个项目，对于不同团体有不同的区分度。如果说项目难度的缺点还可以通过后期的总分等值来修正的话，项目区分度则没有办法修正或等值。

2. 经典理论中的信度理论

第一，在经典理论中，信度是一个用信度系数定义的量，而信度系数又通常是通过组间相关系数计算得到的。但是，使用组间相关系数计算信度系数的条件通常并不能达到，因此，计算出来的信度系数会有一定的偏差。第二，经典信度理论假定受测的测量结果的不确定度（经典理论中称误差）是相等的或者可以视同相等。但是，这个假定对于内容抽样并不成立。于是，就会出现明显荒谬的结果：同一个人的同一组反应结果（同一份答卷），放在不同的团体之中就会有不同的信度系数或测量标准误。这与同一组结果只有一个不确定度值的常识相悖。第三，由于相关系数很容易受极端值的影响，因此，通过增加高低两端受测的数量，可以人为操纵信度系数的高低。第四，由于计算相关系数时对于测得值的分布范围有一定的要求，如果分数过于集中，计算出的信度系数会是大于"1"的负值。这和信度系数的定义相悖。第五，从不确定度进路看，经典理论假定全部受测的测量结果的不确定性相等或可以看作相等，因此可以用同一个不确定度值来刻画，但这个假定在除人工评分之外的其他情景中都不成立。第六，从概化理论的角度看，经典信度理论只能应对只有一个不确定度分量的情况，对于多不确定度分量的情况则无能为力。第七，经典信度理论只突出如何计算信度系数并进而计算测量的不确定度（标准误），但并没有强调如何控制测量结果的信度系数和不确定度，尽管通过斯皮尔曼预测公式是可以控制信度系数和不确定度的。第八，经典理论要绕个大圈子来计算测量的标准误，这不仅浪费了计算资源，而且有时（平均相关系数为负值时）也得不到结果。

二　概化理论简评

与经典信度理论相比，概化理论放弃了相关分析技术，而使用方差分量分解技术。这样，概化理论就实现了对经典信度理论的解放和拓展。在经典信度理论中，信度系数处在中心位置。但在概化理论中，方差分量处在中心位置，而系数被边缘化。

1. 对经典信度理论的解放

经典理论的重大局限就是只能笼统处理一个源泉的不确定度。在概化理论中，每一个方差分量都和一个具体的测量结果变异源相对应，这样就可以同时处理多个变异源，即把总的变异分解成不同的方差（变异）分量，并进而求出有关变异源引起的不确定度，突破了经典理论只能处理一个不确定度源的局限，使信度理论获得解放。

经典理论是通过（平均）信度系数这个桥梁计算被称作

"测量标准误"的测量不确定度，而概化理论是通过方差分量直接计算被称作"绝对误差"和"相对误差"的测量不确定度，因此，使信度系数在计算测量不确定度中失去了意义。换句话说，在概化理论中，如果是为了计算测量不确定度，就没有必要计算信度系数。

2. 对经典信度理论的拓展

概化理论对经典理论的另一个批评是，经典理论只关注信度系数或测量不确定度的计算，而忽视如何优化测量资源以控制不同来源的不确定度。概化理论分概化研究（G study）和决策研究（D study）两个阶段（见 Brennan，2001；Cronbach，Gleser，Nanda & Rajaratnam，1972）。概化研究的任务是通过设计实验获得基础数据，并通过方差分析技术把总变异分解成与不同源泉对应的方差分量，为接下来的决策研究打好基础。

决策研究就是根据特定的方差分量组合，通过改变不同侧面（facets）的样本数量来分析测量结果不确定度的变化情况，再根据侧面样本的花费综合评价（如任务数量与评分次数），提出最优的不确定度预算方案（uncertainty budget），例如用多少个任务和多少次独立评分既能实现不确定度的目标，也花费最小。这样，就对信度理论的功能进行了扩展。

3. 对概化理论的批评

诚然，概化理论对经典信度理论既有所解放也有所扩展，但经典理论本质上的缺陷并没有改变。而且，由于概化理论更强调研究设计，从而使经典理论中的问题在概化理论中进一步凸显。

第一，为了维护克伦巴赫阿尔法系数的地位，概化理论错误地区分了概化系数和依存指数。从第八章的讨论中已经看到，克伦巴赫阿尔法系数本身就是一个错误，没有继续存在的必要，与之类似的概化系数也没有存在的基础，应该只保留依存指数。

第二，概化理论假定了等不确定性，即不同测量结果的不确定性在理论上相等，却忽略了等不确定性的适用条件。具体而言，对于教育和心理测量，等不确定性只适用于人工评分，而不适用内容抽样。而概化理论的大量例子都涉及内容抽样。因此，和经典理论一样，概化理论是对统计理论的误用甚至滥用。

第三，教育和心理测量在绝大部分情况下都涉及内容抽样，因此，概化理论远不能满足教育和心理测量实践的需求。换句话说，教育和心理测量需要的是与个体成绩相系的不确定度，而概化理论只能提供一个团体平均不确定度。

第四，尽管概化理论涉及内容抽样，但并没有突出任务独立性这个概念，因此在实践中很容易造成理论误用，把本属于一个任务的几个不独立题目（一篇阅读选段后跟几个阅读理解问题）当作多个独立任务来处理，从而低估测量结果的不确定度。

第五，尽管在理论上可以通过概化理论计算所谓的"条件测量标准误"，但由于方差分析技术的先天局限，没有办法做到一个分数一个不确定度，更不能做到同一个分数不同的不确定度。

第六，由于概化理论只关注了方差分量的分解和组合，而忽略了有效自由度的合成问题，且在应用中把有效自由度默认为"+∞"。这很可能造成对有效自由度的高估，从而低估扩展不确定度。低估扩展不确定度就等价于低估测量结果的不确定度。

第七，尽管概化理论以概化宇（universe）上的随机抽样为基础，但是，它对于宇或总体的定义机械死板，容易导致理论的误用。例如，在关于人工评分不确定度的研究中，概化理论就机械地按照实际评分安排区分出了嵌套设计（不同的人评不同的受测）和交叉设计（所有的人评同样的受测）。在人工评分情景中，定义评分者是否属于同一个评分者宇的标准不是评分人员的个人信息和评分任务，而是他们的评分质量。如果他们达到了同样的评分质量，按照同样的评分标准评分，他们就属于同一个评分者宇。换句话说，区分嵌套设计和交叉设计不仅没有必要，而且还引出下面的明显矛盾。

第八，在概化理论中，与交叉设计相比，用嵌套设计估计出的个体成绩的不确定度更大，但是估计出的团体平均成绩的不确定度却更小。这显然不符合逻辑。因为，团体的平均成绩是由个体的成绩得出的，团体平均成绩的不确定度也是由个体成绩的不确定度计算出来的，所以，根据嵌套设计估计出的团体平均成绩的不确定度也应该更大，而不是更小。关于这个矛盾的原因，就是交叉设计在决策阶段出了问题。这又引出概化理论的又一个问题：决策阶段容易误用方差分量。

第九，概化理论的决策阶段非常灵活，这就为误用打开了更大的空间。第八章关于克伦巴赫阿尔法系数的分析，已经暗指概化理论对统计技术的误用和滥用问题。把总变异分解成不同的方差分量之后，如何认识和利用这些分量来优化测量资源，这需要扎实的方差分析和实验设计基础，稍微不慎就会把表示不确定度的分量错误地当作表示确定度的分量，或者，在合成总的变异和总的不确定度时漏掉某（几）个方差分量。概化系数就是在合成总的变异时少计算了方差分量（见公式8.8b和8.9）。

第十，概化理论的基本概念本质上更像应用统计技术，而不像计量学理论和技术，因此很难让非专业统计科研和实践工作者理解。关于概化理论中的统计问题并不是只有以上几点。如果概化理论本身包含了如此多的问题，其他非计量专家难以理解概化理论就不怎么奇怪了。

第三节　项目反应理论

项目反应理论（Item Response Theory，［IRT］），又叫现代项目反应理论，是一套与经典理论完全不同的行为测量理论。项目反应理论主要由项目特征曲线或项目反应函数和信息函数构成。为了使项目反应函数成立，项目反应理论提出了一组很强的假定。换句话说，只有在这些强的假定得到足够满足的条件下，才能够使用项目反应理论。

一　项目反应理论的目标和假定

项目反应理论是为了弥补经典（包括概化）理论的不足而提出的。为了达到目标，项目反应理论提出了一组强假定。

1. 理论目标

第八章中已经指出，由于受实证研究及其常用的统计分析技术的影响，教育和心理测量界长期不能把抽样的总体由受试转变到测量任务或行为表现上来。尽管概化理论包括进了任务或内容宇（universe），但未能遗弃受测总体（population）。因此造成了经典/概化理论的下列不足。

- 项目参数不能独立于受测样本；
- 受测的测量结果不能独立于项目或任务样本；
- 测量结果的不确定度也不独立于受测样本；
- 只能估计团体中每个成员的测量结果的平均不确定度，而不能估计个体测量结果的特定不确定度。

项目反应理论的直接目标就是解决以上的四个问题。为此，项目反应理论提出了一组较强的假定。

2. 项目反应理论的假定

项目反应理论首先假定，受测对于项目做出的反应是某个潜伏特质作用的结果。这个假定叫单维性（unidimensionality）假定。随着特质的不断增大，受考对特定任务做出正确反应的概率也在不断提高。这个假定叫单调递增性假定。有了这两个假定，就可以用一个函数来表征考生对于项目的反应概率。在函数中设置一定的参数，以刻画项目的特征和受考的潜伏特质——能力。最常用的项目反应函数是 1-参数、2-参数、3-参数逻辑斯蒂函数（logistic function）。

为了估计这些参数，项目反应理论还假定：（1）受考甲对某个项目的反应与其他受考对该项目的反应无关（即独立答题无作弊）；（2）项目甲被选上作为任务的概率与其他项目被选上作为任务的概率无关。这两个假定叫局部独立性（local independence）。局部独立性假定（1）是针对项目分析或项目的参数估计而提出的，局部独立性假定（2）是针对受测的能力参数估计提出的。

二 项目反应函数与信息函数

项目反应函数和信息函数是项目反应理论中的两组最重要的函数。其中，项目反应函数就是测量函数，信息函数是关于测量不确定度的函数。

1. 项目反应函数

尽管项目反应理论中有很多项目反应函数（模型），但目前最常用的有三个：单参数反应函数（公式10.1），双参数反应函数（公式10.2）、三参数反应函数（公式10.3）。对其他模型感兴趣的读者，请参考 van der Linden 及 Hambleton（1997）。

$$p_i(\theta) = \frac{1}{1+e^{-D(\theta-b_i)}} \tag{10.1}$$

$$p_i(\theta) = \frac{1}{1+e^{-Da_i(\theta-b_i)}} \tag{10.2}$$

$$p_i(\theta) = c_i + (1-c_i)\frac{1}{1+e^{-Da_i(\theta-b_i)}} \tag{10.3}$$

其中，$p_i(\theta)$ 表示能力为 θ 的受测对第 i 个项目的正确反应概率，$D=1.7$，b_i 为第 i 个项目的难度，a_i 为第 i 个项目的区分度，c_i 为第 i 个项目的猜测度。如果去掉公式（10.1）中的常数 D，那么，该公式就变成 Rasch 模型。

对于单参数和双参数模型，当 $\theta=b_i$（即难度与能力匹配）时，$p_i(\theta)=0.5$。对于三参数模型，当 $\theta=b_i$（即难度与能力匹配）时，$p_i(\theta)=0.5+0.5c_i$。对于单参数、双参数及三参数模型，只有当

$\theta = +\infty$ 时，$p_i(\theta) = 1$。对于单参数和双参数模型，当 $\theta = -\infty$ 时，$p_i(\theta) = 0$。对于三参数模型，当 $\theta = -\infty$ 时，$p_i(\theta) = c_i$。

2. 信息函数与测量不确定度

信息函数就是数理统计中的费谢尔信息（Fisher information），有时简称"信息"。因费谢尔强调该函数在极大似然估计中的地位和作用而得名。在项目反应理论中，信息函数的地位就相当于经典理论中的信度系数。因为，在项目反应理论中，测验信息的倒数就等于测量结果的不确定度。

设 $I(\theta)$ 是能力为 θ 的受测的测量结果的信息，$p_i'(\theta)$ 是项目反应函数的一阶导数，则

$$I(\theta) = \sum_{i=1}^{n} \frac{\left[p_i'(\theta)\right]^2}{\left[p_i(\theta)\right]\left[1-p_i(\theta)\right]} = \text{information} \qquad (10.4)$$

能力 θ 估计值的不确定度 $u^2(\theta)$ 为

$$u^2(\theta) = \frac{1}{I(\theta)} \qquad (10.5)$$

在项目反应理论中并没有用不确定度这个表述，而是用"测量标准误"。在第七章中已经指出，所谓的"测量标准误"，实际上就是随机效应引起的用标准差表示的不确定度。

三　对项目反应理论的批评

项目反应理论已经在包括语言测量在内的教育和心理测量中"热"了近三十年。也该是冷静下来评析它的实际价值的时候了。下面，就从项目反应函数、信息函数以及能力量的解读

三个层面对项目反应理论加以批评。

1. 对项目反应函数的批评

第一，项目反应函数假定，反应概率是能力的单调递增函数。这个假定对于很多学习问题并不成立。例如，开始接触一个概念或单词时，可能随着能力的提高对该概念的掌握程度也会提高，反映在反应函数中就是项目反应概率的提高。但是，当后来遇到类似概念或同义近义单词时，由于干扰效应的结果，虽然能力提高了，但对之前概念或单词的反应概率却反而降低了。这种现象不是个例，而是学习过程中的常态。这就大大局限了项目反应理论的使用范围。

第二，项目反应函数隐含，一个有限能力的受测不可能以100%的概率对一个项目做出正确反应。可是，在现实中，对很多问题都可以肯定，受测能够以几乎100%的概率正确回答。如对英语单词 I、me、is 等的拼写，简单的四则运算题等。也就是说，当受测的能力超过任务难度一定程度时，受测能够以100%的概率完成该任务。这又进一步限制了项目反应理论的适用范围：只能在受测的能力和任务的难度相差不大的情况下使用IRT。换句话说，应用 IRT 时，题目的难易范围不能太大，受测的能力变化范围不能太大。

第三，对于择答型项目，由于猜测效应的存在，使用三参数模型应该理所当然。但是，参数 c_i 显然不是项目参数，而是项目和能力交互参数。席仲恩（2001）对三参数模型的推导就揭示了这个事实。证实参数 c_i 是交互参数的另一个证据是，c_i 的估值几乎总是小于随机水平。例如，对于四择一型项目，c_i 的估值一般都小于 0.25。原因是，参加测量的人都有一定的能力。

换句话说，如果让没有任何有关能力的人接受测量，用他们反应数据估计出的 c_i 值应该在 0.25 左右。

第四，尽管项目反应理论的倡导者声称，项目反应理论实现了特定客观性，但诚如 Wright（1999，pp.65-104）指出的那样，只有单参数模型和 Rasch 模型才真正实现了项目参数与受测样本无关，两参数模型和三参数模型都不能。

第五，如果说只有单参数模型才能实现 Rasch 的所谓特定客观性，那严格说来就只能使用单参数模型。但是，单参数模型一方面经常与测量情景不吻合，另一方面得出的测量结果和简单的答对题目的代数和完全一致，即答对题目个数多的人的能力一定高于答对题目个数少的人。这几乎失去了使用 IRT 的意义。

第六，能力值很难解释。尽管在理论上，IRT 中的能力取值范围在 $-\infty$ 和 $+\infty$ 之间，但实践中的取值一般在 -3 和 $+3$ 之间。不仅取值范围狭窄，负值也很难解释。而且，也不能把所有的能力都用同样大小的数值表示，这就和不能把虾米的重量和大象的重量都用 -3 和 $+3$ 之间的数值表示一样。

2. 对信息函数的批评

IRT 理论中之所以要用信息函数计算项目的信息量，并把项目信息加起来得到测量的总信息量，这是因为信息的倒数与测量结果的不确定度之间有一个倒数关系。这个关系就是克莱姆-罗下确界（Cramer-Rao lower bound）：任何无偏估计的方差不会小于费希尔信息的倒数。这里的方差就是用方差表示的不确定度。

设参数 θ 的估计值的不确定度为 $u^2(\theta)$，费谢尔信息为 $I(\theta)$，则

$$u^2(\theta) \geqslant \frac{1}{I(\theta)} \qquad (10.6)$$

公式（10.6）就是克莱姆-罗下确界的形式化表示。对比公式（10.5）和（10.6）就不难发现，在 IRT 中，测量结果的不确定度被低估。换句话说，在应用 IRT 时，估计出来的测量不确定度要小于实际的不确定度。但这一点并没有引起 IRT 理论工作者和应用人员的注意。

对比不确定度传导律公式（7.10）和公式（10.4）不难发现，$p_i'(\theta)$ 就是传导灵敏度系数的另一种表示形式，公式（10.4）分母上的就是输入量表征值的不确定度。于是就会发现，费谢尔信息函数的倒数，只是参数估计值的不确定度的一阶近似，确切些说应该是右逼近。由于 IRT 中的项目反应函数（即测量函数）是显著非线性的，所以应该把二阶项也考虑进来。不考虑二阶项，可能会严重低估输出量的测量不确定度。

以上，实际上是从两个角度揭示 IRT 是如何低估不确定度的。除此之外，还有一个多输入量的问题，IRT 理论并没有正视。例如，就像听力测量中的既有单句听力，也有短对话、长对话和短篇听力这种多输入量的情况，IRT 理论中并没有涉及。这非常容易造成理论的误用甚至滥用。

第四节　结语

任何理论都有它的局限或适用范围，不仅经典理论有，概

化理论有，项目反应理论也同样有。了解一个理论，不仅要了解它的主张，更重要的是了解它的局限。只了解理论的主张而不了解理论的局限，这是没有真正理解理论的标志，充其量是对理论一知半解，或者通常还达不到半解的程度。如果这时就贸然应用理论解决实际问题，就构成对理论的滥用。为了自觉防止对理论工具的滥用，应用研究人员和实践工作者应该使用那些自己充分了解其局限性的理论，而不应该应用任何自己不熟悉的新理论。理论只是一种工具，一种力量很强大的工具。在工具差别不是太大的条件下，工作效果主要取决于使用人对工具的熟练程度，而不是工具自身的功能。就像杠杆一样，使用得当，工具会加倍服务于我们的既定目的；使用不当，工具也会加倍破坏我们的既定目的。

学术语言不是总能摆脱日常语言的困扰。在日常语言中，说某个东西有局限就是对这个东西的委婉否定；在学术语言中，指出某个理论的局限并不构成对该理论的否定，而是对该理论有效范围的圈定。计量理论（在很大程度上就是把概率和统计概念翻译成测量概念）的局限更多地体现在理论成立的前提条件或假定之中，而前提和假定往往是很理想、很抽象的，也是理论工作者的匠心所在，因此，理解理论局限性的重点和难点，就是厘清和评价这些前提和条件。

前提条件和理论假定也并不是非要完全满足不可，而是要充分满足。是否充分满足，这是一个实践问题，它需要根据具体的应用目的和实践约束，用实验（包括计算机模拟实验）证据来予以回答。这不仅仅是一个模型的稳健性或鲁棒性问题，还是一个对测量资源配置的综合评价问题。作为语言测量工作者，我们要时刻牢记：语言测量结果的不确定性通常很大。于是，我们的问题就具体化为，我们的投入相对于测量结果不确定性的改善而言值得吗？我们的投入所引起的测量结果的不确定性改善，相对于具体的实践决策有意义吗？

无论是经典理论，还是概化理论或项目反应理论，都是明显比测量不确定度理论更加复杂的理论，而且还没有充分翻译成测量学语言，因此很容易引起非专业计量研究工作者的误解和误用。不确定度理论不仅简单、透明、规范，而且功能强大、不容易误用。作为语言测量工作者，我们没有不用的道理。我们的最大障碍，就是教育和心理测量理论的传统包袱。丢掉这个沉重的包袱之后，我们会轻松很多。

参考文献

英文文献

Alderson, J. C. (2000). *Assessing reading.* Cambridge, England: Cambridge University Press.

Alderson, J. C. , Clapham, C. M. & Wall, D. (1995/2000). *Language test construction and evaluation.* Cambridge, UK: Cambridge University Press; 北京: 外语教学与研究出版社.

Alderson, J. C. & Wall, D. (1993). Does washback exist? *Applied Linguistics, 14,* 115–129.

American Psychological Association. (1954). *Technical recommendations for psychological tests and diagnostic techniques.* Washington, DC: American Psychological Association.

American Educational Research Association, American Psychological Association & National Council on Measurement in Education. (1966). *Standards for educational and psychological tests and manuals.* Washington, DC: American Psychological Association.

American Educational Research Association, American Psychological Association & National Council on Measurement in Education. (1974). *Standards for educational and psychological tests*. Washington, DC: American Psychological Association.

American Educational Research Association, American Psychological Association & National Council on Measurement in Education. (1985). *Standards for educational and psychological testing*. Washington, DC: American Psychological Association.

American Educational Research Association, American Psychological Association & National Council on Measurement in Education. (1999). *Standards for educational and psychological testing*. Washington, DC: American Educational Research Association.

American Educational Research Association, American Psychological Association & National Council on Measurement in Education. (2014). *Standards for educational and psychological testing*. Washington, DC: American Educational Research Association.

The American heritage dictionary (second college edition). (1982). Boston, MA: Houghton Mifflin Company.

Anastasi, A. (1988). *Psychological testing* (6th ed.). New York, NY: Macmillan Publishing Company.

Anastasi, A. & Urbina, S. (1997). *Psychological testing* (7th ed.). Upper Saddle River, NJ: Prentice-Hall.

Angoff, W. H. (1988). Validity: An evolving concept. In H. Warrner & H. I. Braun (Eds.). *Test validity* (pp. 19-32).

Hillsdale, NJ: Lawrence Erlbaum Associates, Inc. Publishers.

Aygün, A. & Narinç, D. (2016). Flexible and fixed mathematical models describing growth patterns of chukar partridges. Retrieved from https://doi.org/10.1063/1.4945840

Bachman, L. F. (1990/1999). *Fundamental considerations in language testing.* Oxford, UK: Oxford University Press; 上海: 上海外语教育出版社.

Bachman, L. F. & Palmer. (1996/1999). *Language testing in practice.* Oxford, UK: Oxford University Press; 上海: 上海外语教育出版社.

Baker, F. B. (1985). *The basics of item response theory.* Portsmouth, NH: Heinemann.

Baker, F. B. (2001). *The basics of item response theory* (2nd ed.). The United States of America: ERIC Clearinghouse on Assessment and Evaluation.

Banks, R. B. (1994). *Growth and diffusion phenomenoa.* New York, NY: Springer-Verlag.

Baranowski, R. A. (2006). Item editing and editorial review. In S. M. Downing & T. M. Haladyna (Eds.), *Handbook of test development* (pp. 349-358). Mahwah, NJ: Lawrence Erlbaum Associates.

Baztan, A. M. (2008). *La evaluación oral: una equivalencia entre las guidelines de ACTFL y algunas escalas del MCER.* Doctorial thesis, Universidad de Granada. Retrieved from http://hera.ugr.es/tesisugr/17457853.pdf

Becker, D. F. & Pomplun, M. R. Technical reporting and documentation. In S. M. Downing & T. M. Haladyna (Eds.), *Handbook of test development* (pp. 711-723).

Berk, R. A. (1980). A consumers' guide to criterion-referenced test reliability. *Journal of Educational Measurement*, *17*, 323-349.

Berk, R. A. (Ed.). (1984). *A guide to criterion-referenced test construction*. Baltimore, MD: The Johns Hopkins University Press.

Bingham, W. V. (1937). *Aptitudes and aptitude testing*. New York, NY: Harper.

Bloom, B. S., Madaus, G. F. & Hastings, J. T. (1981). *Evaluation to improve learning*. New York, NK: McGraw-Hill Book Company.

Brennan, R. L. (1983). *Elements of generalizability theory*. Iowa City, IA: ACT, Inc.

Brennan, R. L. (2001). *Generalizability theory*. New York, NY: Springer-Verlag New York, Inc.

Brennan, R. L. (Ed.). (2006). *Educational measurement* (4th ed.). Westport, CT: Praeger Publishers.

Brown, W. (1910). Some experimental results in the correlation of mental abilities. *British Journal of Psychology*, *3*, 296-322.

Bryant, F. B. & Yarnold, P. R. (1995). Principal-components analysis and explanatory and confirmatory factor analysis. In L. G. Grimm & P. R. Yarnold (Eds.), *Reading and understanding multivariate statistics* (pp. 99 – 136). Washington, DC: American Psychological Association.

Buck, G. (2001). *Assessing listening.* Cambridge, England: Cambridge University Press.

Campion, D. & Miller, S. (2006). Test production effects on validity. In S. M. Downing & T. M. Haladyna (Eds.), *Handbook of test development* (pp. 599–623).

Chalhoub-Deville, M. & Deville, C. (2006). Old, borrowed and new thoughts in second language testing. In R. L. Brennan (Ed.), *Educational measurement* (4th. Ed. , pp. 517–530). Westport, CT: Praeger Publishers.

Chomsky, N. (1965). *Aspects of the theory of syntax.* Cambridge, MA: MIT Press.

Chomsky, N. (1986). *Knowledge of language: Its nature, origin and use.* New York, NY: Praeger.

Churchill Eisenhart. (n. d.). Wikipedia. Retrieved fromhttps: // en. wikipedia. org/wiki/Churchill_ Eisenhart

Cizek, G. J. (Ed.). (2001). *Setting performance standards: Concepts, methods, and perspectives.* Mahwah, NJ: Lawrence Erlbaum Associates.

Cizek, G. J. & Bunch, M. B. (Eds.). (2007). *Standard setting: A guide to establishing and evaluating performance standards on tests.* Thousand Oaks, CA: Sage Publications, Inc.

Cohen, R. J. & Swerdlk, M. E. (2005). *Psychological testing and assessment* (6th ed.). 北京: 人民邮电出版社.

Common European Framework of Reference for Languages. (n. d.). Wikipedia. Retrieved from https: //en. wikipedia. org/wiki/ Common_European_Framework_of_Reference_for_ Languages.

Croarkin, M. C. (n. d.). Realistic evaluation of the precision and accuracy of instrument calibration systems. Retrieved from http: //citeseerx. ist. psu. edu/viewdoc/download? doi = 10. 1. 1. 142. 367&rep = rep1 &type = pdf.

Cronbach, L. J. (1947). Test " reliability ": Its meaning and determination. *Psychometrika*, *12*, 1-16.

Cronbach, L. J. (1951). Coefficientalpha and the internal structure of tests. *Psychometrika*, *16*, 297-334.

Cronbach, L. J. (1954). A note on negative reliabilities. *Educational and Psychological Measurement*, *14*, 342-346.

Cronbach, L. J. (1988). Five perspectives on validity argument. In H. Warner & H. I. Braun (Eds.). *Test validity* (pp. 3 - 17). Hillsdale, NJ: Lawrence Erlbaum Associates, Inc. Publishers.

Cronbach, L. J. , Gleser, G. C. , Nanda, H. & Rajaratnam, N. (1972). *The dependability of behavior measurements: Theory of generalizability for scores and profiles*. New York, NY: John Wiley & Sons, Inc.

Cronbach, L. J. , Rajaratnam, N. & Gleser, G. C. (1963). Theory of generalizability: A liberalization of reliability. *British Journal of Statistical Psychology*, *16*, 137-163.

Cronbach, L. J. & Meehl, P. E. (1955). Construct validity in psychological tests. *Psychological Bulletin*, *52*, 281-302.

Cureton, E. E. (1950). Validity. In E. F Lindquist (Ed.), *Educational measurement* (pp. 621 - 694). Washington DC: American Council on Education.

Day, R. A. & Gastel, B. (2016). How to write and publish a scientific paper. (8th ed.). Santa Barbara, CA: Greenwood.

DeVellis. R. F. (2012). *Scale development: Theory and practice*. Los Angeles, CA: Sage Publications, Inc.

Douglas, D. (2000). *Assessing language for specific purposes*. Cambridge, England: Cambridge University Press.

Durlak, J. A. (1995). Understanding meta-analysis. In L. G. Grimm & P. R. Yarnold (Eds.), *Reading and understanding multivariate statistics* (pp. 319-352). Washington, DC: American Psychological Association.

Ebel, R. L. (1951). Writing the test item. In E. F. Lindquist (Ed.), *Educational measurement* (pp. 185 - 249). Washington DC: American Council on Education.

Ebel, R. L. & Frisbie, D. A. (1986). *Essentials of educational measurement* (4th ed.). Englewood Cliffs, NJ: Prentice-Hall.

Edgeworth, F. Y. (1888). The statistics of examinations. *Journal of the Royal Statistical Society*, *51*, 599-635.

Edgeworth, F. Y. (1890). The element of chance in competitive examinations. *Journal of the Royal Statistical Society*, *53*,

644–663.

Educational Testing Service. (n. d.). *GRE* 2003 – 2004 *guide to the use of scores.* Princeton, NJ: Author.

Educational Testing Service. (n. d.). *TOEFL* 2003 – 2004 *information bulletin.* Princeton, NJ: Author.

Eisenhart, C. (1963). Realistic evaluation of the precision and accuracy of instrument calibration systems. *Journal of Research of the National Bureau of Standards. 67C*, 161–187.

Eisenhart, C., Ku, H. H. & Colle, R. (1983). *Expression of the uncertainties of final measurement results.* Reprints, NBS Special Publication 644, National Bureau of Standards, Washington, DC.

Embretson, S. E. & Hershberger, S. L (Eds.). (1999). *The new rules of measurement: What every psychologist and educator should know.* Mahwah, NJ: Lawrence Erlbaum Associates.

Embretson, S. E. & Reise, S. P. (2000). *Item response theory for psychologists.* Mahwah, NJ: Lawrence Erlbaum Associates.

Feldt, L. S. & Brennan, R. L. (1989). Reliability. In R. L. Linn (Ed.), *Educational measurement* (3rd ed., pp. 105–146). New York, NY: American Council on Education · Macmillan Publishing Company.

Frenkel, R. B. & Kirkup, L. (2006). *An introduction to uncertainty in measurement using the GUM* (Guide to the expression of uncertainty in measurement). New York, NY: Cambridge University Press.

Garrett, H. E. (1937). *Statistics in psychology and education.* New York, NY: Longmans, Green.

Garrett, H. E. (1947). *Statistics in psychology and education.* New York, NY: Longmans, Green.

Grimm, L. G. & Yarnold, P. R. (Eds.). (1995). *Reading and understanding multivariate statistics.* Washington, DC: American Psychological Association.

Grimm, L. G. & Yarnold, P. R. (Eds.). (2000). *Reading and understanding more multivariate statistics.* Washington, DC: American Psychological Association.

Gulliksen, H. (1950). *Theory of mental tests.* New York, NY: John Wiley & Sons, Inc.

Helidoniotis, F., Haddon, M., Tuck, G. & Tarbath, D. (2011). The relative suitability of von Bertalanffy, Gompertz and inverse logistic models for describing growth in blacklip abalone populations (*Haliotis rubra*) in Tasmanoa, Austrilia. *Fisheries Research, 112*, 13−21.

Henning, G. (1987/2001). *A guide to language testing: Development, evaluation and research.* Heinle & Heinle / Thomson Learning Asia; 北京: 外语教学与研究出版社.

Hogan, T. P., Benjamin, A. & Brezinski, K. L. (2000). Reliability methods: A note on the frequency of use of various types. *Educational Measurement, 60*, 523−531.

Hoppensteadt, F. C. & Peskin, C. S. (1992). *Mathematics in medicine and the life sciences.* New York, NY: Springer-

Verlag.

Hoyt, C. (1941). Test reliability obtained by analysis of variance. *Psychometrika*, *6*, 153–160.

ISO. (1984). *International vocabulary of basic and general terms in metrology* (VIM). Geneva, Switzerland: Author.

ISO. (1993). *International vocabulary of basic and general terms in metrology* (VIM, 2nd ed. , [PDF version]). Geneva, Switzerland: Author.

ISO. (1995). *Guide to the expression of uncertainty in measurement.* Geneva, Switzerland: Author.

ISO/IEC. (2004). DGUIDE 9999 *International vocabulary of basic and general terms in metrology* (VIM, 3rd ed. , [PDF version, voting edition]). Geneva, Switzerland: The International Organization of Standardization.

ISO/IEC. (2007). Guide 99 *International vocabulary of metrology: Basic and general concepts and associated terms* (VIM, 3rd ed. , [PDF version]). Geneva, Switzerland: The International Organization of Standardization.

ISO/IEC. (2008). *Uncertainty of measurement, part* 3: *Guide to the expression of uncertainty in measurement* (GUM: 1995; coded ISO/IEC Guide 98 – 3: 2008; [PDF version]). Geneva, Switzerland: The International Organization of Standardization.

ISO/IEC. (2009). ISO/IEC Guide 98 – 3/Suppl. 1: *Propagation of distributions using a Monte Carlo method* [PDF version].

Geneva, Switzerland: The International Organization of Standardization.

ISO/IEC. (2009). *Uncertainty of measurement, part 1: Introduction to the expression of uncertainty in measurement* (coded ISO/IEC Guide 98 – 1: 2009; [PDF version]). Geneva, Switzerland: The International Organization of Standardization.

ISO/IEC. (2011). ISO/IEC Guide 98 – 3/Suppl. 2: *Extension to any number of output quantities* [PDF version] . Geneva, Switzerland: The International Organization of Standardization.

ISO/IEC. (2012). *Uncertainty of measurement, part 4: Role of measurement uncertainty in conformity assessment* [PDF version] . Geneva, Switzerland: The International Organization of Standardization.

ISO/IEC. (Planned). *Uncertainty of measurement, part 5: Applications of the least-squares method* [PDF version]. Geneva, Switzerland: The International Organization of Standardization.

ISO/IEC. (Under development). *Uncertainty of measurement, part 2: Concepts and basic principles* [PDF version]. Geneva, Switzerland: The International Organization of Standardization.

ISO/IEC. (Under development). ISO/IEC Guide 98 – 3/Suppl. 3: *Modeling.* Geneva, Switzerland: The International Organization of Standardization.

Klein-Braley, C. & Stevenson, D. K. (Eds.). *Practice and problems in language testing* 1. Frankfurt, Germany: Verlag Peter D. Lang.

Kolen, M. J. & Brennan, R. L. (1995). *Test equating: Methods and practices.* New York, NY: Springer-Verlag New York, Inc.

Kolen, M. J. & Brennan, R. L. (2004). *Test equating, scaling and linking: Methods and practices* (2nd ed.). New York, NY: Springer-Verlag New York, Inc.

Krashen, S. (1981). *Second language acquisition and second language learning.* Oxford, UK: Pergamon.

Krashen, S. (1982). *Principles and practice in second language acquisition.* Oxford, UK: Pergamon.

Krashen, S. (1985). *The input hypothesis: Issues and implications.* Torrance, CA: Laredo Publishing Co. plus.

Krashen, S. (1994). The input hypothesis and its ravels. In N. C. Ellis (Ed.), *Implicit and explicit learning of languages* (pp. 45-77). London, UK: Academic Press.

Kuder, G. F., & Richardson, M. W. (1937). The theory of the estimation of test reliability. *Psychometrika, 2,* 151-160.

Lannon. J. M. & Gurak, L. J. (2014). Technical communication (13th ed.). Hong Kong: Pearson Education Asia Limited.

Lindquist, E. F. (1942). *A first course in statistics.* New York, NY: Houghton Mifflin.

Lindquist, E. F. (Ed.). (1951). *Educational measurement.*

Washington, DC: American Council on Education.

Linn, R. L. (Ed.). (1989). *Educational measurement* (3rd ed.). New York, NY: American Council on Education · Macmillan Publishing Company.

Lord, F. M. (1955). Sampling fluctuations resulting from the sampling of test items. *Psychometrika*, *20*, 1-22.

Lord, F. M. (1980). *Applications of item response theory to practical problems.* Hillsdale, NJ: Lawrence Erlbaum Associates.

Lord, F. M. & Novick, M. R. (1968). *Statistical theories of mental test scores* (with contributions by Allan Birnaum). Reading, MA: Addison-Wesley Publishing Company, Inc.

McDonald, R. P. (1999). *Test theory: A unified treatment.* Mahwah, NJ: Lawrence Erlbaum Associates.

Marcoulides, G. A. (1999). Generalizability theory: Picking up where the Rasch IRT model leaves off? In S. E. Embretson & S. L. Hershberger (Eds.), *The new rules of measurement: What every psychologist and educator should know*, (pp. 129-152) . Mahwah, NJ: Lawrence Erlbaum Associates.

Markel, M. (2015). *Technical communication* (11th ed.). Boston, MA: Bedford / St. Martin's.

Merbitz, C. , Morris, J. & Grip, J. C. (1989). Ordinal scales and foundations of misinference. *Archives of Physical Medicine and Rehabilitation*, *70*, 308-332.

Messick, S. (1988). Theonce and future issues of validity:

Assessing the meaning and consequences of measurement. In H. Warner & H. I. Braun (Eds.). *Test validity* (pp. 33 – 45). Hillsdale, NJ: Lawrence Erlbaum Associates, Inc. Publishers.

Messick, S. (1989). Validity. In R. L. Linn (Ed.). *Educational measurement* (3rd ed.) (pp. 13 – 103). New York, NY: American Council on Education · Macmillan Publishing Company.

Miller, G. A. (1956). The magical number seven, plus or minus two: Some limits on our capacity for processing information. *Psychological Review*, *63*, 81 – 97.

Millman, J. & Greene, J. (1989). The specification and development of tests of achievement and ability. In R. L. Linn (Ed.). *Educational measurement* (3rd ed.) (pp. 335 – 366). New York, NY: American Council on Education · Macmillan Publishing Company.

North, B. (2006). The Common European Framework of Reference: Development, theoretical and practical issues. Paper presented at the symposium A New Direction in Foreign Language Education: The Potential of the Common European Framework of Reference for Languages. Osaka University of Foreign Studies, Japan, March 2006.

Novick, M. R. & Lewis, C. (1967). Coefficient alpha and the reliability of composite measurements. *Psychometrika*, *32*, 1 – 13.

Nunnally, J. C. (1978). *Psychometric theory* (2nd ed.). New

York, NY: McGraw-Hill.

Nunnally, J. C. & Bernstein, I. H. (1994). *Psychometric theory* (3rd ed.). New York, NY: McGraw-Hill.

Osterlind, S. J. (1989). *Constructing test items.* Boston, MA: Kluwer Academic Publishers.

Petersen, N. S, Kolen, M. J. & Hoover, H. D. (1989). Scaling, norming and equating. In R. L. Linn (Ed.), *Educational measurement* (3rd ed.), pp. 221 – 262. New York, NY: American Council on Education · Macmillan Publishing Company.

Popham, W. J. (1990). *Modern educational measurement: A practioner's perspective.* Englewood Cliffs, NJ: Prentice Hall, Inc.

Rasch, G. (1960/1980). *Probabilistic models for some intelligence and attainment tests.* Denmark: Danish Institute for Educational Research; Chicago: MESA Press.

Rasch, G. (1977). On specific objectivity: An attempt at formalizing the request for generality and validity of scientific statements. *Danish Yearbook of Philosophy*, *14*, 58–94.

Read, J. (2000). *Assessing vocabulary.* Cambridge, England: Cambridge University Press.

Resse, T. W. (2017). The application of the theory of physical measurement to the measurement of psychological magnitudes, with three experimental examples. *Psychological Monographs*, *55*, 1–89. doi: 10. 1037/h0093539

Runyon, R. P. , Haber, A. , Pittenger, D. J. & Coleman, K. A. (1996). *Fundamentals of behavioral statistics* (8th ed.). Boston, MA: McGraw-Hill Companies, Inc.

Salvia, J. & Ysseldyke, J. E. (1995). *Assessment* (6th ed.). Boston, MA: Houghton Mifflin Compamy.

Sawilowsky, S. S. (2000). Psychometrics versus datametrics: Comment on Vacha-Haase's " Reliability Generalizability " method and some *EPM* editorial policies. *Educational and Psychological Measurement*, *60*, 157-173.

Sawilowsky, S. S. (2000). Reliability: Rejoinder to Thompson and Vacha-Haase. *Educational and Psychological Measurement*, *60*, 196-200.

Schmeiser, C. B. & Welch, C. J. (2006). Test development. InR. L. Brennan (Ed.), *Educational measurement* (4th Ed. , pp. 307-353). Westport, CT: Praeger Publishers.

Shohamy, A. (2001). *The power of tests: A critical perspective on the uses of language tests.* Harlow, Essex, England: Pearson Education Limited.

Spearman, C. (1904a). The proof and measurement of association between two things. *American Journal of Psychology*, *15*, 72-101.

Spearman, C. (1904b). " General intelligence," objectively determined and measured. *American Journal of Psychology*, *15*, 201-293.

Spearman, C. (1910). Correlation calculated from faulty

data. British Journal of Psychology, *3*, 271-295.

Spolsky, B. (1981). Someethical questions about language testing. In C. Klein-Braley & D. K. Stevenson (Eds.). *Practice and problems in language testing* 1 (pp. 5 – 21). Frankfurt, Germany: Verlag Peter D. Lang.

Spolsky, B. (1995/1999). *Measured words.* Oxford, England: Oxford University Press; 上海: 上海外语教育出版社.

Stevens, S. S. (1946). On the theory of scales of measurement. *Science*, *103*, 677-680.

Strube, M. (2000). Reliability and generalizability theory. In L. G. Grimm, & P. R. Yarnold (Eds.). *Reading and understanding more multivariate statistics* (pp. 23 – 66). Washington, DC: American Psychological Association.

Taylor, B. N. & Kuyatt, C. E. (1994). Guidelines for evaluating and expressing the uncertainty of NIST measurement results. NIST Technical Note 1297, National Institute of Standards and Technology, Gaithersburg, MD.

Terwilliger, J. S. (1977). Assigning grades: Philosophical issues and practical recommendations. *Journal of Research and Development in Education*, 10 (3), 21-39.

Thompson, B. (2003). Understanding reliability and coefficient alpha, really. In B. Thompson (Ed.), *Score reliability: Contemporary thinking on reliability issues* (pp. 4 – 23). Thousand Oaks, CA: Sage Publications, Inc.

Thompson, B. (2003). A brief introduction to generalizability theory. In B. Thompson (Ed.), *Score reliability: Contemporary thinking on reliability issues* (pp. 43-58). Thousand Oaks, CA: Sage Publications, Inc.

Thompson, B. (Ed.). (2003). *Score reliability: Contemporary thinking on reliability issues.* Thousand Oaks, CA: Sage Publications, Inc.

Thompson, B. & Vacha-Haase, T. (2000). Psychometrics is datametrics: The test*is* not reliable. *Educational and Psychological Measurement, 60,* 174-195.

Thompson, I. (1996). Assessing foreign language skills: Data from Russian. *Modern Language Journal, 80,* 47-65.

Thorndike, R. L. (Ed.). (1971). *Educational measurement* (2nd ed.). Washington, DC: American Council on Education.

Tschirner, E. (2005). Das ACTFL OPI und der Europäische Referenzrahmen. *Babylonia,* (2), 50-55. Retrieved from http://babylonia. ch/fileadmin/user_upload/documents/2005-2/tschirner. pdf

van der Linden, W. J. & Hambleton, R. K. (Eds.). (1997). *Handbook of modern item response theory.* New York, NY: Springer-Verlag.

Warner, H. & Braun, H. I. (Eds.). (1988). *Test validity.* Hillsdale, NJ: Lawrence Erlbaum Associates, Inc. Publishers.

Weir, C. J. (1990). *Communicative language testing.* New York, NY: Prentice-Hall International.

Weighle. S. C. (2002). *Assessing writing*. Cambridge, England: Cambridge University Press.

Wesman, A. G. (1971). Writing the test item. InR. L. Thorndike (Ed.), *Educational measurement* (2nd ed., pp. 81 – 129). Washington, DC: American Council on Education.

Wiersm, W. & Jurs, S. G. (1990). *Educational measurement and testing* (2nd ed.). Needham Heights, MA: Allyn and Bacon.

Wood, R. (1993/2001). *Assessment and testing: A survey of research*. Cambridge, England: Cambridge University Press; 北京: 外语教学与研究出版社.

Wright, B. D. (1999). Fundamental measurement for psychology. In S. E. Embretson and S. L. Hershberger (Eds), *The new rules of measurement: What every psychologist and educator should know* (pp. 65–104). Mahwah, NJ: Lawrence Erlbaum Associates.

Wright, B. D. & Linacre, J. M. (1989). Observations are always ordinal; Measurements, however, must be Interval. *Archives of Physical Medicine and Rehabilitation*, 70 (12), 857–860.

中文文献

陈兰荪. (1985).《数学生态学模型与研究方法》. 北京: 科学出版社.

陈希镇. (1991). 如何正确使用信度估计公式.《心理学报》, (1), 39~47.

戴海崎, 张锋, 陈雪枫. (2002).《教育测量》. 广州: 暨南大学出版社.

费业泰（主编）.（2007）.《误差理论与数据处理》（第 5 版）.
　　北京：机械工业出版社.

国家质量技术监督局.（1991）.《JJF 1001-1991 通用计量术语及
　　定义》.北京：中国计量出版社.

国家质量技术监督局.（1998）.《JJF 1001-1998 通用计量术语及
　　定义》.北京：中国计量出版社.

国家质量技术监督局.（1999）.《JJF 1059.1-1999 测量不确定度
　　评定与表示》.北京：中国计量出版社.

国家质量技术监督局.（2011）.《JJF 1001-2011 通用计量术语及
　　定义》.北京：中国计量出版社.

国家质量技术监督局.（2012）.《JJF 1059-2012 测量不确定度评
　　定与表示》.北京：中国计量出版社.

国家质量技术监督局计量司.（2000）.《测量不确定度评定与表
　　示指南》.北京：中国计量出版社.

黄光扬（主编）.（2012）.《教育测量与评价》（第 2 版）.上海：
　　华东师范大学出版社.

克罗克，阿尔吉纳.（1986/2004）.《经典和现代测验理论导论》
　　（金瑜，译）.上海：华东师范大学出版社.（英文原版 1986
　　年版）

雷新勇.（2004）.上海市高考"3＋1"科目组测量误差研究.
　　《考试研究》，（2）.

李慎安.（1998）.有关测量误差的几个基本术语的新定义与有关
　　问题.《计量技术》，（4），40～42.

林振山.（2006）.《种群动力学》.北京：科学出版社.

刘新平，秦桂凤．（1997）．《标准分数及其应用》．西安：西北工业大学出版社．

刘新平，刘存侠．（2003）．《教育统计与测评导论》．北京：科学出版社．

美国心理协会．（2011）．《APA 格式：国际社会科学学术写作规范手册》（第 6 版，席仲恩 译）．重庆：重庆大学出版社．

漆书青，戴海崎，丁树良（主编）．（1998）．《现代教育与心理测量学原理》．南昌：江西教育出版社．

乔钰，徐文科．（2015）．Richards 增长曲线的参数估计．《哈尔滨师范大学自然科学学报》，31（5），23~26．

邱均平．（2017）．《教育评价学：理论、方法、实践》．北京：科学出版社．

上海外国语大学 TEM 考试中心．（1997）．《TEM 考试效度研究》．上海：上海外语教育出版社．

王孝玲．（1993）．《教育统计》．上海：华东师范大学出版社．

王孝玲．（2002）．《教育测量》．上海：华东师范大学出版社．

王学保，蔡果兰．（2009）．Logistic 模型的参数估计及人口预测．《北京工商大学学报》（自然科学版），27（6），76~78．

席仲恩．（2001）．项目特征函数的导出及其特征研究．《绍兴文理学院学报》（自然科学版），21（1），39~43．

席仲恩．（2003a）．项目难度与项目极大区分度之间的关系．《考试研究》，（2），67~77．

席仲恩．（2003b）．在经典测试理论框架中重新定义项目难度．《绍兴文理学院学报》（自然科学版），23（8），90~94．

席仲恩．（2005a）．《语言测试分数的导出、报道和解释：对

TEM 的几点建议》. 上海外国语大学博士论文. 上海：上海外国语大学.

席仲恩. (2005b). 测量的基本问题. 载于邹申（主编），《语言测试》，上海：上海外语教育出版社.

席仲恩. (2005c). 信度. 载于邹申（主编），《语言测试》，上海：上海外语教育出版社.

席仲恩. (2006). 《语言测试分数的导出、报道和解释》. 成都：四川大学出版社.

席仲恩，汪顺玉. (2007). 论负克伦巴赫 alpha 系数和分半信度系数. 《重庆邮电大学学报》（自然科学版），19，785~787.

谢小庆. (1988). 《心理测量学讲义》. 武汉：华中师范大学出版社.

许祖慰. (1992). 《项目反应理论及其在测验中的应用》. 上海：华东师范大学出版社.

杨惠中. (2003). 大学英语四、六级考试十五年回顾. 《外国语》，(3)，21~29.

杨惠中，金艳. (2001). 大学英语四、六级考试分数解释. 《外语界》，(1)，62~68.

杨惠中，Weir, C. (1998). 《大学英语四、六级考试效度研究》. 上海：上海外语教育出版社.

余嘉元. (1987). 《教育和心理测量》. 南京：江苏教育出版社.

扎齐奥尔斯基. (1982/1988). 《运动计量学》（吴忠贯、马志德、张世杰、王郁周，译）. 北京：人民教育出版社.

张敏强. (1993). 《教育与心理测量统计学》. 北京：人民教育出版社.

郑日昌，蔡永红，周益群．(1999)．《心理测量学》．北京：人民教育出版社．

中国社会科学院语言研究所词典编辑室．(2002)．《现代汉语词典》(2002 年增补版)．北京：商务印书馆．

邹申（主编)．(2005)．《语言测试》．上海：上海外语教育出版社．

图书在版编目（CIP）数据

语言测试中的计量学原理 / 席仲恩著. -- 北京：
社会科学文献出版社，2018.8
ISBN 978-7-5201-2823-0

Ⅰ.①语… Ⅱ.①席… Ⅲ.①语言-测试-计量学-
研究 Ⅳ.①H09

中国版本图书馆 CIP 数据核字（2018）第 109763 号

语言测试中的计量学原理

著　　者 / 席仲恩

出 版 人 / 谢寿光
项目统筹 / 祝得彬
责任编辑 / 仇　扬　郭锡超　高欢欢

出　　版 / 社会科学文献出版社·当代世界出版分社（010）59367004
　　　　　　 地址：北京市北三环中路甲 29 号院华龙大厦　邮编：100029
　　　　　　 网址：www.ssap.com.cn
发　　行 / 市场营销中心（010）59367081　59367018
印　　装 / 三河市东方印刷有限公司

规　　格 / 开本：880mm×1230mm　1/32
　　　　　　 印　张：12.75　字　数：284 千字
版　　次 / 2018 年 8 月第 1 版　2018 年 8 月第 1 次印刷
书　　号 / ISBN 978-7-5201-2823-0
定　　价 / 78.00 元

本书如有印装质量问题，请与读者服务中心（010-59367028）联系